KB095933

누구나 탐내는 실전 기획서

기획초보지만 기획서 한 번 만들어 보라는
지시가 두렵지 않아졌다
누구나 탐내는 실전 기획서

1판 1쇄 인쇄 2021년 6월 4일
1판 1쇄 발행 2021년 6월 10일

지은이 최성호
펴낸이 송준화
펴낸곳 아틀라스북스
등 록 2014년 8월 26일 제399-2017-000017호

디자인 김민정

주소 (12084) 경기도 남양주시 청학로 78 812호(스파빌)
전화 070-8825-6068
팩스 0303-3441-6068
이메일 atlasbooks@naver.com

ISBN 979-11-88194-29-2 (13320)
값 16,000원

"기획초보지만
기획서 한 번 만들어 보라는
지시가 두렵지 않아졌다"

최성호 지음

누구나 탐내는 실전 기획서

첫 기획회의 준비부터 최종 보고까지

단계별로 빠짐없이 알려주는
기획서 작성 설명서!

'기획서 한 번 작성해 봐!'라는 지시를 받고 '기획서? 어떻게 시작하지?'라고 고민해본 경험이 있는 기획자를 위한 책!

기획서를 어렵게 생각하지 마세요. 기획서는 검토자(상사, 발주처 등)와 보고자 간의 커뮤니케이션도구일 뿐입니다. 직장인이라면 누구나 알고 있는 사실이죠. 그런데도 기획서를 작성하라는 지시를 받으면 긴장하게 됩니다. 그러다 보니 초급기획자 대다수가 어디서부터 시작해야 할지 감을 못 잡거나, 모니터만 멍하니 쳐다보거나, 기획서 관련 책을 찾아보거나 하면서 시간을 허비하기 일쑤입니다. 마치 '기획서'라는 문서는 특별한 뭔가가 있는 것처럼 생각하기 때문이죠. 하지만 사실 기획서는 우리가 매일 작성하는 보고서의 한 종류일 뿐입니다. 기획서! 두려워할 필요 없습니다.

필자는 기술사업화 컨설턴트로서 15년 이상 근무하면서 정책기획, 신사업기획, R&D기획 등 약 500건의 크고 작은 기획서를 작성해왔습니다. 그러면서 실무자들이 '기획'이라는 단어만 들으면 불안해하는 모습을 많이 보았습니다. 기획서 작성과 관련된 수많은 책을 읽고, 강좌를 들었음에도 말이죠. '백문이 불여일견'이라고 했습니다. 좋은 기획서를 만드는 지름길은 관련 정보를 백 번 듣는 것보다 잘된 기획서 전체를 한 번 눈으로 직접 보는 데 있다는 의미입니다. 필자 역시 지금도 기획업무를 받으면 잘된 기획서를 찾는 일부터 시작하니까요.

이 책은 기획 초보자들이 위와 같이 기획서 작성과정 전체를 처음부터 끝까지 직접 눈으로 확인할 수 있도록 하는 데 초점을 맞췄습니다. 즉, 신규사업을 기획해 보라는 업무지시를 받은 시점부터 기획서를 마무리하는 단계까지의 모든 절차와 작성방법, 작성사례(파워포인트)를 담았습니다. '이런 것이 기획서구나!', '기획서, 별거 아니네!'라는 사실을 느낄 수 있도록 한 권의 기획서를 통으로 담은 것이죠.

기획서를 한 번이라도 작성해본 직장인이라면 책꽂이에 엑셀, 파워포인트, 기획서 작성법 등 관련 책들이 몇 권씩은 꽂혀 있을 것입니다. 필자의 책꽂이에도 10권 정도 있네요. 하지만 처음 책을 살 때 빼고는 언제 꺼내봤는지 기억이 가물거릴 정도로 몇 번 꺼내보지 않은 것 같습니다. 그런 책들이 도움이 되지 않아서가 아니라 기획업무에는 항상 빠듯한 일정이 주어지기 때문에 여유롭게 이 책 저 책 살펴볼 시간이 없기 때문이죠.

그래서 이 책은 시간적 여유가 없는 기획자들이 기획서 작성방법뿐만 아니라 엑셀, 파워포인트 등 문서작성에 필요한 오피스(Office)

기능 활용법을 동시에 익힐 수 있도록 구성했습니다.

이 책을 집필하기 위해 그간의 경험을 떠올리는 과정에서 주위에 고마운 분들이 많이 있음을 깨달았습니다. 그동안 수많은 프로젝트를 성공적으로 수행하기 위해 동고동락(同苦同樂)한 특허법인 이노의 선·후배분들과 이 책을 집필하느라 주말에 함께하지 못한 가족에게 고맙다는 말을 전하고 싶습니다. 어설픈 초고를 책으로 완성하는 데 도움을 준 아틀라스북스의 송준화 편집장께도 감사드립니다.

최성호

차례

5장_ 이제 기획서를 작성해 봅시다

[이 책의 주요 구성]

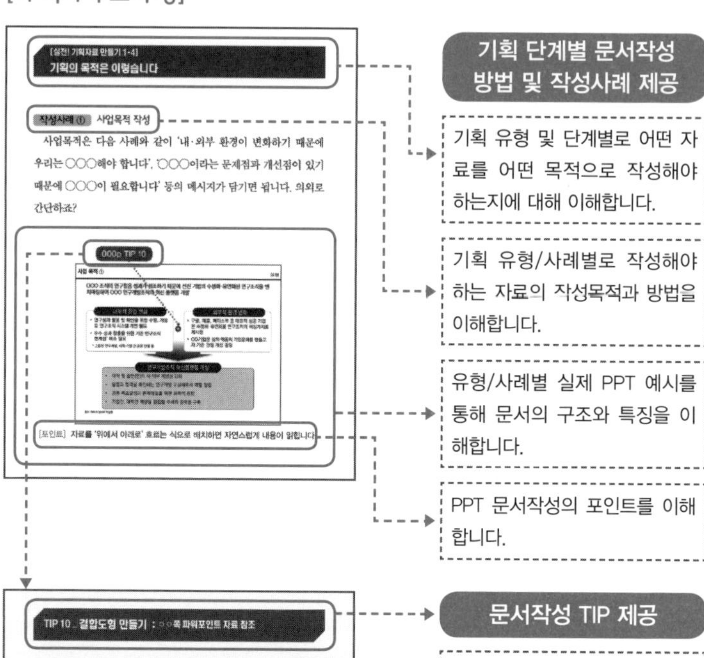
[실전! 기획자료 만들기 1-4]

기획의 목적은 이렇습니다

작성사례 ① 사업목적 작성

사업목적은 다음 사례와 같이 '내·외부 환경이 변화하기 때문에 우리는 ○○○해야 합니다', '○○○이라는 문제점과 개선점이 있기 때문에 ○○○이 필요합니다' 등의 메시지가 담기면 됩니다. 의외로 간단하죠?

[포인트] 자료를 '위에서 아래로' 흐르는 식으로 배치하면 자연스럽게 내용이 읽힙니다.

기획 단계별 문서작성 방법 및 작성사례 제공

기획 유형 및 단계별로 어떤 자료를 어떤 목적으로 작성해야 하는지에 대해 이해합니다.

기획 유형/사례별로 작성해야 하는 자료의 작성목적과 방법을 이해합니다.

유형/사례별 실제 PPT 예시를 통해 문서의 구조와 특징을 이해합니다.

PPT 문서작성의 포인트를 이해합니다.

TIP 10_결합도형 만들기 : ○○쪽 파워포인트 자료 참조

○○쪽 사례와 같은 ✚ 도형은 파워포인트에서 기본 도형으로 제공되지 않습니다. 이런 경우 기본 도형을 결합해서 원하는 형태의 도형을 만들 수 있습니다.

01 ❶ [삽입>도형]에서 [수식 도형>덧셈 기호]를 선택해서 원하는 크기로 만듭니다. ❷ 다시 [삽입>도형]에서 [기본 도형>타원]을 선택해서 원하는 크기로 만듭니다.

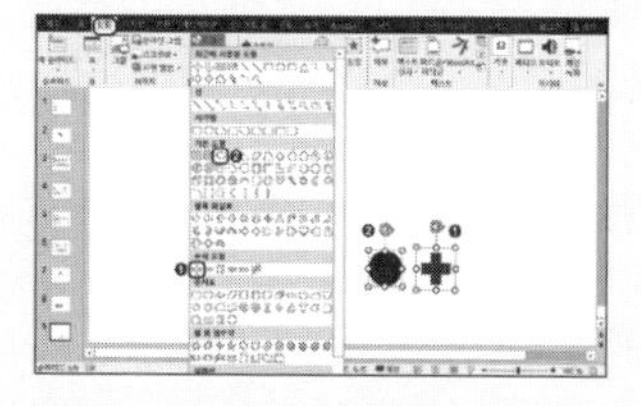

02 ❶ 덧셈 기호 도형을 선택하고 ❷ [서식]에서 [도형 채우기 : 흰색], [도형 윤곽선 : 파랑색]을 선택합니다. ❸ 타원 도형을 선택하고 ❹ [서식]에서 [도형 채우기 : 파랑색], [도형 윤곽선 : 파랑색]을 선택합니다.

문서작성 TIP 제공

❶ PPT 문서의 가독성과 시각화 효과를 극대화하는 파워포인트 및 엑셀 프로그램 활용방법을 제공합니다.

❷ 분석자료 확보방법, 무료 이미지 활용법, CAGR 계산법 등 자료작성의 효율과 속도를 높이는 노하우를 제공합니다.

※ 이 책에 수록된 PPT 예시는 원본 색상이 모두 반영된 자료와 일부 색상만 반영된 자료가 혼합되어 있습니다. 아래 사이트에서 더 선명하고 색상이 모두 반영된 PPT 자료를 다운로드 받으세요.

[다운로드 사이트] https://bit.ly/누탐실전기획서

기획 단계별 실전 PPT 문서 작성사례 찾아가기

기획회의 기본 자료 만들기

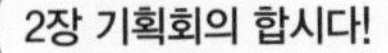

2장 기획회의 합시다!

② 기획서 구체화하기

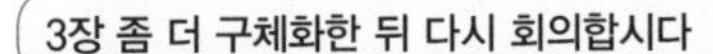

3장 좀 더 구체화한 뒤 다시 회의합시다

③ 기획서 목차 만들기

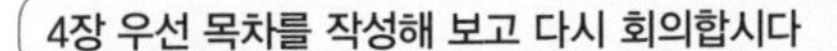

4장 우선 목차를 작성해 보고 다시 회의합시다

④ 기획서 완성하기

5장 이제 기획서를 작성해 봅시다

누구나 탐내는
실전기획서

1장

기획서의 설득력을 높여주는 기본 상식

01

기획자 마인드 만들기

상사처럼 생각하고 행동하기

기획서를 작성할 때는 상사처럼 생각하고 행동해야 합니다. 내 기획서가 한 번에 통과되려면 상사의 관점과 시각에서 작성해야 하기 때문이죠. 경우에 따라 다르지만 보통 기획서는 상사를 거쳐 경영진에게 보고됩니다. 사업규모가 크다면 더 그렇죠.

기획서의 최종목적은 '설득'입니다. 하지만 우리는 아직 어떻게 하면 경영진을 잘 설득할 수 있는지 모릅니다. 반면에 우리의 상사는 그동안의 경험으로 경영진이 좋아하는 스타일을 한눈에 꿰고 있습니다. 아무리 질 좋은 기획서라도 설득에 실패하면 휴지통으로 직행합니다. 우리가 힘들게 작성한 역작 기획서가 휴지통으로 가게 할 수는 없습니다. 그래서 우리는 기획서를 만들 때 '상사라면 이럴 때 어떻게 했을까?'를 계속해서 고민해야 합니다. 이를 위해 상사가 작성한 기획서 중 가장 잘된 것을 찾아서 벤치마킹하는 것도 좋은 방법이 될 수 있습니다. 그 안에는 상사가 주로 사용하는 단어, 서술방식, 작성방식 등이 녹아있을 테니까요.

하지만 그것만으로는 작성과정에서의 노하우까지 찾아내기 어렵습니다. 이럴 때는 상사를 '파트너'라고 생각해야 합니다. 파트너가 되어 같이 의논하고 고민해야 합니다. 초급기획자의 가장 큰 실수가 바로 상사와 의논을 하지 않는다는 데 있습니다. 이 시기에는 아이디어, 논리구조 등 모든 면에서 기획력이 부족합니다. 그러면서도 자신의 작성방향이 맞는지 틀렸는지를 확인하지 않습니다. 상사와의 의논과정을 통해 맞춰 나가야 하는데, 자신만의 틀에 갇혀있는 것이죠.

필자도 그동안 수많은 직원과 일해 봤지만 결국 필자에게 찾아오는 횟수가 많은 직원이 기획서를 잘 써오더군요. 의논하는 횟수와 기획서의 질은 정비례하는 것 같습니다.

한 번은 기획서 마감일이 얼마 남지 않은 시점에 신입직원이 한 달간 수행해서 가져온 결과물을 받아보고 애간장을 태운 적이 있습니다. "왜 중간에 의논하지 않았나요?"라고 물으니 "제대로 진행되고 있는 줄 알았어요", "팀장님이 바빠서 제가 알아서 끝내려 했어요" 등의 변명만 늘어놓더군요.

간혹 이럴 때 지적을 하면 "기획서 작성업무는 제 적성에 맞지 않는 것 같습니다"라면서 사직서를 가져오기도 합니다. 하지만 이런 상황은 적성이 맞지 않아서가 아니라 일하는 방식이 서툴러서 생기는 것입니다.

초급기획자의 패기만으로 '내가 직접 끝내볼 거야!', '난 혼자서 할 수 있어!', '나의 실력을 보여주겠어!'라고 고집하는 습성은 과감히 버려야 합니다. 기획서 작성은 혼자가 아니라 같이하는 작업입니다. 그러니 상사와 의논하고, 상사처럼 생각하고 행동하십시오.

시간 지키기

기획서 작성의 가장 기본은 '시간 지키기'입니다. 특히 필자가 근무하는 컨설팅기업의 경우 납기에 매우 민감합니다. 컨설팅기업은 매번 프로젝트 계약을 합니다. 이 계약서에는 납기를 준수하지 못했을 때를 대비한 패널티 조항이 있습니다. 보통은 패널티로 벌금을 물리는데, 이보다 무서운 패널티는 다음번에 입찰제한을 주는 것입니다. 입찰을 못하면 새로운 계약을 할 수 없기 때문에 납기는 기업 생존과도 연결되어 있습니다. 그만큼 컨설팅기업에게 납기는 그 무엇보다 중요합니다.

비단 컨설팅기업만 그럴까요? 일반 기업도 마찬가지입니다. 기획서는 기업에서의 대표적인 커뮤니케이션도구입니다. 우리가 기획서를 작성하기까지는 여러 번의 회의와 설득과정이 필요합니다. 즉, 기획서 작성은 한 번에 끝나는 작업이 아니라는 것입니다. 한 번의 회의로 기획서 작성을 끝내려면 기획서의 완성도와 납기를 모두 충족해야 하는데, 현실적으로 그럴 수 없는 경우가 많습니다.

그럼 상사 입장에서 기획서의 완성도는 높지만 납기를 지키지 않은 경우와 완성도는 미흡하지만 납기를 지킨 경우 중 어느 쪽에 더 신뢰감을 갖을까요? 단언컨대 우리 상사들은 상사 자신의 시간을 소중히 여긴 후자쪽에 더 신뢰감을 갖습니다. '작성자 자신이 혼나더라도 상사인 나의 시간을 소중히 생각하는구나'라고 생각할 테니까요.

반면에 기획서의 완성도를 높인다고 해서 예정된 보고시간(납기)을 미루거나 취소한다면 어떨까요? 이는 상사에 대한 배려가 아닌 작성자 자신에 대한 배려에서 나온 행동입니다. 상사에게서 '기획서가 형편없어! 이게 기획서야?'라고 혼나기 싫어서 시간을 더 들인 것일 테니까요. 상사의 시간과 우리의 시간은 그 가치가 다릅니다. 이건 월급명세서만 봐도 알 수 있죠. 내가 납기를 미루는 1시간이 상사에게는 그 10배에 해당하는 시간을 버리는 것과 같습니다.

또한 이런 경우 상사는 기획서가 목적에 맞게 가고 있는지 아닌지 모르기 때문에 불안해합니다. 실제로 기획 초기에 올바르게 방향을 잡지 않으면 나중에는 기획의 방향이 걷잡을 수 없이 어긋나는 경우가 많습니다. 상사들은 이런 사실을 잘 알고 있죠. 따라서 일단은 납기를 지켜서 기획의 방향이 혹시 잘못되었을 경우 상사가 대책을 수립할 시간을 줘야 합니다.

납기가 주는 영향은 이뿐만이 아닙니다. 기업에는 나름의 스케줄이 있습니다. 이 스케줄은 기획서의 목적을 실행하기 위한 모든 수행주체들의 약속입니다. 특히 기획서는 다른 보고서와 달리 앞으로의 기업 행보를 제시하는 문서이기 때문에 조직 전체와 관계를 형성하게 됩니다. 따라서 내가 기획서의 납기를 지키지 못하면 나로 인해 허비되는 시간과 인력이 많아지게 됩니다.

앞서 언급했듯이 우리가 하나의 기획서를 완성할 때까지는 여러 번의 크고 작은 보고와 회의를 반복해야 합니다. 그러니 미흡하더라도 이번 보고에 필요한 자료를 제때 작성해서 상사에게 안정감과 신뢰감을 주는 것이 좋습니다. 미흡한 부분은 보완해 나가면 됩니다. 한 번 혼나면 어떻습니까. 다음번에 만회하면 되죠.

내 기획서는 70%라고 생각하기

기획서는 기업의 대표적인 커뮤니케이션도구입니다. 커뮤니케이션은 우리말로 '의사소통'입니다. 사전적으로 의사소통은 '가지고 있는 생각이나 뜻이 서로 통함'이라고 합니다. 여기서 우리는 '서로 통한다'라는 의미에 주목해야 합니다. 즉, 우리의 기획서도 상사와 서로 통해야 한다는 것이죠.

우선 기획서가 무엇인지 다시 되짚어 봅시다. 필자는 기획서가 '혼자 야근을 하거나 밤새워서 나오는 문서'라고 생각하지 않습니다. 이렇게 나온 문서는 기업의 생존을 좌우하는 '진짜 기획서'가 아닙니다. 이렇게 알고 있다면 '진짜 기획서'를 70% 정도만 이해한 것입니다. 나머지 30%는 이해관계자와의 소통으로 채워야 합니다. 즉, '진짜 기획서'란 '문서와 소통이 결합된 결과물'입니다.

뒤에서 자세히 살펴보겠지만, 우리는 기획서 작성을 완료할 때까지 상사와 많은 소통을 해야 합니다. 기획회의 때 기획을 해야 하는 필요성과 목적을 가지고 소통해야 하고, 기획목적에 대해 구체적으로 검증하고 분석하여 도출한 목표와 전략을 가지고 소통해야 합니다. 또 기획목표와 전략을 달성하기 위한 구체적인 실행계획과 기대효과를 가지고도 소통해야 합니다. 기획서는 문서에 지나지 않습니다. 이 문서가 상사와 통해야만 진짜 기획서가 되는 것입니다.

02

기획서 가독성 높이기

기획서는 상대방을 설득하기 위한 목적으로 작성된 문서입니다. 하지만 우리 상사(경영진)들은 긴 글을 읽기 싫어하고, 시간이 없고, 설득당하기 싫어합니다. 그러니 우리는 핵심만 정리하여 짧은 시간에 설득해야 합니다. 짧은 시간에 설득하려면 우리는 기획서 검토자(경영진, 발주처 등)를 '읽는 사람(독자)'보다는 '보는 사람'이라고 생각하고 기획서를 작성해야 합니다. 즉, 기획서를 '보기 좋게' 만들어야 합니다. 그래야만 읽고 싶어질 테니까요.

설득력을 높이는 또 다른 방법은 '가독성'을 높이는 것입니다. 가독성이란 '얼마나 쉽게 읽을 수 있는지를 나타내는 정도'를 의미합니다. 쉽게 읽혀야 읽고 싶어지겠죠.

이 2가지 요건을 조합해 보면 결국 설득력이 높은 기획서의 관건은 '얼마나 보기 쉽고 읽기 쉽냐'가 됩니다. 보기 좋게 만든 기획서라도 읽기 어려우면 설득하기 어렵습니다. 반대로 읽기 쉽게 만든 기획서라도 보기 싫게 만들면 설득하기 어렵습니다. 우리가 만화책을 좋아하는 이유와 같죠. 만화책은 재미있는 그림과 핵심 문장으로 메시지를 만들어 우리에게 설득력 있게 전달하니까요.

1) 보기 쉽게 만들기

어떻게 하면 보기 쉬울까요? 상사의 '눈을 편하게' 만들면 됩니다. 박 과장님이 마음에는 안 들지만 기획서를 보는 시간만은 눈 건강을 챙겨줍시다. 기획서를 볼 때 눈의 피로감을 줄여주는 방법으로는 다음 2가지가 있습니다.

첫째, 눈에 피로감이 덜한 색상, 그래프, 도형을 사용하는 방법입니다. 화려한 색상, 영상, 그래프 등은 눈에 피로감을 줍니다. 채도가 높은 색상은 눈의 피로감을 유발한다고 하니까요.

둘째, 자연스러운 시선흐름을 이용하는 방법입니다. 우리가 사진이나 문서를 처음 접할 때는 자연스럽게 시선이 왼쪽에서 오른쪽으로 이동합니다. 문서를 이런 시선흐름과 반대로 흐르게 구성하면 보는 사람의 눈에 피로감을 주게 됩니다.

2) 읽기 쉽게 만들기

어떻게 하면 문서를 읽기 쉽게 만들까요? 상사의 '뇌를 편하게' 해주면 됩니다. 상사의 뇌를 편안하게 해주려면 상사에게 익숙한 도구를 사용해야 합니다. 콘텐츠를 담는 도구가 익숙하다면 자연스럽게 메시지를 이해하는 데만 뇌가 활동하게 됩니다.

반면에 도구가 생소하거나 복잡하다면 도구까지 이해해야 하기 때문에 뇌의 활동이 많아집니다. 박 과장님이 기획서를 검토하다 말고 밖으로 뛰쳐나가는 행동을 보인다면 십중팔구 이런 이유로 뇌에 과부화가 걸린 것입니다.

그렇다고 상사가 너무 뇌 활동을 안 하게 만들면 안 됩니다. 기획서를 다 읽기 전에 박 과장님이 지루해할 수 있으니까요. 우리가 관심 없는 주제로 회의할 때 귀를 닫아버리고 조는 것처럼 말이죠.

이처럼 눈 건강과 뇌 활동은 서로 연결되어 있습니다. 우리는 상사가 기획서를 검토하고 있을 때만큼은 편안한 컨디션을 만들어줘야 합니다.

다음 내용에서는 기획서를 어떻게 하면 보기 쉽고, 읽기 쉽게 만들 수 있는지에 대해 구체적으로 살펴보겠습니다.

03

기획서를 보기 쉽게 만드는 방법

우린 어떤 사물을 볼 때 직관에 의존합니다. 쉽게 말해 직관은 첫인상입니다. 예를 들어 우리가 소개팅을 한다면 대화를 나누기 전에 상대방의 옷차림, 머리 스타일, 자세 등의 첫인상으로 상대를 판단하게 됩니다. 첫인상이 좋다면 호감을 갖게 되겠죠.

기획서도 첫인상이 좋아야 합니다. 소개팅과 마찬가지로 첫인상이 좋아야 상사에게 보고 싶은 마음이 생길 테니까요. 기획서의 첫인상은 '얼마나 단순한지'와 '얼마나 시선흐름이 자연스러운지'로 판단합니다. 여기서는 이 2가지 판단기준에 따라 보고서를 보기 쉽게 만드는 방법에 대해 알아보겠습니다.

단순하게 만들기

기획서는 화려하게 만들기보다는 깔끔하고 단순하게 만드는 것이 더 보기 좋습니다. 괜히 화려하게 만든다고 알록달록 꾸미거나 모니터에서 튀어나올 듯한 3차원 이미지를 사용하면 보는 사람의 정신만 사납게 할 뿐입니다. 실제로 유명 컨설팅기업의 기획서들은 이렇게 단순해도 되나 할 정도로 단순합니다. 반면에 메시지는 명확하죠. 여기서는 단순하면서 메시지가 잘 전달되는 기획서 작성법 4가지를 살펴보겠습니다.

단순화 방법 ① : 나만의 색상 팔레트 만들기

기획서 분량이 많아지다 보면 색상이 뒤죽박죽되기 십상입니다. 이럴 때 파워포인트에 자신만의 색상 팔레트를 만들어 두고 [서식복사] 기능을 이용해서 자료를 작성하면 기획서의 색상을 전체적으로 일관성 있게 구성할 수 있습니다. [서식복사]는 기준도형의 색감과 질감을 복사해서 다른 도형에 동일한 색감과 질감을 옮겨주는 기능을 말합니다. 참고로 파워포인트에서 [서식복사] 기능은 다음 2가지 방법으로 활용할 수 있습니다.

- 기준도형 선택 → [홈 〉서식복사] 클릭 → 동일 서식 적용할 도형 클릭
- 기준도형 선택 → Ctrl+Shift+C → 동일 서식 적용할 도형 선택 → Ctrl+Shift+V

이때 기준 색상은 기업의 로고 색상이나 추구하는 색상 등으로 정

색상 팔레트(예시)

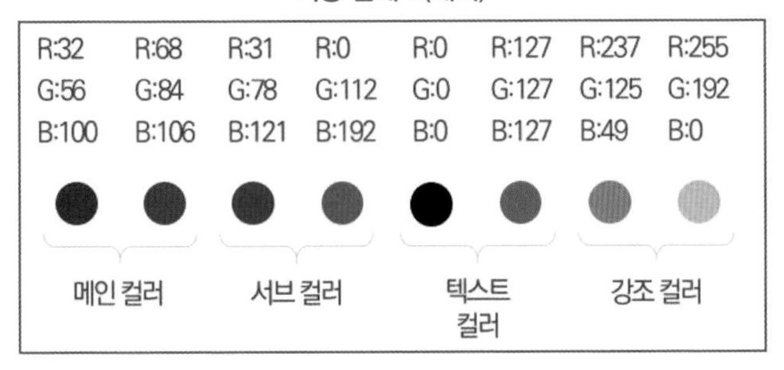

하는 것이 좋습니다. 사장님이 좋아할 테니까요. 그리고 이 기준 색상의 채도나 밝기를 조절하면서 통일감을 주면 됩니다. 정해진 로고 색상 등이 없는 경우 위의 사례처럼 '진한 남색'을 기준 색상으로 정해도 괜찮습니다. 필자가 주로 사용하기도 하고, 이 책의 작성사례에서 사용한 기준 색상이기도 합니다.

강조할 포인트가 있다면 2가지 정도 색상을 선택하여 사용합니다. 참고로 필자는 주로 위의 사례처럼 오렌지색이나 금색을 사용합니다. 다만 명확히 정해진 기준은 아니므로 참조만 하면 됩니다. 기획서 전체적으로는 3가지 혹은 4가지 색상을 사용하는 것이 좋습니다. 이 또한 참고사항입니다.

단순화 방법 ② : 여백의 미 활용하기

기획서 1페이지에는 너무 많은 내용을 담지 않는 것이 좋습니다. 우리는 빈 공간을 보면 뭔가 채워 넣어야 한다는 충동을 느낍니다. 거의 생존본능에 가깝죠. 혹시 모를 퇴로를 만드는 것입니다. 하지만 이렇게 빽빽하게 작성된 기획서 장표를 보면 일단 한숨부터 나옵니다. 눈을 어디에 둬야 할지 감도 안 잡히고 핵심 내용을 찾기도 힘들기 때문이죠.

우리가 보통 사용하는 A4용지의 실물은 크지 않습니다. 하지만 모니터상으로는 운동장만큼 넓게 보이죠. 그러니 이것저것 채워 넣어야 한다는 생각이 들게 됩니다. 이런 경우에 A4 편집창 내에 여백을 줘서 작성공간을 줄이면 자연스럽게 여백의 미를 갖출 수 있습니다.

이때 상하좌우 여백을 충분히 주는 것이 좋습니다. 발표용일 때는 20% 이상, 보고용이라면 10~20% 정도 여백을 줍니다. 이렇게 하면 기획서 1페이지에 제목과 헤드 메시지까지 포함되기 때문에 자연스럽게 많은 내용을 넣지 못하고 핵심 내용만 담게 됩니다.

단순화 방법 ③ : 2차원 그래프 활용하기

파워포인트는 문서 시각화에 특화된 프로그램입니다. 이처럼 파워포인트 문서의 시각적 효과를 높이는 데 있어서 '그래프' 만큼 좋은 도구는 없습니다. 다만 초급기획자일수록 3차원 그래프를 사용하는 경우가 많은데, 이런 경우 오히려 기획서가 지저분해 보입니다. 기획서를 깔끔하게 보이게 하려면 3차원 그래프보다는 가장 기본적인 2차원 그래프를 사용하는 것이 좋습니다.

그래프를 활용할 때는 '막대그래프(세로, 가로), 꺾은선그래프, 원그래프, 방사형 그래프' 중에서 선택하는 것이 좋습니다. 아무리 큰 기획을 하더라도 이 정도 그래프면 충분합니다. 그래프를 사용할 때는 화려함이 아니라 '얼마나 적합한 곳에 적합한 그래프를 넣느냐'가 중요하니까요. 다음 사례는 같은 데이터를 각각 입체형 원·막대그래프

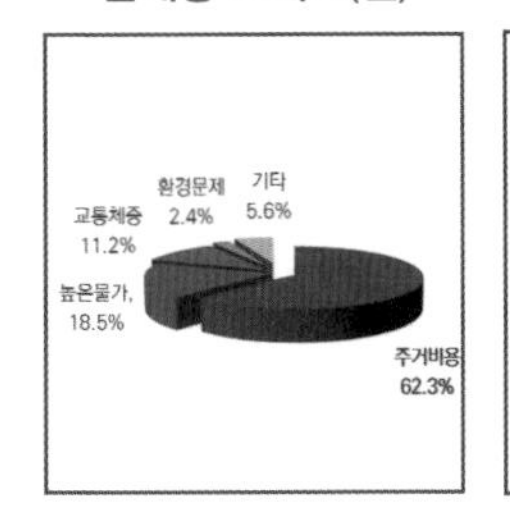

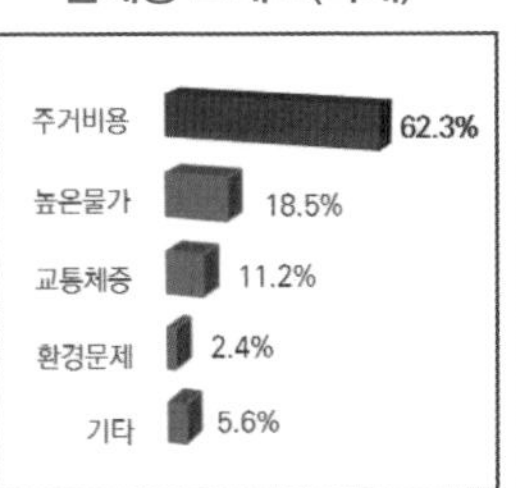

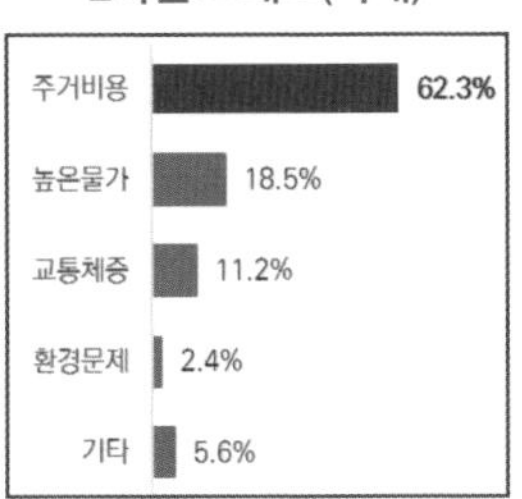

와 2차원 막대그래프로 표현한 예시입니다. 어떤가요? 2차원 그래프(막대)가 더 깔끔해 보이지 않나요?

단순화 방법 ④ : 애니메이션 활용 자제하기

파워포인트로 발표용 기획서를 만들 때는 특별한 경우를 제외하고는 가급적 애니메이션 사용을 자제하는 것이 좋습니다. 애니메이션을 많이 넣으면 파일용량도 늘어날 뿐 아니라 전달하려는 메시지의 흐름도 끊기게 됩니다. 보통 초급기획자들이 애니메이션을 많이 사용하는 데 반해 컨설턴트들은 애니메이션 기능을 잘 사용하지 않습니다. 메시지 흐름에 맞는 애니메이션을 만드는 데 시간이 많이 들기 때문이죠. 차라리 그 시간에 기획서의 오타를 잡거나, 레이아웃을 통일하거나, 논리성을 점검하는 것이 더 효율적입니다.

자연스러운 시선흐름 만들기

우리는 누군가와 만나거나 회의를 할 때 시선을 어디에 둬야 할지 고민합니다. 면접비법에서도 시선처리는 빠지지 않죠. 그만큼 시선처리는 모든 커뮤니케이션에서 매우 중요한 요소가 됩니다. 기업에서의 대표적인 커뮤니케이션도구인 기획서도 마찬가지입니다. 즉, 기획서의 구조가 상사의 시선처리를 방해해서는 안 됩니다. 그럼 기획서의 시선흐름을 자연스럽게 만들어주는 3가지 유형에 대해 살펴보겠습니다.

시선흐름 만들기 ① : 왼쪽에서 오른쪽으로

우리는 보통 문서를 읽을 때 시선을 왼쪽에서 오른쪽으로 돌립니다. 책들도 대부분 이 규칙을 적용하고 있죠. 누구에게 배운 것도 아닌데 우리는 본능처럼 왼쪽에서 오른쪽으로 문서를 읽습니다. 이를 역행하는 문서를 보면 뭔가 부자연스럽고 읽는 데 적응이 안 됩니다.

그럼 기획서에서는 이런 규칙이 어떻게 적용될까요? 상사들은 보통 기획서를 볼 때 왼쪽보다 오른쪽에 더 중요한 메시지가 있다고 인식합니다. 왜냐고요? 우리가 왼쪽에서 오른쪽으로 보는 본능이 있기 때문이죠.

따라서 기획서에서는 다음 사례처럼 '좌측'에 원인, 과거, 문제점,

(좌) 요약 → (우) 구체적 자료　　(좌) 현황 → (우) 해결방안

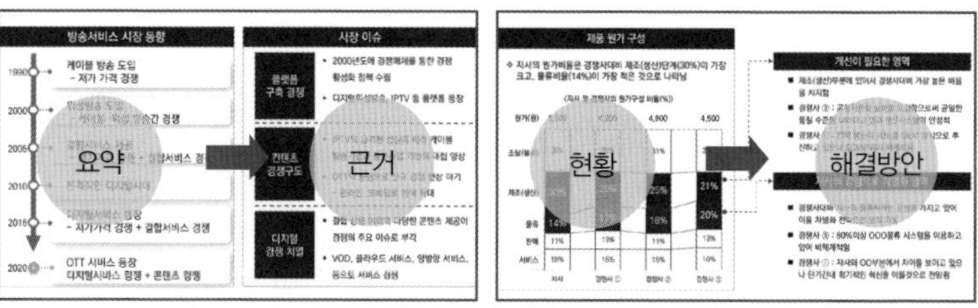

요약 등 '이유'를 배치하고, '우측'에 결과, 미래, 해결방안, 근거 등 '결론'을 배치하는 것이 보는 사람의 시선을 자연스럽게 흐르게 하는 방법이 됩니다.

시선흐름 만들기 ② : 위에서 아래로

일반적인 시선의 흐름

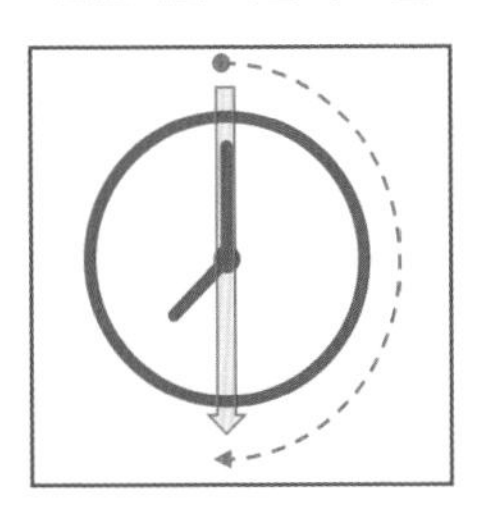

위에서 설명한 시선이 왼쪽에서 오른쪽으로 흐른다는 규칙은 시선이 '시계방향'으로 흐른다는 규칙으로 확대해볼 수 있습니다. 시계방향이라면 우측 그림처럼 시선이 '위에서 아래로' 흐른다는 의미가 됩니다. 굳이 이런 해석이 아니더라도 실생활에서 시선을 위에서 아래로 이동하게 하는 사례는 많습니다. 책들도 보통 한 문장 한 문장은 왼쪽에서 오른쪽으로 흐르지만, 전체 문장은 위에서 아래로 채워지죠.

이런 규칙에 따라 우리 상사들은 기획서를 볼 때 자연스럽게 아래쪽에 더 중요한 메시지가 있다고 인식하게 됩니다. 따라서 기획서를 작성할 때는 다음 사례처럼 '위쪽'에 원인, 과거, 문제점, 요약 등을 배치하고 '아래쪽'에 결과, 미래, 개선안, 근거 등을 배치하는 것이 좋

(위) 원인 → (아래) 해결방안

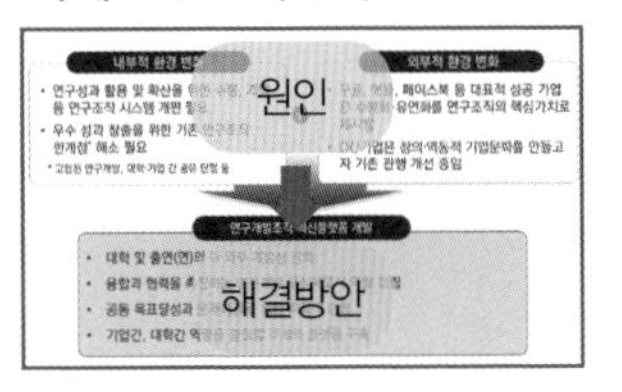

(위) 과거 → (아래) 미래

(위) 요약 → (아래) 근거

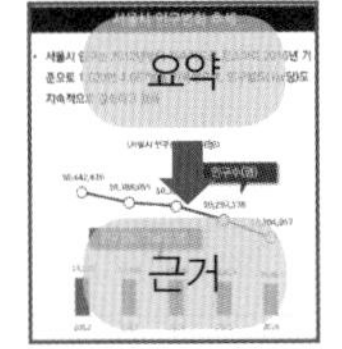

습니다.

시선흐름 만들기 ③ : 중앙에서 사방으로

시선은 중앙에서 사방으로 흐르기도 합니다. 따라서 기획서 중앙에 제목을 배치하고, 사방에 세부 내용을 배치하면 뭔가 의미가 확대되는 느낌을 줄 수 있습니다. 예를 들어 SWOT분석이라면 다음 사례처럼 중앙에 'SWOT'이라는 분석기법 제목을 넣고 사방에 SWOT 분석을 구성하는 강점, 약점, 기회, 위협 요인들을 정리하는 형태가 될 수 있겠죠.

(중앙) 제목 → (사방) 세부내용

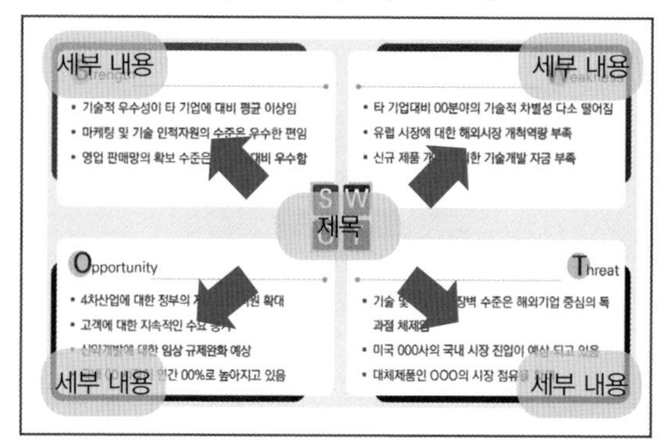

04

기획서를 읽기 쉽게 만드는 방법

기획서를 읽기 쉽게 만들기 위해서는 읽는 데 '편안함'을 줘야 합니다. 마치 집에 있는 침대 위에 누워서 책을 보는 듯한 편안함 말이죠. 집, 침대는 편안함과 동시에 '익숙함'을 줍니다. 즉, 우리는 익숙할 때 편안함을 느끼게 됩니다.

기획서도 마찬가지입니다. 문서를 폈을 때 난해한 구조, 생소한 용어들이 눈에 띄면 일단 거부감부터 듭니다. 거부감이 들면 편안하게 읽을 수 없겠죠. 따라서 우리는 상사에게 익숙한 구조를 십분 활용해야 합니다. 여기서는 기획서를 읽을 때 편안함을 주는 2가지 구조적 관점에 대해 살펴보겠습니다.

레이아웃 통일하기

기획서의 레이아웃이 페이지별로 달라서 일관성이 없으면 읽는 사람에게 혼동을 일으킵니다. 따라서 기획서를 구성할 때는 미리 기본적인 레이아웃을 정해놓고 그 레이아웃에 맞춰 기획재료들을 배치해야 합니다. 이런 식으로 레이아웃을 통일하면 읽는 사람이 어느 위치에 핵심 주장이 있겠구나, 어느 위치에 주장의 근거·배경이 있겠구나 등을 인지할 수 있습니다.

우리 상사들에게 가장 익숙한 레이아웃은 다음 사례처럼 제일 상단에 각 페이지의 제목을 담고, 그 밑에 핵심 주장(헤드 메시지)을 담고, 그 밑에 핵심 주장에 대한 근거, 배경, 부연설명 등을 담는 '3단 구성(제목→헤드 메시지→본문)'입니다. 3단 구성을 활용하면 결론에 해당하는 헤드 메시지가 먼저 나오고, 근거에 해당하는 본문이 나중에 나오기 때문에 자연스럽게 '두괄식 형식'을 갖추게 됩니다. 이처럼 통일된 레이아웃을 사용하면 처음 보는 페이지라도 핵심 내용과 주장을 3초 안에 읽을 수 있게 됩니다.

3단 구성 레이아웃 형태

① 제목 : 슬라이드(장표) 목차 역할

② 헤드 메시지 : 슬라이드에서 제시하려는 핵심 메시지

③ 헤드 메시지의 설명자료
- 콘텐츠 : 배경, 분석내용, 추진사항, 기대효과 등
- 구성 : 표, 도형, 그림, 데이터, 프레임 워크, 사례 등

그럼 3단 구성에 해당하는 제목, 헤드 메시지, 본문을 읽기 쉽게 만드는 방법에 대해 살펴보겠습니다.

1) 제목

제목은 기획서 각 페이지에 어떤 내용을 담았는지를 간단하게 알려주는 이정표와 같습니다. 이정표는 자세할 필요는 없지만 보자마자 의미가 전달되어야 합니다. 자세한 정보는 헤드 메시지나 본문에서 다룰 테니까요. 따라서 제목은 기획의 필요성, 추진체계, 추진일정 등과 같이 간단명료하면서 어떤 내용에 대한 페이지인지 유추할 수 있을 정도면 됩니다.

2) 헤드 메시지

헤드 메시지는 리딩 메시지, 거버닝 메시지라고도 불리는데, 모두 같은 의미입니다. 헤드 메시지에서는 각 페이지의 핵심 메시지를 제시해야 합니다. 어떨 때는 이 헤드 메시지만 보고 다음 페이지로 넘어가기도 합니다. 정작 시간과 노력이 많이 들어간 부분은 본문임에도 말이죠. 그만큼 헤드 메시지가 중요하다는 의미입니다. 중요한 만큼 신경 써야 할 것이 많습니다. 하지만 다음 4가지 사항만 지키면 되므로 너무 걱정할 필요는 없습니다.

첫째, 헤드 메시지에는 '다음과 같음'이나 '아래를 참조' 등의 표현을 쓰지 말아야 합니다. 이런 표현은 자칫 '네가 알아서 해석해'라는 의미로 읽힐 수 있습니다. 상사는 결정하는 사람이지 해석하는 사람이 아닙니다. 해석은 기획자, 즉 우리가 해야 할 일입니다. 우리의 일을 상사에게 떠넘기는 상황을 만들어서는 안 되겠죠.

둘째, 시사점 없이 단순 요약한 형태의 헤드 메시지는 성의가 없어 보입니다. 헤드 메시지에는 시사점, 즉 '우리의 의견'이 담겨 있어야 합니다. 우리 의견이 없으면 상사들은 '당신 생각이 뭐야?', '말하고 싶은 게 뭐야?', '그래서 의미가 뭐야?' 등 뭐야 3종 세트로 공격해 올 겁니다. 아무리 싸우다 정든다지만 이런 상황은 정은커녕 스트레스만 유발합니다. 그러니 이런 상황을 방지하기 위해서라도 헤드 메시지는 반드시 시사점을 넣어서 작성해야 합니다.

셋째, 헤드 메시지는 2~3줄 정도로 만들어야 합니다. 헤드 메시지에는 말 그대로 핵심 메시지만 담아야지 너무 많은 문장을 담으면 중언부언이 됩니다. 우리도 모르게 수식어들이 많아지기 때문이죠. 예를 들어 '2021년 ○○규제 완화로 ○○시장은 급격한 성장이 예상됨'이라는 문장에 수식어가 많아지면 아래처럼 늘어져서 핵심 내용 파악을 더디게 합니다.

'2020년에 문제가 많았던 ○○규제가 드디어 2021년 완화되기 때문에 우리가 진입하려는 ○○시장은 앞으로 급격하게 커질 것으로 생각됩니다.'

넷째, 서술형 어미(합니다, 입니다 등)보다는 명사형 어미(함, 임 등)로 마무리하는 것이 좋습니다. 문장을 서술형으로 마무리하는 형식을 '서술식'이라고 합니다. 주로 논문, 책 등에서 사용되죠. 반면에 문장을 명사형으로 마무리하는 형식을 '개조식'이라고 합니다. 기업에서 사용하는 대부분의 문서가 이 개조식을 따릅니다. 문장이 짧아지고 핵심 메시지만 남기 때문이죠.

3) 본문

본문은 헤드 메시지를 상세하게 설명하는 내용을 담아야 합니다. 내용을 담는 방식은 매우 다양합니다. 표가 될 수도, 그래프나 이미지가 될 수도 있죠. 본문은 우리가 공들여 정리하고 분석한 재료를 담는 부분으로, 이를 근거로 헤드 메시지를 작성하게 됩니다. '구조화'라는 개념을 많이 들어봤을 텐데, 바로 기획서 본문에 적용되는 개념입니다. 구조화는 우리가 가진 수많은 기획재료를 얼마나 체계적으로 구성해 나타내느냐를 일컫습니다.

하나의 기획서가 적게는 1페이지에서 많게는 수십, 수백 페이지로 이루어지기 때문에 본문 구성방식도 다양할 수밖에 없습니다. 그런데 앞서 익숙함을 줘야 편안함을 줄 수 있다고 했듯이, 본문 구성방식도 익숙함을 줘야 합니다. 즉, 몇 가지 구성방식을 패턴화시켜 반복적으로 활용해야 합니다. 이러면 상사는 패턴에 익숙해져서 편안함을 갖고 본문을 읽게 됩니다.

다음은 필자가 자주 사용하는 4가지 기본 패턴에 대한 설명입니다. 이 4가지 패턴만 가지고도 기획서의 90% 이상을 구성할 수 있습니다.

① 상세 설명형

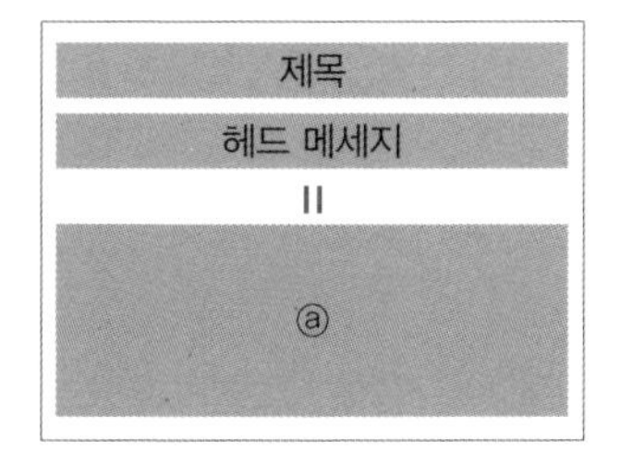

설계도, 조감도, 청사진 등과 같이 헤드 메시지를 본문에서 상세하게 설명하는 패턴입니다. 본문에 담긴 콘텐츠가 헤드 메시지와 1:1 관계가 되죠. 이런 경우에 헤드 메시지는 본문에 담긴 콘텐츠의 강점이나 차별성을 설명하는 형태가 됩니다.

② 조합형

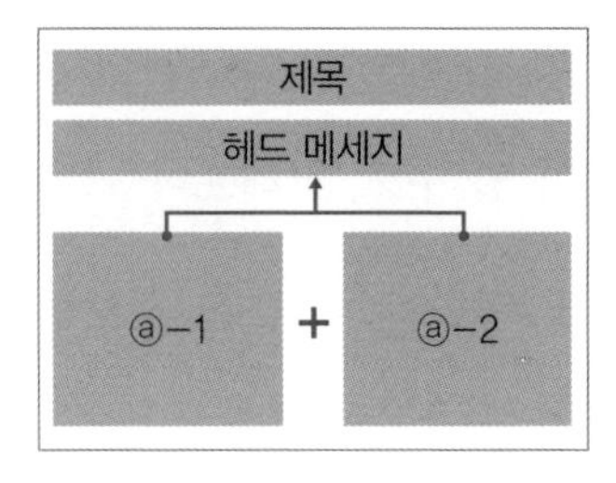

본문에 있는 콘텐츠들을 '조합'하여 헤드 메시지를 설명하는 패턴입니다. 이런 경우 본문에는 2개 이상의 수직관계 콘텐츠가 담깁니다. 사례를 기준으로 보면, ⓐ–1에는 '지역별 판매추이'를, ⓐ–2에는 '연령별 판매추이'를 담는 식이죠. 이럴 때 헤드 메시지는 ⓐ–1, ⓐ–2를 조합한 '지역별 핵심 고객에 대한 국내 정책' 정도가 될 수 있습니다. 헤드 메시지에서 본문에 있는 2개 이상의 연관 콘텐츠를 조합하여 해석하는 방식입니다.

③ 종합형

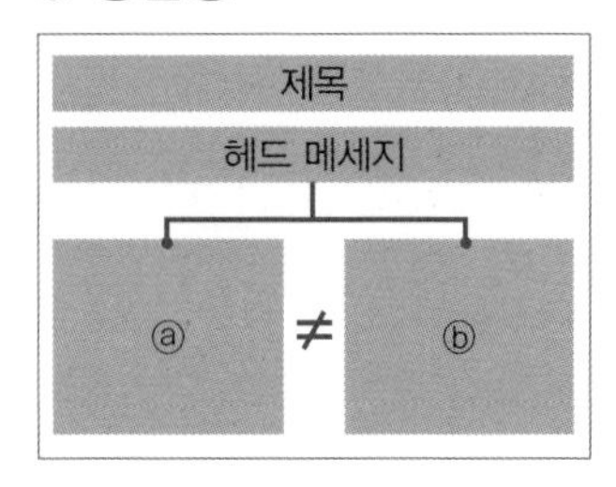

본문에 있는 콘텐츠를 '종합'하여 헤드 메시지를 설명하는 패턴입니다. 이런 경우 본문에는 2개 이상의 병렬관계 콘텐츠가 담깁니다. 사례를 기준으로 보면, ⓐ에는 해외시장규모, ⓑ에는 국내시장규모를 담는 식이죠. 이럴 때 헤드 메시지는 ⓐ, ⓑ를 종합하여 세계시장에 대한 시사점을 제시하는 형태로 작성할 수 있겠죠.

④ 흐름형

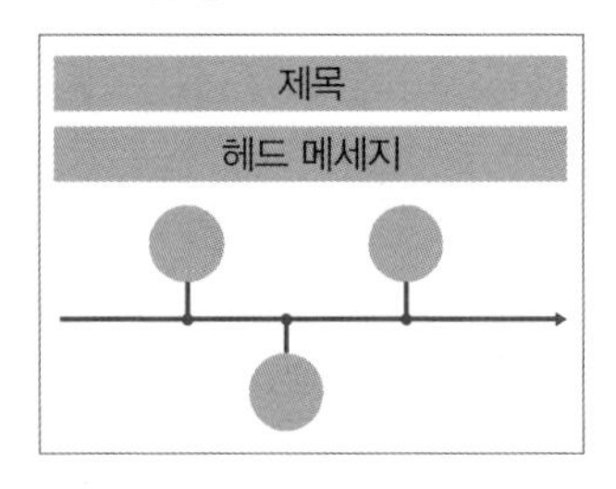

본문에 기업 로드맵, 추진 프로세스, 추진일정 등과 같은 흐름이나 방향을 작성하는 패턴입니다. 이럴 때 헤드 메시지는 본문에 대한 목표나 방향을 설명하는 식으로 작성합니다. 본문이 추진 프로세스라면 헤드 메시지를 'OO단계를 거쳐 언제까지 OO을 완료할 계획임' 식으로 작성할 수 있습니다.

프레임 워크 활용하기

상사나 경영진이 잘 알고 있는 프레임 워크를 활용하면 익숙함을 줄 수 있습니다. 다만 프레임 워크는 각각의 목적에 따라 선택적으로 활용해야 합니다. 이 책에서는 '5-Force분석, PEST분석, 3C분석, 가치사슬분석, SWOT분석, STP전략, 4P전략' 등 7가지 프레임 워크를 활용했습니다. 이 정도 프레임 워크만 알고 있어도 하나의 기획서를 작성하는 데 무리가 없습니다. 프레임 워크를 많이 활용한다고 해서 좋은 기획서가 되지는 않으니까요.

각 프레임 워크에 대해서는 뒤에서 자세히 설명하기로 하고, 여기서는 의미만 간략하게 살펴보겠습니다.

1) 5-Force분석

5-Force분석은 시장의 경쟁현황을 체계적으로 분석하는 데 사용합니다. 우리 기업이 신제품을 시장에 내놓아서 경쟁에서 살아남으려면 시장경쟁현황을 파악하고 있어야 하기 때문이죠. 5-Force분석은 '신규기업 진입위협, 기존 경쟁사 간 경쟁, 대체품 위협, 구매자 교섭력, 공급자 교섭력, 대체재 위협' 등 5가지 관점으로 시장의 경쟁구도를 분석하는 프레임입니다. (153쪽 내용 참조)

2) PEST분석

PEST분석은 외부 거시환경 관점에서 우리 기업의 현재·미래의 기회·위협요인을 분석하는 데 사용합니다. 우리가 통제하지 못하기 때문에 따라갈 수밖에 없는 외부 거시환경을 '정책적(Political), 경제적(Economic), 사회적(Social), 기술적(Technological)' 등 4가지 환경으로 분류하여 분석하는 프레임입니다. (172쪽 내용 참조)

3) 3C분석

3C분석은 미시환경 관점에서 우리 기업의 차별화방향을 분석하는 데 사용합니다. 우리 기업에 직접적인 영향을 미치는 미시환경 변화를 '고객(Customer), 경쟁사(Competitors), 자사(Company)' 등 3가지 관점으로 구분해 분석하는 프레임입니다. (187쪽 내용 참조)

4) 가치사슬분석

가치사슬분석은 우리 기업의 내부환경을 분석하는 데 사용합니다. 기업의 내부활동을 세분화해 분석함으로써 우리의 강점과 약점을 도출해내는 프레임입니다. (180쪽 내용 참조)

5) SWOT분석

SWOT분석은 우리의 기획목적을 실현하기 위한 추진전략을 도출하는 데 사용합니다. 외부의 기회(Opportunity)와 위협(Threat), 우리의 강점(Strength), 약점(Weakness)이라는 4가지 요소를 결합하여 우리가 실행해야 할 추진전략을 분석하는 프레임입니다. 가장 익숙하고 설득력 있으면서 상사의 의사결정에 도움을 주는 분석도구입니다. (198쪽 내용 참조)

6) STP전략

STP전략은 고객의 마음속에 우리 제품을 어떻게 위치시킬지를 분석하는 데 사용합니다. 어떻게 시장에 진입해야 하는지를 '시장세분화(Segmentation), 표적시장 설정(Targeting), 포지셔닝(Positioning)'

분석 프레임별 관점과 분석목적

구분	관점	분석목적
5-Force분석	산업구조분석	체계적으로 산업 내 경쟁현황 파악
PEST분석	거시환경분석	시장환경의 메가트렌드 파악
3C분석	미시환경분석	시장 내 자사, 고객, 경쟁사 환경 파악
가치사슬분석	내부환경분석	기업 내부의 강 · 약점 도출
SWOT분석	내 · 외부환경분석	내 · 외부환경을 교차분석하여 시사점 도출
STP전략	시장진입전략	효율적 시장접근을 위한 전략 수립
4P전략	마케팅전략	성공적 마케팅을 위한 마케팅전략 수립

관점에서 분석하는 프레임입니다. (267쪽 내용 참조)

7) 4P전략

4P전략은 성공적인 마케팅전략을 수립하는 데 사용합니다. 4P에 해당하는 '제품(Product), 가격(Price), 유통(Place), 촉진(Promotion)' 등의 구성요소를 유기적으로 연계하여 마케팅전략을 수립하는 프레임으로, '마케팅믹스'라고 불리기도 합니다. (278쪽 내용 참조)

지금까지 살펴본 각 프레임 워크 간에는 연계성이 존재하는데, 이를 도식화하면 다음 쪽 그림과 같습니다.

분석 프레임 워크 간 연계도

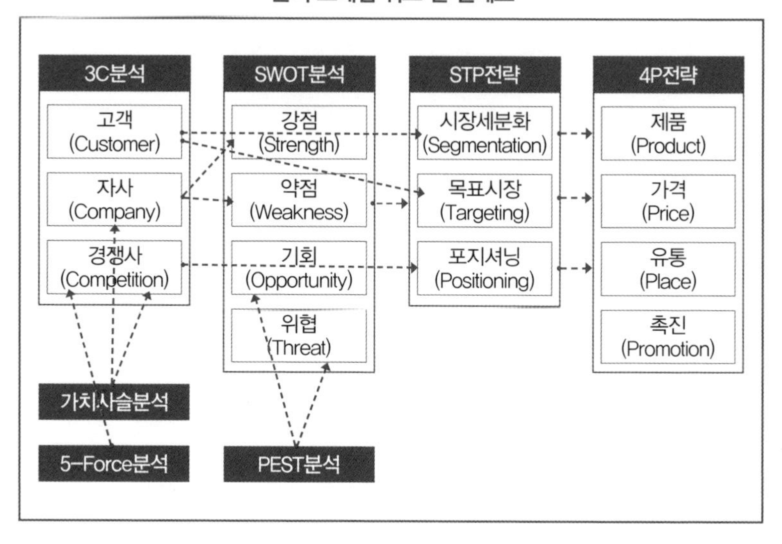

위의 연계도에 나타난 프레임 워크 간 연계성을 풀어보면 다음과 같습니다.

- 5-Force분석 결과 → **3C분석 중 경쟁자분석 시 활용되고, 이는 다시 STP분석의 포지셔닝분석 시 활용**
- 가치사슬분석 결과 → **3C분석의 자사분석 시 활용되고, 이는 다시 SWOT분석의 내부환경요인인 강점과 약점 분석 시 활용**
- 3C분석의 고객분석 결과 → **STP분석의 시장세분화 및 목표시장분석에 활용**
- SWOT분석 결과 → **STP전략 수립 시 활용되며, 이는 다시 4P전략 수립 시 활용**

이처럼 각 프레임워크는 독립적이면서도 종속적인 관계를 갖고 있습니다. 이러한 연계관계를 잘 이해하고 있어야 우리가 기획을 할 때

자유자재로 프레임 워크를 활용할 수 있습니다.

다음 장부터는 1장의 내용을 토대로 우리가 상사에게서 처음 기획을 지시받았을 때부터 하나의 기획서를 완전하게 작성하기까지의 과정을 하나씩 좇아가며 살펴보도록 하겠습니다.

2장

기획회의 합시다!

01

기획회의는 어떻게 준비해야 할까

박 과장님이 다음주에 회의를 소집한다고 합니다. "박 과장님. 무슨 회의에요?"라고 물으니 지난주 김 대리가 제안한 신사업 아이디어에 대한 기획회의랍니다. '망했다. 아직 조사도 안 끝나고 기획서도 작성하지 못했는데 어떻게 회의를 하지?' 기획회의라면 기획서든 뭐든 자료를 준비해야 할 텐데 우리는 무엇을 준비해야 할까요?

기획회의는 말 그대로 '기획을 하기 위한' 회의입니다. 그렇다면 기획서를 작성하면 되지 기획회의는 왜 하는 걸까요? 기획회의는 내가 기획하려는 아이디어나 아이템에 대해 상사와 처음으로 공유하는 자리면서, 의사결정을 받는 자리라고 할 수 있습니다. 기획 아이디어가 적절하고 타당한지 검증해 기획을 할 것인지 말 것인지를 판단함으로써 사전에 낭비되는 노력을 예방하려는 것이죠.

이처럼 기획회의는 기획서의 1차적인 설득단계라고 할 수 있습니다. 우리의 상사들은 기획을 해본 경험이 많기 때문에 일명 촉(통찰력이나 앞일을 예측하는 능력)을 가지고 있는데, 내가 낸 아이디어가 그 촉을 발동시켜서 기획회의라는 기회가 찾아온 것입니다. 이런 기회에 우리는 좀 더 구체적인 자료로 상사를 설득해야 합니다.

이를 위해서는 내 주장에 대한 '명확한 근거'가 있어야 합니다. 명확한 근거를 통해 기획의 배경을 파악하고 그 속에서 기획의 목적을 도출할 수 있기 때문입니다. 이를 통해 구체적인 기획방향이 결정되기 때문에 매우 중요한 과정이 됩니다.

기획과 기획회의의 본질

당장 다음주가 기획회의인데 어떻게 준비해야 할까요? 아직 기획서를 작성 안 했으니 당연히 기획서를 검토하는 회의는 아닙니다. 그럼 우린 무엇을 준비해야 할까요? 기획의 본질을 이해하면 의외로 쉽게 접근할 수 있습니다. 기획과 기획회의의 본질은 다음과 같습니다.

'기획'이란 **어떠한 문제를 해결하기 위해 진행해야 할 계획**

'기획회의'란 **어떠한 문제를 해결하기 위해 진행해야 할 계획을 계획하는 자리**

- 어떠한 문제를 → 기획이 왜 필요한지?
- 해결 → 기획의 목적이 무엇인지?
- 계획 → 어떻게 기획할 것인지?

이 중에서 가장 중요한 것을 꼽으라면 단연 '기획이 왜 필요한지'를 제시하는 데 있습니다. 기획의 '근본적인 이유'에 해당하니까요.

근본적인 이유는 앞으로 작성할 기획서에서도 변하지 않을 만큼 명확해야 합니다. 물론 기획서를 작성하다 보면 일부 수정할 수는 있지만 큰 방향은 변하지 않아야 하므로 신중한 검토가 필요합니다.

이처럼 기획회의에서 '왜 기획을 해야 하는지'를 명확히 제시해야 1차 설득에 성공할 수 있습니다. 그렇다고 이유만 제시하면 '그래서?'라는 질문이 수없이 나오게 됩니다. 마치 문제점만 제시하는 비평가처럼 보이기 쉽습니다.

따라서 이유를 제시한 다음에는 '기획의 목적이 무엇인지?'를 제시해야 합니다. 목적 없는 기획서는 존재하지 않으니까요. 즉, 목적이 불분명한 기획서는 기획서가 아닙니다.

다음 내용에서는 기업이 어떤 상황에 놓였을 때 기획이 필요해지는지에 대해 좀 더 구체적으로 알아보겠습니다.

02

기획이 왜 필요한가?

박 과장 : 김 대리, 이 기획이 왜 필요한 것 같아?
김 대리 : 과장님이 지시하셔서요.
박 과장 : …
(사실 나도 몰라. 대표님께서 지시한 거라서…)
(내 마음도 몰라주는군…)

수많은 책에서 '기획을 왜 해야 하는지'에 대해 개념적으로 이야기합니다. 하지만 우리는 개념은 잠시 접어두고 '실무현장에서 왜 기획을 하는지' 살펴보겠습니다.

기획을 하는 실무자는 대부분 상사의 업무지시를 받는 직원입니다. 직원 스스로 신사업 추진을 결정할 수 있을까요? 일부 있을 수는 있으나 대부분 상사의 업무지시에서 시작된다고 할 수 있죠. 그렇다고 김 대리처럼 '박 과장님이 지시해서'라고 할 수는 없습니다. 그랬

다가는 되돌아올 답은 말 안 해도 알 테죠.

박 과장님도 기획서의 최종 결정권자는 아닙니다. 우리의 기획서는 박 과장님이 사장님께 보고하기 위한 자료입니다. 따라서 우리는 박 과장님의 아바타가 되어야 합니다. 즉, 상사의 업무지시 내용을 명확하게 이해하고 이를 뒷받침할 객관적인 근거와 설득의 논리를 뽑아내야 합니다.

다행히 우리 상사들은 친절하게 업무지시를 하기 때문에 다음과 같이 그 지시나 질문을 통해서 기획의 필요성을 찾을 수 있습니다. 이런 식으로 기획의 필요성을 얼마나 잘 찾아내는가에 따라 기획회의의 성패가 결정됩니다.

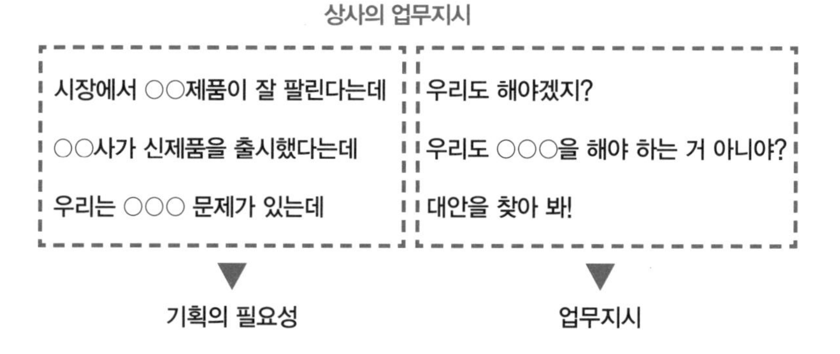

상사가 기획을 해보라는 이유는 기획의 종류에 따라서 천차만별이겠지만 크게 다음 3가지로 정리할 수 있습니다.

1) 시장변화에 대응하기 위한 기획

기업은 외부적인 시장환경(정책, 경제, 사회, 기술) 변화에 잘 대응해야만 지속적인 기업활동을 할 수 있습니다. 과거 코닥 사는 디지털카메라 시장의 성장을 알고 있었음에도 기존 필름사업을 고수하다 최종적으로 부도를 당했습니다. 세계 최초의 디지털카메라 원천 기술을 가지고 있었음에도 말이죠. 시장환경 변화 대응에 실패한 대표적인 사례라고 할 수 있습니다.

기업이 이런 실패를 겪지 않으려면 계속해서 외부환경 변화를 모니터링하고 꾸준히 이에 대응하기 위한 노력을 해야 합니다. 이런 경우에 기획이 필요한 이유는 '기업의 미래 먹거리 창출을 위해서'라고 할 수 있습니다. 따라서 우리는 '시장환경이 이렇게 변하고 있습니다'를 보여줘야 합니다.

2) 시장에서 경쟁우위 확보를 위한 기획

기업은 생존을 위해 끊임없이 경쟁합니다. 경쟁에서 밀리지 않으려면 경쟁기업이 어떻게 하고 있는지 파악하고 이에 맞춰 우리의 차별성을 확보하기 위한 노력을 꾸준히 해야 합니다. 이것이 우리가 매년 세계적인 신제품 전시회(MWC, CES 등)에 참석하여 경쟁기업들의 신제품들을 살펴보는 이유입니다. 이런 경우에 기획이 필요한 이유는 '경쟁기업과의 차별성을 확보하기 위해서'라고 할 수 있습니다. 따라서 우리는 '경쟁기업은 이렇게 하고 있습니다'를 보여줘야 합니다.

3) 내부문제 해결을 위한 기획

기업은 내부적인 문제해결을 위해서도 꾸준히 노력해야 합니다. 이를 위해 매출을 높이기 위한 마케팅기획이나 홍보기획, 생산성 제고를 위한 기획 등이 필요합니다. 아무리 시장성 있는 제품을 만들었더라도 수익구조를 확보하기 위한 노력은 중요합니다. 이런 경우에 우리는 '우리의 상황은 이렇습니다'를 보여줘야 합니다.

그럼 위의 각 기획에 따른 실제 사례유형과 근거자료 작성사례를 살펴보겠습니다.

[실전! 기획자료 만들기 1-1]

외부환경분석 : 시장환경이 이렇게 변하고 있습니다

유형 1 우리는 정책변화에 민감하다

규제, 제도 등 정부정책에 민감하게 반응하는 산업이라면 정책이슈를 파악해야 합니다. 건설업의 경우 정부의 건축규제에 민감하게 반응할 수밖에 없겠죠. 특히 환경 관련 기업은 환경규제나 지침에 따라서 사업방향이 완전히 바뀔 수도 있습니다.

정책을 살펴볼 때는 기본적으로 국내정책이 포함되어야 합니다. 가장 직접적인 시장이니까요. 다만 우리나라의 환경규제 관련 정책은 해외의 움직임을 따라가는 경우가 많기 때문에 해외정책분석도 같이 해야 합니다. 뉴스나 정부 발표에서 '해외 선진국은 ○○정책을 시행하고 있으니 우리도 ○○정책이 필요합니다'라는 이야기가 많이 나오는 것도 이러한 이유 때문입니다. 따라서 관심 국가나 주요국의 정책분석은 반드시 포함되어야겠죠.

이런 경우 국가별 정책방향을 대변할 수 있는 객관적 자료를 활용하는 것이 좋습니다. 가장 많이 사용하는 방법은 구글링입니다. 하지만 구글링으로 정보를 수집하는 일도, 수집한 정보를 정리하는 일도 만만치 않습니다. 더욱이 정책은 법, 제도, 규제 들이 많아서 법을 전공하지 않은 한 쉽게 정리하기 어렵습니다.

이럴 때는 잘 정리된 2차 자료를 활용하는 방법이 좋습니다. 정부기관의 보도자료를 보는 것도 한 방법입니다. 컨설턴트들의 경우 정부의 정책연구보고서를 공유하는 '온-나라 정책연구(www.prism.go.kr)'를 활용합니다. 시간이 절약되는 장점이 있고, 정부에서 비용을 들여 전문컨설팅기관을 통해 작성했기 때문에 보고서의 질도 높기 때문이죠. 민감한 보고서를 제외하고는 무료로 볼 수 있어 우리가 활용하기 딱입니다.

작성사례 ① 국내외 정책이슈를 나열

다음 자료는 국내뿐만 아니라 주요 국가의 정책을 '표'로 작성한 사례입니다. 주요 정책들을 분류에 맞게 나열한 수준이지만 한눈에 여러 국가의 정책을 확인할 수 있습니다.

정책동향분석 ① [표]

국내외 BOM 정책 동향을 살펴본 결과 제도, 인력, 기술, 의무화 등으로 세부적으로 나눠어 규정하고 있음

	한국	캐나다	영국	싱가포르
제도	• 전사적 BOM 활용을 위한 BOM 로드맵 수립 • OO법의 BOM 작성 대가기준 정비, OO 및 정밀안전진단 대가 기준 정비	• BOM 기반 OO 조달 및 BOM 로드맵 제시 • BOM 성숙도와 효과 측정, 평가하기 위한 OO 모델, 능력평가 도구 개발	• BOM 성숙도에 근거한 단계별 BOM로드맵 제시 • BOM 기반 OO 교육 프로그램 신설	• BOM을 OO전략으로 발표하고 BOM 채택을 적극 장려 • BOM 교육, OO, S/W, HW 관련 비용의 정부에서 부담하는 OO 제도
인력	• 단계별 목표 달성을 위한 OO 육성 • BOM 기반 유지관리 교육 프로그램 신설	• BOM 실무교육, OO개발, 개인 인증 제공 • BOM 표준에 근거한 BOM 자격제도 및 OO제도 개발	• BOM 설계, 시공 부문 OOO 제도 운영 • 20년까지 OO만명 인력양성	• 건설청 OO에서 BOM교육 운영 • BOM 기반 OO 교육 프로그램 신설
기술	• 시설물 안전 및 유지관리 BOM 표준 제정 • BOM 기반 정밀안전진단 사업 OO체계 종합시스템	• BOM 국가 전략 개발, BOM 표준 개발 • 실무 매뉴얼 및 OO 관련 BOM 가이드 개발	• OO레벨 달성을 위한 정보관리 및 OO 표준 마련 • 실무 매뉴얼 및 OO 관련 BOM 가이드 개발	• BOM 가이드와 용도별 OO 핵심 가이드 배포
의무화	• 유지관리 BOM 제도화 부문에서 의무화 • BOM 기반 사업관리 수행 의무화	• 단계별 정부발주사업 의무화 • 20년까지 OO사업 • BOM 의무화	• 2016년부터 모든 정부조달 OO사업 BOM 인증 의무화	• OO개 건축 인허가 기관 대상 BOM OO납품 의무화

출처 :저자가 임의로 작성함

[포인트] 표를 이용해 2가지(국가별, 항목별) 관점을 교차하여 작성하면 비교하기 쉽습니다.

작성사례 ② 분석결과를 포함하여 작성

그런데 위의 사례는 항목별 정리는 잘 되어 있지만 뭔가 부족함이 있습니다. 분석이 빠진 조사결과만 나열된 이런 문서는 상사에게 '알아서 해석하세요'라는 메시지로 읽히게 됩니다. 박 과장님이 가장 싫어하는 문서유형이죠. 그럼 분석결과는 어떻게 담아야 할까요? 어려운 일입니다. 글이 많으면 "이게 책이야? 핵심은 없고 글만 많아"라고 할 것이고, 글이 적으면 "이게 시야? 너무 함축했어"라고 할 게 뻔하니까요. 이럴 때 컨설턴트들은 '기호'를 활용합니다. 기호를 쓰면 분석결과를 쉽게 표현할 수 있으니까요.

다음 사례는 우리 기업과의 관련성을 '높음(●), 보통(◑), 낮음(○)'을 의미하는 '기호'로 나타내서 글을 읽기도 전에 분석결과를 확인할 수 있게 했습니다. 또한 사례처럼 중요 포인트를 '도형'으로 강조하면 박 과장님의 "핵심이 뭐야?"라는 공격에서 자유로울 수 있습니다.

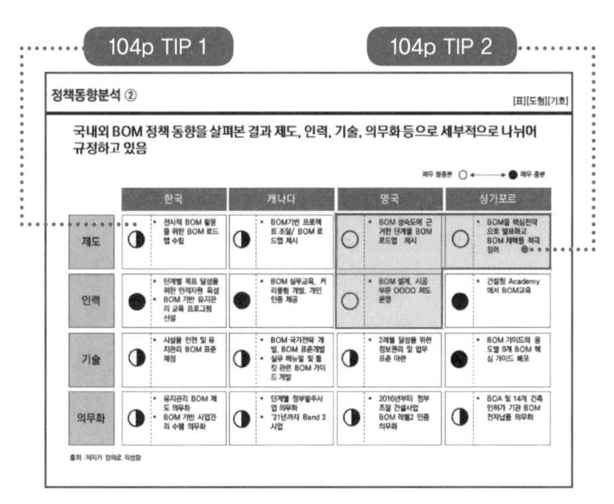
104p TIP 1
104p TIP 2

정책동향분석 ② [표][도형][기호]

국내외 BOM 정책 동향을 살펴본 결과 제도, 인력, 기술, 의무화 등으로 세부적으로 나눠어 규정하고 있음

매우 불충분 ○ ←→ ● 매우 충분

	한국		캐나다		영국		싱가포르	
제도	◑	• 전사적 BOM 활용을 위한 BOM 로드맵 수립	◑	• BOM기반 프로젝트 조달/ BOM 로드맵 제시	○	• BOM 성숙도에 근거한 단계별 BOM 로드맵 제시	○	• BOM을 핵심전략으로 발표하고 BOM 채택을 적극 장려
인력	●	• 단계별 목표 달성을 위한 인적자원 육성 • BOM 기반 유지관리 교육 프로그램 신설	●	• BOM 실무교육, 커리큘럼 개발, 개인 인증 제공	○	• BOM 설계, 시공 부문 OOOO 제도 운영	●	• 건설청 Academy에서 BOM교육
기술	◑	• 시설물 안전 및 유지관리 BOM 표준 제정	◑	• BOM 국가전략 개발, BOM 표준개발 • 실무 매뉴얼 및 툴킷 관련 BOM 가이드 개발	◑	• 2레벨 달성을 위한 정보관리 및 업무 표준 마련	●	• BOM 가이드와 용도별 9개 BOM 핵심 가이드 배포
의무화	◑	• 유지관리 BOM 제도 의무화 • BOM 기반 사업관리 수행 의무화	◑	• 단계별 정부발주사업 의무화 • '21년까지 Band 3 사업	◑	• 2016년부터 정부 조달 건설사업 BOM 레벨2 인증 의무화	◑	• BOA 및 14개 건축 인허가 기관 BOM 전자납품 의무화

출처 : 저자가 임의로 작성함

[포인트] '기호'를 사용하면 글을 최소화하면서 분석결과를 깔끔하게 정리할 수 있습니다.

작성사례 ③ 시사점을 포함하여 작성

앞의 사례는 국내외 정책을 비교·분석하여 결과를 제시한 형태입니다. 하지만 보고를 받는 상사는 '우리가 무엇을 해야 하는지?'에 대한 방안까지 제시해주길 원합니다. 이럴 때는 '분석결과에 대한 시사점'을 제시해야 상사의 관심을 좀 더 끌 수 있습니다.

이런 경우 다음 사례처럼 정책의 주요 내용을 뽑아서 핵심 내용만 정리하면 됩니다. 이때 긴 텍스트보다는 '키워드' 형태로 작성하면 가독성을 높일 수 있습니다. 또한 사례처럼 '선(화살표)'을 이용해서 관련 정책에 따라 우리가 해야 하거나 할 수 있는 방향성을 제시하는 것이 좋습니다. 앞에서도 언급했듯이 정책이나 규제에 민감한 산업이라면 반드시 정책동향분석을 해야 합니다. 이에 대한 좀 더 자세한 사례는 3장에서 다루겠습니다.

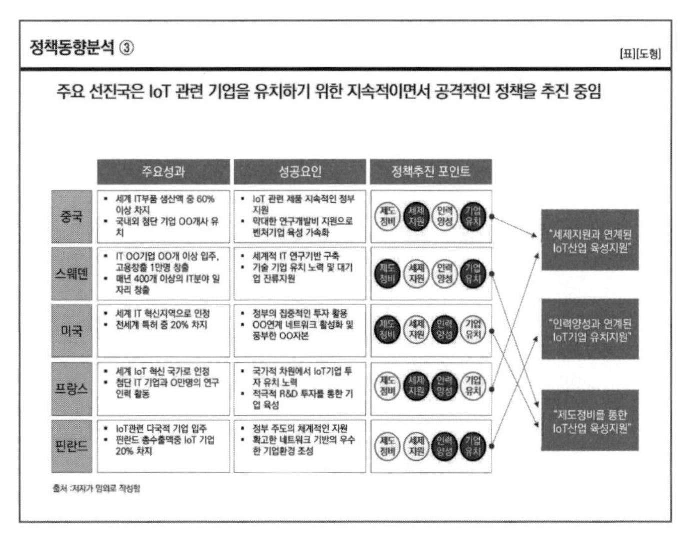

[포인트] 화살표를 사용하면 주저리주저리 설명하지 않이도 됩니다.

유형 2 우리는 시장변화에 민감하다

우리 기업이 속한 산업이 앞으로 어떻게 변화할지를 살펴보는 일은 매우 중요합니다. 기업의 생존과도 관련이 있기 때문이죠. 대부분의 기업들은 다양한 사업을 추진하고 있지만 궁극적으로는 하나의 산업군에 속해 있습니다.

그러므로 기업이 속한 산업의 대세가 어떤 방향으로 변화되는지에 대한 동향을 파악해야 합니다. 이를 '시장동향분석'이라고 하는데, 시장동향은 산업별·제품별로 매우 다양하게 전개될 수 있기 때문에 몇 가지 사례를 중심으로 살펴보겠습니다.

작성사례 ① 산업동향과 이슈 작성

다음 쪽 사례에서 좌측 자료는 문장형태로 작성하다 보니 한눈에 내용이 파악되지 않습니다. 박 과장님은 그다지 참을성이 없기 때문에 읽어보지도 않습니다. 흔히 초보기획자들이 내용을 많이 담기 위해 범하는 실수입니다.

우측 자료는 '동향'이라는 제목에 맞춰 좌측 자료를 '흐름' 식으로 다시 정리한 사례입니다. 불필요한 내용은 덜어내고 키워드만 남겼습니다. 어떤가요? 내용이 쉽게 들어오죠?

잘못된 사례

방송서비스 시장 동향

-1990년대에는 케이블 방송 도입되었으며 기업들이 활발히 진출되면서 저가 가격경쟁이 치열하게 나타남

-2000년대 들어와서 위성방송이 도입되었음 기존 케이블 방송기업과 위성방송간의 경쟁이 가속화됨

-2005년 후반에는 케이블과 위성방송의 결합형태의 서비스가 출시되면서 복합적인 경쟁구도를 갖게됨

-2010년 디지털 방송기술의 발전으로 디지털 시대돌입

-2015년 본격적인 디지털 방송시대에 접어들게됨. 그럼으로써 저가, 결합서비스 경쟁이 치열하게 작용됨

-2020년도 OTT서비스의 등장으로 디지털방송의 콘텐츠 경쟁이 치열하게 전개됨

출처 :저자가 임의로 작성함

잘된 사례

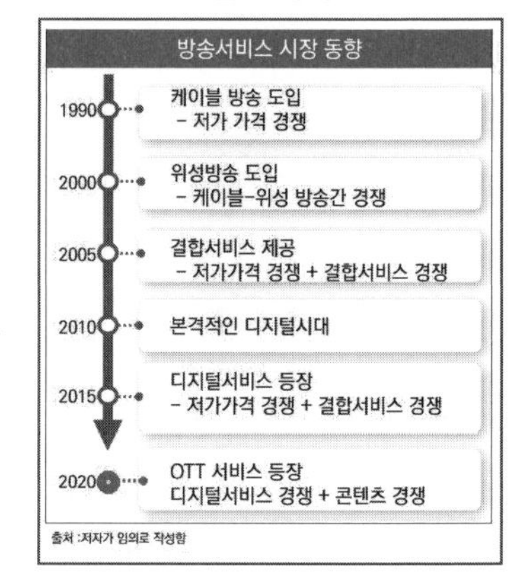

다음 자료는 산업동향과 경쟁이슈를 1페이지로 작성한 사례입니다. 좌측에는 위 사례의 오른쪽 자료를 넣었고, 우측에는 현재의 경쟁이슈를 3가지 키워드로 요약했습니다. 이렇게 함으로써 산업변화에 따라 경쟁현황이 어떻게 변화했는지를 동시에 확인할 수 있습니다.

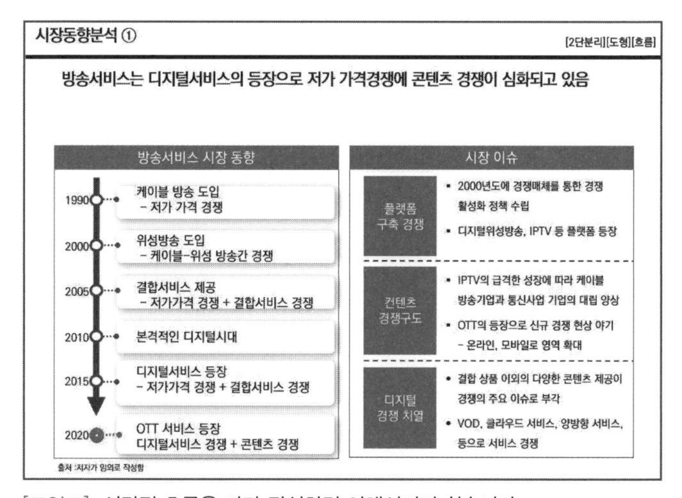

[포인트] 시간적 흐름을 따라 작성하면 이해시키기 쉽습니다.

또 다른 사례를 살펴볼까요. 다음 자료는 산업구조에 따라 국가별 경쟁환경이 어떻게 변화하는지를 1페이지로 표현한 사례입니다. 좌측에는 산업 내 시장구조 변화를 제시하고, 우측에는 시장구조에 따른 국가별 경쟁환경 및 대응방안을 제시했습니다. 이처럼 시장상황 변화에 따른 대응방안까지 함께 제시하면 시사점을 이해하기 수월해집니다.

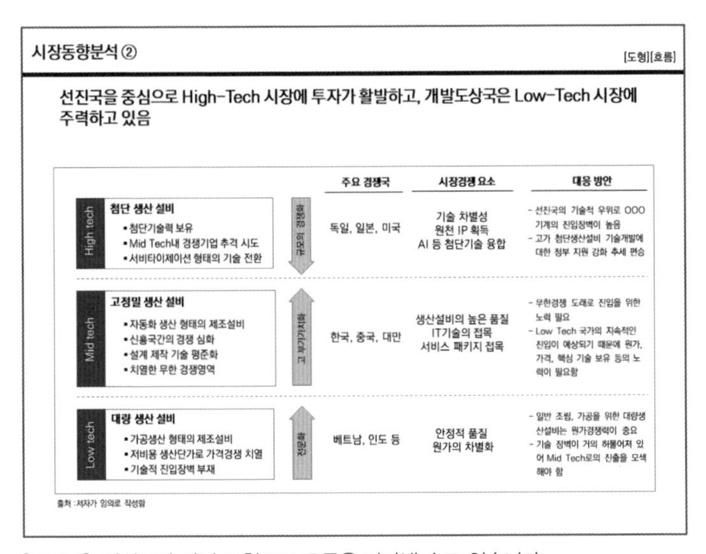

[포인트] 화살표가 아닌 도형으로 흐름을 나타낼 수도 있습니다.

작성사례 ② 요약하여 정리

다음 쪽 자료는 산업동향이 사회·경제·기술적으로 어떤 영향을 미치고 있는지를 3단 분리형태로 작성한 사례입니다. 산업동향분석 결과를 3가지 관점으로 요약하여 한눈에 파악할 수 있게 했습니다.

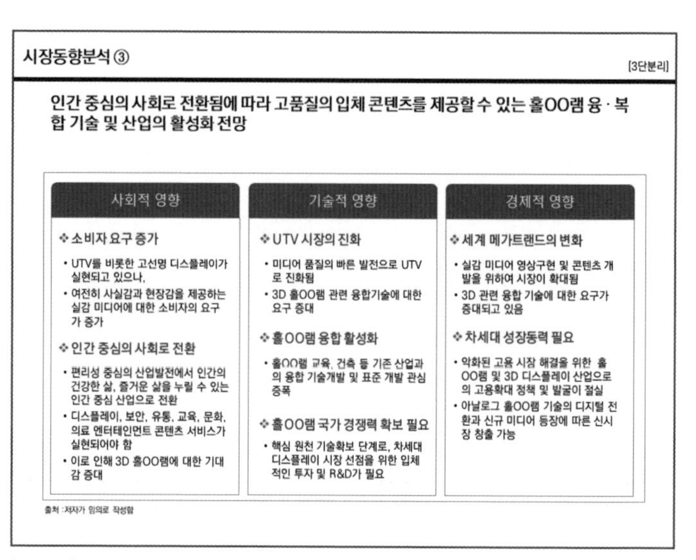

[포인트] 도형을 이용해 병렬적 관계로 구분하면 분리되는 느낌을 줄 수 있습니다.

작성사례 ③ 고객환경 변화를 정리

고객환경의 변화를 파악하는 것도 중요합니다. 불과 20년 전만 해도 고객들이 휴대전화를 통화수단으로만 인식했는데, 스마트폰 등장 이후에는 멀티미디어기기로 인식하게 된 것처럼 산업이 변화하면 고객의 인식도 변화하니까요.

다음 쪽 자료는 시장 변화에 따른 고객환경의 변화를 1페이지로 작성한 사례입니다. 좌측에는 시장 키워드를 3가지로 뽑아내고 그 근거를 부연설명했습니다. 우측에는 고객환경의 변화를 '도형'을 이용해서 작성했습니다. 이처럼 도형을 이용하면 장황하게 말로 설명할 내용을 쉽고 간단하게 표현할 수 있습니다. 다만 파워포인트에서는 우리 입맛에 맞는 다양한 도형을 제공하지 않으므로, 기본 도형을 변형해서 사용해야 합니다(107쪽 TIP 3 참조).

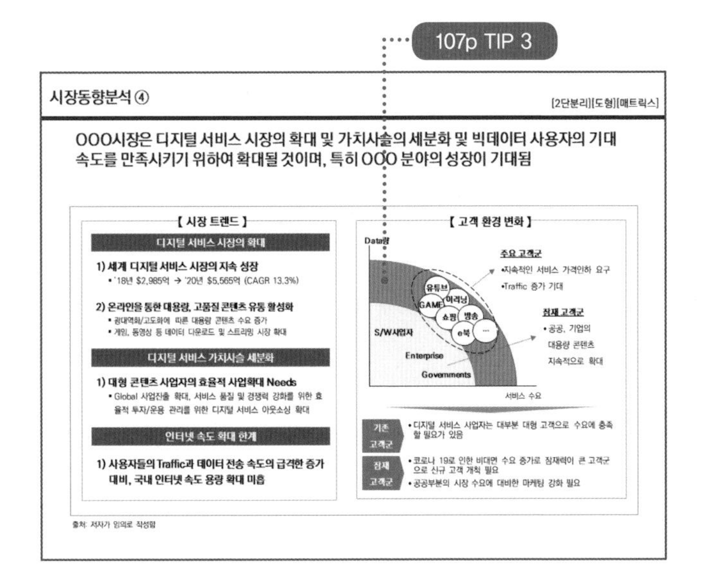

유형 3 우리는 데이터에 민감하다

박 과장 : OO시장 현황은 어떤가?
김 대리 : OO시장은 앞으로 성장할 것 같습니다.
박 과장 : 그래? 얼마나? 숫자로 보여줘 봐.
김 대리 : 어떻게 보여드릴까요?
박 과장 : 그래프를 이용해서 보기 좋게 만들어 봐.

김 대리가 "○○시장은 앞으로 성장할 것 같습니다"라고 하니 박 과장님은 "숫자로 보여줘 봐"라고 하네요. 박 과장님이 숫자를 좋아해서일까요? 그럴 수도 있겠죠. 하지만 박 과장님뿐만 아니라 우리 상사들은 모두 숫자에 민감합니다.

단순히 '성장할 것 같다'라는 말에는 '촉이 그렇다'의 의미가 내포된 반면, '숫자'는 '성장의 근거'가 됩니다. 이 기획을 통해 기업이 돈을 얼마까지 벌 수 있는지를 가늠하는 근거가 되는 것이죠. 기업은 숫자와의 싸움이므로 숫자로 근거를 제시해야 김 대리의 기획서가 통과될 수 있습니다.

그럼 숫자는 어떻게 표현할까요? 가장 대표적인 방법이 '그래프'입니다. 그런데 그래프는 막대, 원, 방사형 등 종류가 매우 다양합니다. 종류별로 쓰임새도 다르고요. 각 그래프의 쓰임새는 차차 알아보기로 하고, 여기서는 가장 일반적인 막대그래프를 활용한 사례를 살펴보겠습니다.

작성사례 ① 잘못된 그래프 유형 (1)

다음 쪽 좌측 그래프를 보면 처음에 무엇이 눈에 띄나요? 우선 막대가 보일 겁니다. 언뜻 보면 막대의 크기가 비슷하죠? 이러면 박 과장님은 성장하는 모습이 안 보인다고 생각할 것입니다. 박 과장님은 막대가 커지는지 작아지는지에 관심이 많은데, 좌측 그래프는 이를 잘 나타내지 못하고 있기 때문이죠. 이럴 경우 자칫 '기획을 해야 하는 이유'를 잃어버리는 최악의 결과까지 불러올 수 있습니다. 좌측 그래프가 그렇게 보이는 이유는 축 옵션에서 '경계(0~10,000)' 설정이 잘못되어서 그렇습니다.

반면에 우측 그래프에서는 막대가 우측으로 갈수록 커지는(성장하는) 모습을 확인할 수 있죠? 숫자를 조정한 것이 아니라, 축 경계의 '최소값(1,000)'과 '최대값(3,500)'만 조정한 결과입니다.

잘못된 사례

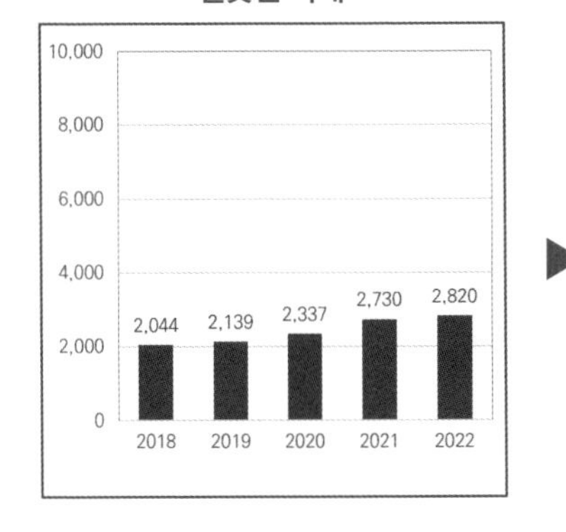

잘된 사례

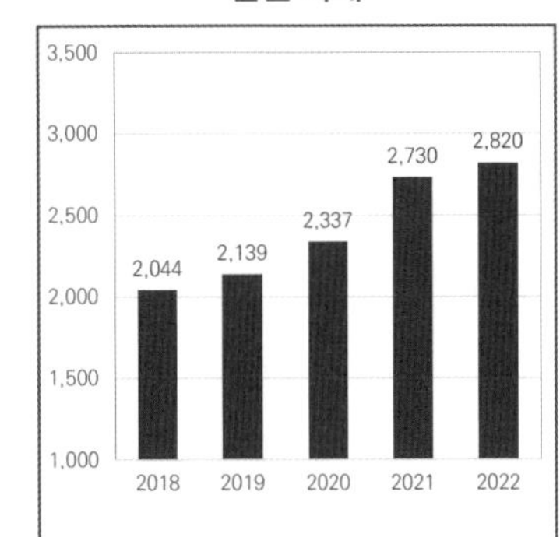

작성사례 ② 잘못된 그래프 유형 (2)

시장규모는 데이터를 중심으로 작성해야 합니다. 시장 데이터를 언급할 때는 국내시장과 세계시장이 한 짝이 되어야 합니다. 과거에는 기업들이 국내시장에 먼저 진입한 다음 세계시장에 진출하는 전략을 구사했지만, 현재는 신규기업들도 사업 초기부터 세계시장에 진출합니다. 이러한 변화에 맞춰 시장규모는 국내시장과 세계시장을 함께 조사해야 합니다.

그럼 본격적으로 그래프를 그려볼까요? 다음 쪽 사례는 필자가 신입사원일 때 막대그래프를 활용해서 작성한 자료입니다. 당시 '한 그래프에 세계시장과 국내시장을 같이 보여줘야지. 그래야 한눈에 볼 수 있을 거야'라는 생각으로 작성했었죠. 하지만 그런 의도와 달리 상사가 "너무 복잡해!"라고 하더군요. 한 그래프에 하나의 메시지를 담아야 의미가 전달된다는 점을 놓친 거죠.

〈세계 및 국내시장 전망〉

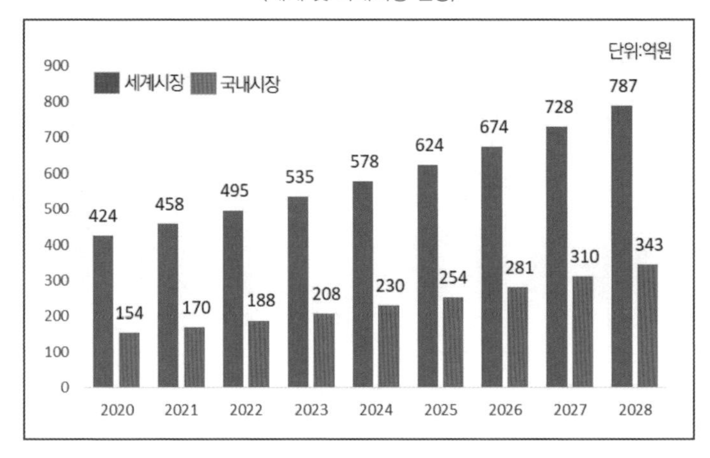

다음 자료는 위의 그래프를 세계시장과 국내시장으로 각각 분리한 사례입니다. 단순하게 보이지만 복잡하지는 않죠?

〈세계시장 전망〉

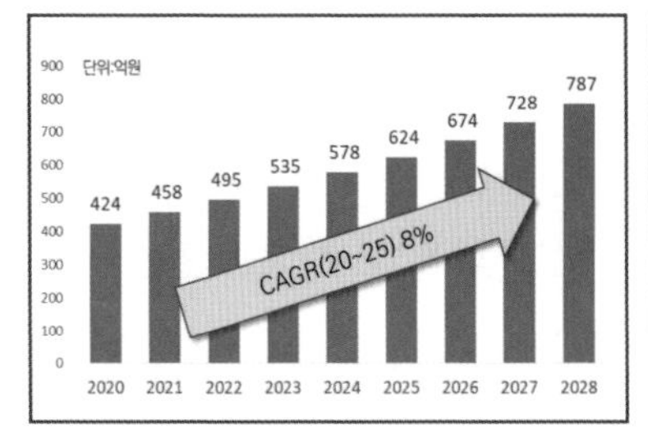

〈국내시장 전망〉

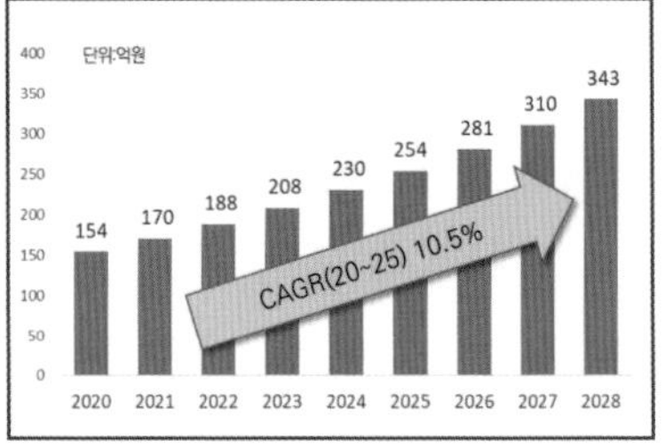

그런데 위의 사례에서 'CAGR'이라는 못보던 단어가 등장했습니다. CAGR(Compond Annual Growth Rate)은 '연평균 복합성장률'이라고 부르는데, 보통 '연평균 성장률'이라고 표현합니다. CAGR과 일반적 성장률과의 차이는 다음과 같습니다.

• 일반적인 성장률 : **전년도 대비 올해의 성장부분을 비율로 나타낸 수치**

• CAGR : **분석기간 동안의 연도별 성장률을 평균한 수치**

컨설턴트들은 성장률 대신 CAGR을 사용합니다. CAGR을 사용하면 갑자기 매출액이 커졌거나 떨어져서 생기는 데이터의 오류를 방지할 수 있기 때문이죠. CAGR을 계산하는 방법은 뒤에서 별도로 설명하겠습니다(110쪽 TIP 4 참조).

이처럼 그래프를 단순화하고 여기에 성장률(CAGR)과 같이 추가적인 의미까지 부여하면 앞으로 어느 정도까지 성장할지를 쉽게 알 수 있어서 박 과장님이 더욱 좋아합니다.

자료를 작성하다 보면 공간이 부족하거나 할 때 어쩔 수 없이 세계시장과 국내시장을 같이 보여줘야 하는 경우가 있습니다. 이런 경우에는 핵심 연도만 선별하여 그래프를 단순화해 보여주면 됩니다. 즉, 다음 사례처럼 현재(2020년)와 5년 후(2025년)의 시장규모만 그래프로 보여주면 간단하면서도 읽기가 편해지겠죠. 그래프 공부를 너무 많이 했네요. 이제 실제 자료 작성사례로 넘어가겠습니다.

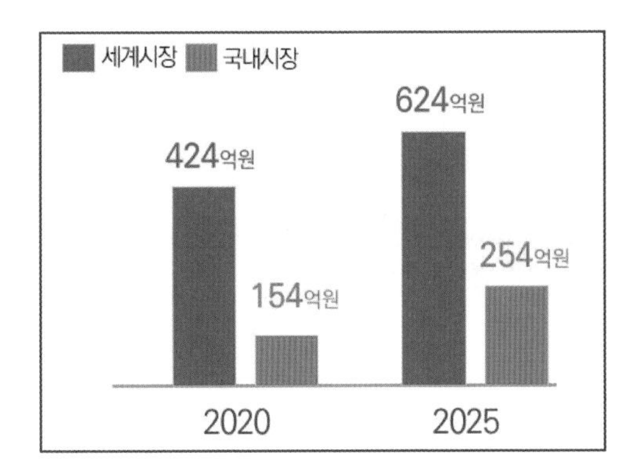

작성사례 ③ 시장규모와 동향 작성

실제로 자료를 작성할 때 시장 데이터만으로 의미를 뽑아내기는 어렵습니다. 시장 데이터는 말 그대로 숫자일 뿐이니까요. 우리는 그 숫자를 제시하는 이유나 원인을 같이 설명해야 합니다. 그래서 이런 경우 장표 1페이지를 시장규모 등의 시장 데이터만으로 구성하지 않고 정책동향, 산업동향, 경기지표 등을 결합하여 작성하게 됩니다.

다음 자료는 장표 1페이지에 시장규모와 시장동향을 함께 작성한 사례입니다. 좌측에는 시장 데이터인 국내외 시장 성장전망을 넣어서 '앞으로 시장이 얼마만큼 커질 것입니다'라는 메시지를 담았고, 우측에는 '세계국가들도 시장이 커진다는 것을 믿고 많은 관심을 갖고 있습니다'라는 시장 데이터를 뒷받침하는 근거를 제시했습니다. 국가의 정책적 관심이 높다는 것은 그만큼 해당 국가의 시장진출 의

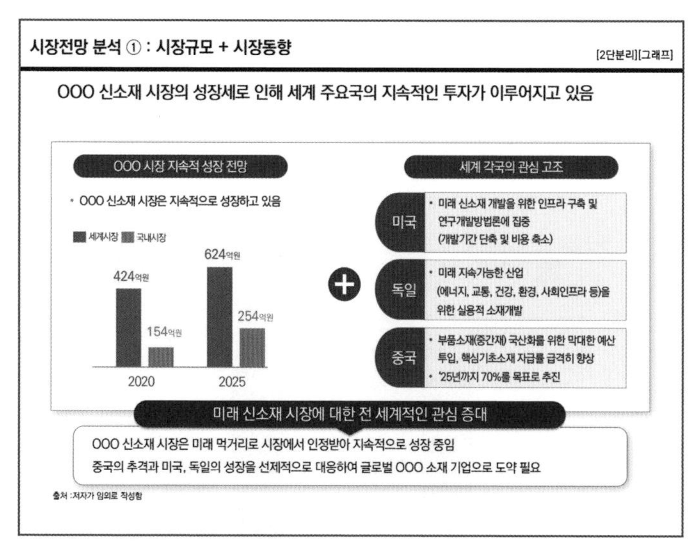

[포인트] 데이터는 분석결과와 같이 제시해야 전달하려는 메시지가 살아납니다.

지가 크다는 사실과 시장성장 가능성이 크다는 사실을 의미하기 때문이죠.

작성사례 ④ 시장규모와 경기지수 작성

다음 자료는 장기적인 시장 데이터와 단기적인 경기지표를 결합하여 작성한 사례입니다. 우리는 보통 시장 데이터 자료를 작성할 때 시장조사전문기관의 보고서를 활용하는 경우가 많습니다. 그런데 이러한 기관들에서 발표하는 보고서는 매월 업데이트되지 않습니다. 보통 1년 또는 2년 단위로 업데이트되죠. 반면에 경기지표는 월 단위로 업데이트되기 때문에 '최신성'을 가지고 있습니다.

우리는 이러한 장·단기 지표를 상호 보완적으로 해석해야 합니다. 시장전망치는 경기지표에 따라서 조정될 수 있기 때문에 동시에 검토할 필요가 있는 것이죠.

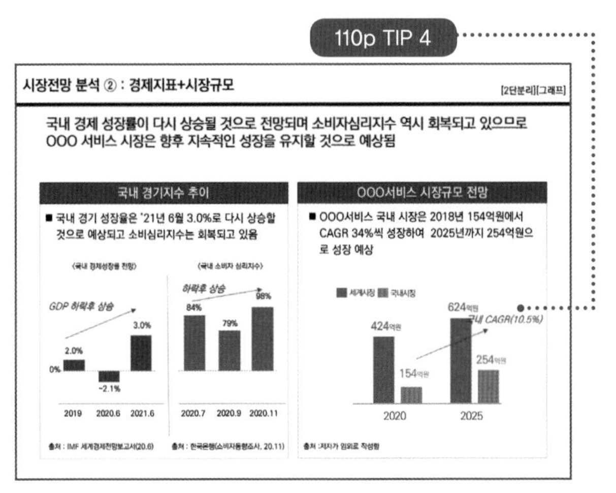

[포인트] 단일 데이터를 보완하는 데이터를 같이 활용하면 신뢰성이 높아집니다.

작성사례 ⑤ 그래프 시각화하기

다음 자료는 인구통계학적인 변화를 작성한 사례입니다. 인구통계학이란 인구의 나이, 생활습관, 주거형태 등의 특성을 말합니다. 인구통계학 관점에서의 고객규모는 우리의 비즈니스에 밀접한 영향을 미치며, 특히 마케팅기획 측면에서 새로운 비즈니스 기회를 포착하는 매우 중요한 요소가 됩니다. 예를 들어 '우리나라의 1인 가구가 증가하고 있다'라는 현상에서 '1인 가구 관련 제품시장이 커질 것'이라는 예측을 할 수 있습니다.

인구통계학적 분석을 할 때는 좌측에 현상을 제시하고 우측에 그 현상에 대한 이유를 제시하는 방식이 좋습니다. 이렇게 배치하면 대부분의 사람들이 읽는 익숙한 방식대로 상사의 시선 흐름을 '왼쪽(현상)에서 오른쪽(이유)으로' 흐르게 할 수 있기 때문이죠.

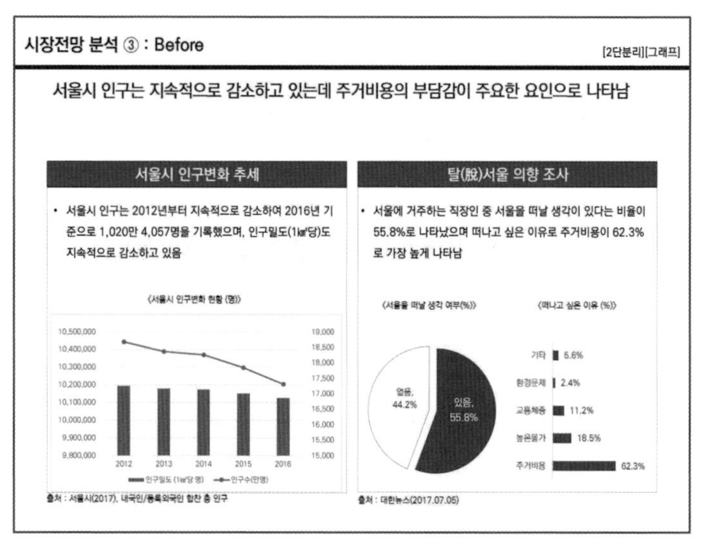

[포인트] 좌측에 현상을, 우측에 그 현상에 대한 이유를 제시하는 방식이 좋습니다.

단위가 서로 다른 데이터를 그래프로 표현할 때는 주로 앞 사례의 좌측 자료와 같은 '이중 축 그래프'를 사용합니다. 이중 축 그래프는 자료처럼 하나는 막대그래프, 다른 하나는 선그래프를 사용했을 때 가독성이 좋습니다.

그래프는 처음 봤을 때 어떤 그래프인지, 무엇이 중요한지가 한눈에 들어와야 합니다. 그런데 앞 사례에서 좌측 자료의 그래프는 단위가 서로 다른 2개 데이터(인구밀도, 인구수)를 한 번에 담다 보니 혼란스러운 느낌이 들고, 우측 자료에서 비중을 나타낸 막대그래프는 비중이 작은 것에서 큰 것으로 흐르는 오름차순으로 배열되어 있어서 무엇이 중요한지가 한눈에 들어오지 않습니다.

그래서 그래프를 다음 자료처럼 다시 작성해 봤습니다. 어떤가요? 훨씬 눈에 잘 들어오지 않나요?

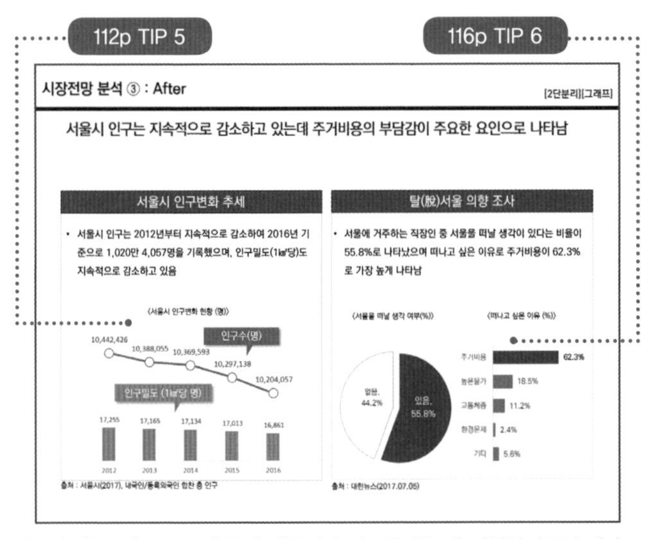

[포인트] 그래프도 보기 좋게 만들어야 의도를 한눈에 파악하기 좋습니다.

작성사례 ⑥ 시장 시나리오 제시

시장전망은 미래의 일로 정답이 존재하지 않습니다. 그래서 시장규모를 전망할 때는 항상 '시나리오'를 고려해야 합니다. 시장전망치는 추정한 시점에서의 조건에 따라서 산출된 수치입니다. 최근의 변화는 반영되어 있지 않다는 것이죠. 미래의 변수들은 항상 변화하기 때문에 시장 데이터를 맹목적으로 받아들이기보다는 예측되는 변수에 따른 시나리오를 그려 봐야 합니다.

일반적으로 시나리오는 다음 3가지 유형으로 분류합니다.

- 기준 시나리오 : **시장전망치가 지금과 같이 유지될 것이라고 예상되는 경우**
- 긍정 시나리오 : **현재 시장에 긍정적인 신호(규제완화, 시장 급변현상 등)가 있는 경우 기준 시나리오에서 성장률을 높게 보정**
- 부정 시나리오 : **현재 시장에 부정적인 신호(규제강화, 경기침체 등)가 있는 경우 기준 시나리오에서 성장률을 낮게 보정**

다음 쪽 자료는 위와 같은 3가지 시나리오 분석을 적용했을 때 예상되는 시장규모 변화를 나타낸 사례입니다.

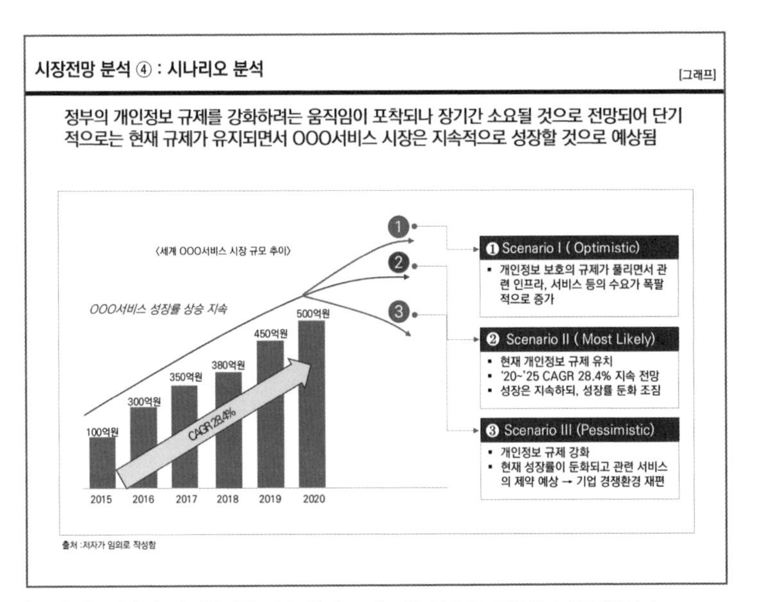

[포인트] 시나리오는 복잡할 필요 없이 그래프와 선으로 표현해도 충분합니다.

[실전! 기획자료 만들기 1-2]

경쟁현황분석 : 경쟁기업은 이렇게 하고 있습니다

우리는 항상 경쟁기업의 움직임에 민감합니다. 기업은 경쟁에서 우위를 점해야만 살아남을 수 있기 때문이죠. 경쟁기업분석은 신규 사업을 기획할 때 더욱 중요합니다. 각 분석유형별 작성사례를 살펴보겠습니다.

유형 1 우리는 경쟁제품에 민감하다

기업은 기술을 집약하여 하나의 제품을 만들어 매출을 창출합니다. 즉, 제품은 기업의 기술과 경쟁력을 집약해 유형화한 결과물입니다. 우리가 경쟁제품을 분석해야 하는 이유가 여기에 있습니다. 그런데 누구의 제품을 봐야 할까요? 바로 현재 경쟁기업이거나 앞으로 경쟁이 예상되는 잠재 경쟁기업의 제품입니다.

필자는 경쟁제품분석의 주된 목적이 '시장검증'에 있다고 생각합니다. 생각해보면 경쟁기업들도 이러한 기획과정이 있었을 것입니다. 어찌 보면 이제 기획을 시작한 우리보다 더 심오하게 기획했을지도 모릅니다. 그 결과물이 제품으로서 시장에 나와 있으니까요.

경쟁제품이 많다는 것은 그만큼 시장성이 좋다는 사실을 반증하기도 합니다. 다른 기업들이 우리 대신 시장검증을 해줬으니 얼마나 좋은 기획의 재료입니까. 이런 측면에서 경쟁제품을 보여주는 것은 기획의 이유를 객관적으로 제시하는 가장 쉬운 방법이 됩니다.

'○○사가 이미 ○○제품을 만들어서 시장에서 반응이 좋습니다. 우리도 ○○제품을 만들어야 합니다.'

이보다 더 좋은 설득논리가 있을까요?

경쟁제품분석을 하려면 시장분석기법 중 빠지지 않는 '제품수명주기'라는 개념을 이해하고 넘어가야 합니다. 여기서 자세히 다루지는 않겠지만, 제품수명주기 개념에는 시장이 '성장기'에 접어들면 경쟁기업이 많아지고 경쟁이 치열해진다는 메시지가 들어 있습니다. 반면 시장이 '성숙기'에 접어들면 경쟁기업이 하나둘 빠지고 소수의 기업만 남게 된다는 메시지도 있습니다. 즉, 시장에 경쟁제품이 많다는 것은 우리가 바라보는 시장이 성장하고 있다는 것을 의미하며, 이때 뛰어들어야 돈을 벌 수 있다는 사실을 이야기해줍니다.

필자는 직업상 예비 창업자나 연구자, 경영진 등을 자주 만납니다. 그들을 만나서 처음에 "어떤 사업을 하려고 하십니까?"라고 물었을 때 '세계 최초', '국내 최초'라는 강박관념에 사로잡혀있는 모습을 자주 봅니다. 대부분 스마트폰과 같은 혁신적인 제품을 만들겠다는 포부를 밝히곤 합니다.

하지만 그러한 혁신적인 제품이 나올 수 있는 기획서는 0.1%에 불과합니다. 나머지 99.9%의 기획서는 '세계 최초'나 '국내 최초'가 아닌 '남들과 다른 제품' 또는 '남들과 다른 서비스'를 목표로 합니다. 그러니 '남들', 즉 경쟁기업이 어떤 제품이나 서비스를 가지고 있는지를 알아야 '다른'을 찾아낼 수 있습니다.

경쟁제품을 조사해야 하는 이유에 대한 설명은 충분한 듯하니, 이제 분석결과를 어떻게 정리해야 하는지 살펴볼까요.

작성사례 ① 기술스펙을 정리하여 작성

다음 자료는 정보를 정리하는 가장 기본적인 방법인 '표'를 이용해 경쟁제품의 세부 스펙을 정리한 사례입니다. 이때 실제 제품 이미지를 같이 활용하면 이해하기 편합니다.

경쟁제품 분석 ① : 기술스펙 비교 [표]

경쟁기업은 다양한 기능을 적용한 다양한 신제품 출시로 시장경쟁 치열

기업명	이OO	SOO	케OO더	와OO싱	비트OO	브릴OO컴퍼니
제품명	아OO	에어OO	에어OO	에어OO	어OO어	반OO디
작동온도	-10°~45°C	-10°~85°C	-10°~45°C	-10°~85°C	-10°~45°C	-10°~85°C
통기성	공기투과	공기불투과	공기불투과	공기투과	공기투과	공기불투과
투습도	1700g/㎡, 24시간	수증기불투과	수증기불투과	1500g/㎡, 24시간	1000g/㎡, 24시간	수증기불투과
내마모성	100사이클	2000사이클	2000사이클	100사이클	2000사이클	2000사이클
측정크기	130㎛	170㎛	206㎛	130㎛	170㎛	206㎛
센서소재	PE/PP/ABS	ABS	PP/ABS	PE/PP/ABS	ABS	PP/ABS
기타	-	-	일산화탄소, 포름알데하이드	조도, 기압, 일산화탄소	-	-
측정주기	5분	15초, 30초, 1분	실시간	실시간	실시간	실시간
구성	키트, 앱	기기, 앱	기기, 앱	기기, 앱	기기, 앱	기기, 앱
거치형태	이동형	거치형	거치형	거치형	거치형	이동형

출처 :저자가 임의로 작성함

[포인트] 정리할 내용이 많을 때는 표로 작성하는 방식이 깔끔합니다.

위와 같은 자료를 만들 때 경쟁제품의 세부 스펙을 조사하는 특별한 방법이 있을까요? 필자도 여러분과 별반 다르지 않게 그냥 '구글링'을 이용합니다. 다만 필자는 구글링을 할 때 다음과 같이 나름의 조사순서를 정해놓고 있습니다.

1) 구글링으로 자료 찾기

먼저 구글링은 주로 경쟁제품을 만드는 기업명을 찾는 데 활용합니다. 구글링으로 기업명을 찾았다면 해당 기업의 홈페이지에 들어가서 제품정보를 확인합니다.

다만 해외기업은 홈페이지에 세부적인 정보가 많은 데 비해 국내 기업 홈페이지에 있는 정보들은 그리 세부적이지 않습니다. 그래도 구글에 떠도는 자료보다는 해당 기업 홈페이지의 제품정보 란에 나오는 자료가 신뢰성이 있습니다. 만약 홈페이지에서 영업용 카탈로그를 내려받을 수 있다면 해당 카탈로그를 우선적으로 활용하는 것이 좋습니다.

다만 기업들은 생각보다 홈페이지를 자주 업데이트하지 않기 때문에 홈페이지 정보들이 오래된 자료일 확률이 높다는 사실에 유의할 필요가 있습니다.

2) 제품 관련 전시회에서 자료 찾기

많은 기업들이 전시회를 통해 신제품을 알리려 하기 때문에 관련 제품 전시회에 가면 가장 따끈한 정보를 얻을 수 있습니다. 애플이나 삼성도 전시회에서 신제품을 출시하니까요.

전시회에 참여할 시간이 없다고요? 걱정하지 마세요. 요즘 웬만한 전시회들은 자체 홍보를 위해 과거 전시회에 참여한 기업들의 소개자료들을 상시적으로 공유하고 있으니까요. 어떤 전시회는 책자로 홍보집을 만들어 배포하기도 합니다. 따라서 이런 전시회 홈페이지에 들어가면 최근에 참여한 기업명과 제품정보를 확인할 수 있습니다.

작성사례 ② 제품특성을 정리하여 작성

> **박 과장 :** 김 대리, 이 자료는 너무 기술적이지 않아?
> **김 대리 :** 나름 상세하게 작성했는데요.
> **박 과장 :** 이 자료는 나중에 필요할 때 보면 되니 별첨에 넣고 여기서는 핵심만 보여줘야지.

박 과장님 말처럼 앞에서 제시한 기술적 스펙은 나중에 제품기능을 설계할 때 반드시 필요한 자료이기는 하지만, 지금 시점(숲을 보는 단계)에서는 너무 세부적인 자료가 됩니다. 보조적인 자료에 해당하죠. 따라서 위의 자료를 기초로 다시 다음 사례처럼 정리할 필요가 있습니다.

경쟁제품 분석 ② : 제품특성 비교 [표][이미지]

경쟁기업은 온도, 습도, 이산화탄소, VOC, 미세먼지 측정을 위해 다양한 센서를 적용하여 기능성을 강조한 다양한 신제품 출시 중임

브랜드/상품명	제품사진	설명 / 기능	차별성	가격(원)	활용 장소	유통채널	사업 방향
에어OO	✹	- 15초마다 자동으로 공기질 측정 - 오염도에 따라 앱으로 대응방안 안내 - 미세먼지, 온도, 습도, 이산화탄소 4개 센서 탑재 - 대기 상태를 6개의 컬러로 표현 - 실시간 모니터링 가능	작은 큐브 형태로 휴대 편리성(배터리 내장) 직관성 높은 디스플레이	179,000 (미세먼지+온습도) 160,000 (미세먼지+이산화탄소)	* 실내 - 집안 - 사무실	온라인 (11번가, G마켓 등) 중국 OO사에 5만대 수출	* 건설사, 가구사(B2B) 협업 계획 * 2022년 상반기 위치정보, 기상정보, IoT 플랫폼 연계 예정 * 고객의 위치와 귀가를 자동 인식, 귀가 전 제품 스스로 적정 수준으로 공기질 설정 서비스 제공 예정
OO가드	✹	- 미세먼지, 온도, 습도, 이산화탄소, VOCs, 소음 등 - 6개 센서(고급형) - 5개 센서(일반형-이산화탄소 제외) - 애플리케이션 연동을 통한 실내외 환경 정보 통합 관리 - 5가지 색상으로 실내환경상태 표현	다양한 센서 탑재 유선 기반 고정형기기	385,000 (고급형) 295,000 (일반형)	* 실내 - 집안 - 사무실	온라인 (11번가, G마켓 등)	* LGOO와 제휴 LTE 기반 IoT기술 접목 * 고객의 위치와 귀가를 자동 인식, 귀가 전 제품 스스로 적정 수준으로 공기질 설정 서비스 제공 예정

출처 : 저자가 임의로 작성함, 제품이미지는 편의상 ✹ 로 표시함

[포인트] 실제 제품사진(이미지)을 활용하면 쉽게 이해시킬 수 있습니다.

앞의 자료는 76쪽 사례와 같이 표를 이용했지만 제품스펙을 간단히 요약하고 가격과 특징까지 정리하고 있습니다. 이때 사례처럼 제품 이미지를 같이 넣어주면 어떤 제품인지를 쉽게 인식시킬 수 있습니다. 다시 한 번 강조하지만 읽는 것보다 보는 것이 더 직관적입니다.

작성사례 ③ 경쟁제품의 성공요인 도출

다시 박 과장님의 호출입니다. 또 뭘 잘못했을까요? 제품특성도 쉽게 정리했고, 과장님이 좋아하는 숫자(가격)도 조사해서 넣었고, 제품 이미지까지 넣어서 쉽게 이해할 수 있게 만들었는데 말이죠.

경쟁제품을 분석하는 또 다른 이유는 바로 '벤치마킹'입니다. 벤치마킹이란 경쟁기업의 장단점을 분석해 교훈을 찾아 적용함으로써 우리의 경쟁력을 높이는 경영기법 중 하나입니다. 박 과장님이 호출한 이유는 바로 이 벤치마킹 포인트가 빠져서였죠.

경쟁제품들은 이미 시장에서 안정적인 위치를 차지하고 있기 때문에, 우리는 그 제품들이 어떻게 시장에 안착했는지에 대한 시사점을 도출해야 합니다. 그래야만 그 시사점을 우리 기업에게 중요한 벤치마킹 포인트로 활용할 수 있기 때문이죠.

다음 쪽 자료는 앞의 사례에 벤치마킹 포인트, 즉 경쟁제품의 성공요인을 포함해 작성한 사례입니다.

경쟁제품 분석 ③ : 제품 특성+성공요인 도출 [표][이미지]

국내외 헤어 제품은 천연물을 기반으로 한 자연주의 헤어케어 제품의 선호도가 뚜렷하며, 탈모기능성 샴푸는 일반 샴푸보다 비싼 가격을 형성 중임

No	국가	제품명	제품사진	기업명	성분	효과	가격	비고
1	북미	퓨O드 골드라벨	✸	퓨O사	100% 유기농 아르간 오일, 비타민 B복합체, OOO혼합물 등이 함유	건강한 두피, 모낭 세포의 성장을 지원하여 두꺼운 모발과 볼륨감을 통해 탈모방지 예방	$32.44	OOO 탈모방지 샴푸 판매 1위
2	유럽	폴O텐 샴푸	✸	폴O텐사	유코다당류 함유, 다시마 항산화 등의 다양한 천연성분을 함유	천연성분 함유로 두피 자극을 최소화시키며, 다른 약과 혼용 가능해 효과 향상 가능	3만 9천원 (200ml)	프랑스 최초로 천연 탈모치료제 승인, 유럽의 대표적인 탈모치료제
3	일본	스OO디	✸	앙O사	흑두, 녹대두, 황대두, 아이리스 뿌리, 봉선화 성분 함유	두피 트러블 완화, 두피 보습, 두피건강 유지, 탈모방지 효과적	5만4천원 (350ml)	남성샴푸시장 점유율 7년 연속 1위
4	중국	빠O왕	✸	패O사	천마, 하수오, 숙지황 등 한약재 함유	한약을 이용한 탈모방지, 모발 보호	28위안 (400ml)	중국 한약재 샴푸 1위
5	한국	OO샴푸	✸	탈OO사	비오틴, 녹차, 인삼, 천궁, 단삼 등 15여가지 천연 추출물 배합	탈모를 방지하고 머리카락을 건강하게 가꾸는데 도움, 모발을 윤기 있고 생기 있게 가꿔줌	4만2천원 (500ml)	TV홈쇼핑 연속 매진 상품

KSF (Key Success Factors)

- ➢ (제품성분) 한약 및 기능성 천연물질 성분을 기반으로 한 제품의 선호현상 뚜렷
- ➢ (가격) 기능성 샴푸는 일반 샴푸보다 비싼 가격을 형성하며, 3~5배까지의 가격차이에 대해 소비자들이 지불할 의사를 보임
- ➢ (유통채널) 온라인 판매 및 홈쇼핑의 채널을 동시에 활용하는 전략도 효과적일 것으로 예상됨

출처 :저자가 임의로 작성함, 제품이미지는 편의상 ✸로 표시함

[포인트] 조사자료를 정리할 때는 분석결과를 같이 제시해야 의미가 있습니다.

그런데 위의 자료에 또 하나의 생소한 용어가 보이네요. 영어로 'KSF(Key Success Factor)' 또는 'CSF(Critical Success Factor)'라고 하는 '핵심성공요인'은 경쟁제품들의 성공이유가 무엇인지 정리한 것을 말합니다. 일종의 시사점이라고 할 수 있죠. KSF나 CSF나 동일한 의미를 가지고 있으므로 편한 대로 사용하면 됩니다.

다음 쪽 자료는 위의 사례를 국가 기준으로 정리한 사례입니다. 시각적 표현을 위해 각국의 국기를 활용했습니다. 참고로 자료에 이미지를 사용하는 경우 저작권이 없는 것을 활용해야 하는데, 이럴 때는 무료 이미지를 제공하는 픽사베이(www.pixabay.com)를 이용하면 편리합니다(220쪽 Tip 5 참조).

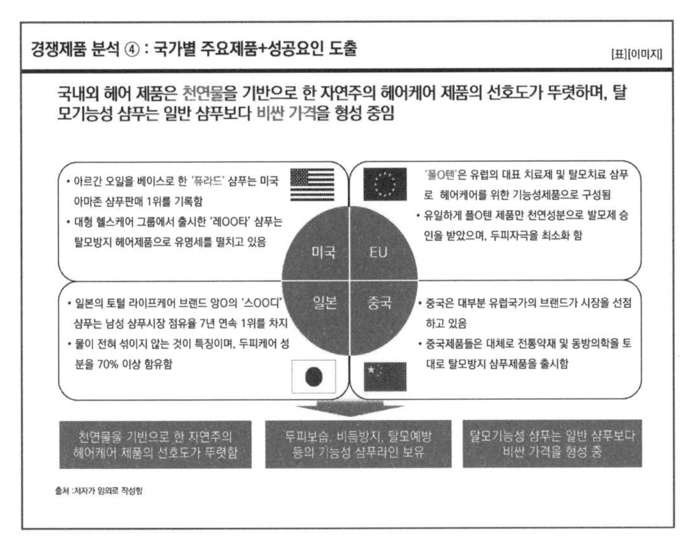

[포인트] 모든 국가를 조사하기보다는 주요국만 분석하는 것이 작성시간이 절약됩니다.

작성사례 ④ 경쟁제품의 포지셔닝분석

경쟁제품들은 저마다의 색깔이 있습니다. 가격으로 구분하면 저가제품 또는 고가제품, 주문형태로 구분하면 범용성 제품 또는 맞춤형제품 등 기업마다 색깔 있는 제품전략을 가지고 있습니다. 이를 '제품 포지셔닝'이라고 합니다. 예를 들면 메가커피는 스타벅스를 경쟁기업으로 여기지 않습니다. 저가제품으로 포지셔닝한 메가커피의 경쟁기업은 빽다방입니다. 스타벅스는 고가제품으로 포지셔닝한 기업이니까요.

이처럼 시장에 나와 있는 제품들이 모두 우리의 경쟁제품은 아닙니다. 제품을 어떻게 포지셔닝하느냐에 따라 우리의 경쟁제품은 달라집니다. 제품 포지셔닝에 대한 좀 더 자세한 내용은 5장에서 다루겠습니다.

포지셔닝분석을 할 때는 주로 '매트릭스(Matrix)'를 활용합니다. 수많은 경쟁제품을 매트릭스에 맵핑하면 같은 포지셔닝 내에 있는 경쟁제품을 한눈에 파악할 수 있기 때문입니다.

다음 자료는 매트릭스를 이용해 경쟁제품의 포지셔닝맵을 분석한 사례입니다. 이런 자료를 만들 때는 제품유형, 제품 활용범위, 가격대 등 상사가 중요하게 생각할 만한 판단요인을 매트릭스의 X축과 Y축으로 설정하여 맵핑하면 됩니다.

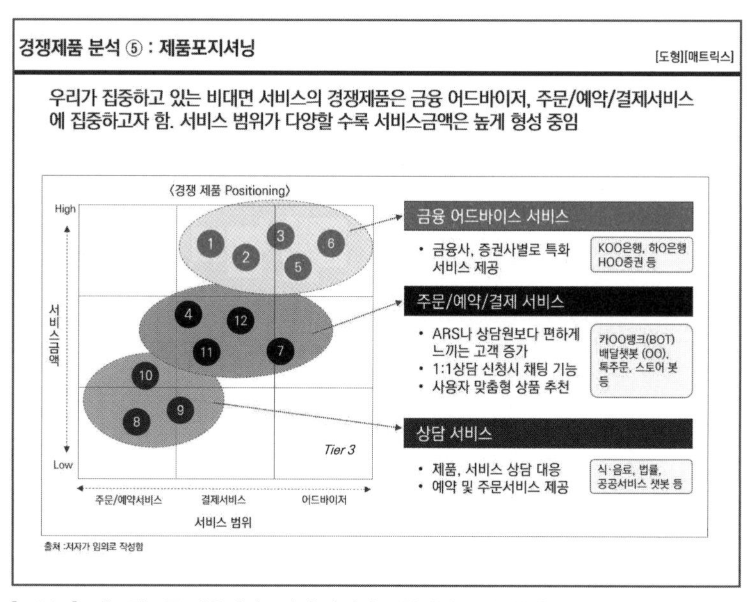

[포인트] 매트릭스를 이용하면 2가지 관점의 복합적인 분석내용을 정리하기 쉽습니다.

유형 2 경쟁기업은 무엇을 준비하고 있는가?

경쟁제품을 분석하는 또 다른 이유는 경쟁기업 내부의 움직임을 외부에서는 쉽게 확인하기 어렵다는 데 있습니다. 그래서 경쟁제품 분석을 통해 경쟁기업의 기술력을 가늠해보는 것이죠. 앞서 제품은 기업의 기술을 집약한 결과물이라고 했습니다. 시장에 제품이 나왔다는 것은 이미 기술개발이 끝났음을 의미합니다. 뭐 속은 쓰리지만 경쟁기업이 먼저 준비했으니 어쩔 수 없겠지요.

그런데 만일 경쟁기업이 제품을 출시하기 전에 어떤 기술을 개발하고 있는지를 알 수 있다면 어떨까요? 시간격차를 줄일 수 있지 않을까요? 하지만 제품출시 전에 경쟁기업이 어떤 기술을 개발하고 있는지를 파악하기는 쉽지 않습니다. 그럼 어떻게 확인할 수 있을까요?

이에 대해서는 3가지 접근방법이 있습니다. 물론 내부직원이 아니고는 정확한 정보를 알 수 없기 때문에 모두 간접적으로 접근하는 방법입니다.

1) 경쟁기업의 특허 살펴보기

기업은 기획 아이디어가 있거나 기술개발이 되면 제품출시 이전에 특허를 출원합니다. 아무리 차별화된 제품을 만들었어도 지식재산권을 확보하지 않으면 안 되기 때문이죠. 그래서 스타트업들도 제품출시 전에 특허를 선점하려는 의지가 강합니다.

구체적인 특허분석은 매우 전문화된 영역이지만 우리는 그렇게까지 전문적으로 분석할 필요는 없습니다. 경쟁기업의 특허를 찾아보는 일은 구글링 정도의 검색능력만으로도 충분합니다. 이 정도로도 의미 있는 결과를 도출할 수 있습니다. 참고로 특허청에서 운영하는

'키프리스(www.kipris.or.kr)'를 이용하면 무료로 경쟁기업의 특허를 검색할 수 있습니다(118쪽 TIP 7 참조). 다만 특허를 출원하면 보통 1년 반 정도는 비공개상태로 되기 때문에 1년 반 이내에 출원한 특허는 확인하기 어렵습니다.

2) 경쟁기업의 논문 살펴보기

기업은 자신의 기술을 보호하기 위해 특허를 출원합니다. 이때 특허와 논문의 차이를 이해할 필요가 있습니다. '특허'는 기술적으로 보호해야 할 핵심사항을 명시함으로써 보호를 받는 장치이고, '논문'은 기술의 우수성을 학계에 알리는 데 목적을 두기 때문에 기술에 대한 구체적인 내용이 담겨 있습니다.

그래서 기업에서는 보통 특허를 출원한 후 논문을 게시하는 방식을 활용하고 있습니다. 특히 기술의 신뢰성과 안정성이 중요한 바이오 기술산업에서는 이 방식을 주로 애용하고 있습니다. '구글의 학술검색사이트(scholar.google.co.kr)'를 이용하면 무료로 이런 논문들을 검색할 수 있습니다.

참고로 기존에는 특허를 출원하기 전에 논문을 발표하면 특허권을 받을 수 없었으나, 2020년 3월 30일부터 특허청의 '임시명세서' 제도를 통해 논문을 제출하면 1년 이내에 특허를 출원할 수 있게 되었습니다.

3) 경쟁기업의 정부지원사업 살펴보기

스타트업, 중소기업뿐만 아니라 대기업 역시 초기 기술개발자금에 대한 부담이 있습니다. 그래서 많은 기업들이 정부 연구개발자금을 지원받아 기술을 개발합니다. 정부 연구개발자금은 국민의 세금으로 지원하기 때문에, 정부에서는 해당 지원을 받은 기업의 대략적인 기술개발정보를 누구나 확인할 수 있도록 공개하고 있습니다.

이런 정보들을 분석하면 우리가 미처 알지 못한 잠재적 경쟁기업을 발견할 수 있습니다. 또한 이런 정보를 우리의 사업 파트너를 찾는 데 활용할 수도 있습니다. 정부에서 운영하는 'NTIS(www.ntis.go.kr)'에 접속하면 정부 연구개발자금을 받아 기술개발을 수행한 기업을 검색할 수 있습니다(120쪽 TIP 8 참조).

그럼 위와 같은 방법을 통해 얻은 정보로 자료를 작성하는 사례를 살펴보겠습니다.

작성사례 ① 경쟁기업의 기술개발 동향

다음 쪽 자료는 경쟁기업의 특허 보유현황과 정부 연구개발과제 추진현황을 '표'를 이용해서 1페이지로 정리한 사례입니다. 앞서 말했듯이 기업은 특허(실용신안)를 출원함으로써 지식재산권을 인정받습니다. 결국 특허정보는 기업의 보유기술을 일정 부분 가늠할 수 있는 분석도구인 셈이죠.

118p TIP 7
120p TIP 8

경쟁기업 분석 ① : 기술개발동향 분석 [표]

AOO사는 이미 특허를 확보하고 있고 GPS 위치 감지 시스템 기술개발이 완료되어 제품화 가능성이 높은 것으로 판단됨

구분		특허 출원 동향	정부 연구개발 현황
자사	모니터링 기술	특허 출원 중	스마트센서 OO 기술 개발 (2018년~2020년)
	안전시스템 기술	OOO출동방지 방지(10-0001234)	OOO 충돌방지 시스템 개발 (2016년~2018년)
AOO사	안전시스템 기술	위치감지 시스템 OOO 처리 (10-0001235)	GPS 위치 감지 시스템 기술 개발 (2018년~2020년)
	모니터링 기술	위치인식 OOO 처리 설계 (10-0001236)	OOO적용 후방모니터링 기술 개발 (2020년~2023년)
BOO사	자동제어 기술	UI 설계 OOO부분 최적화 (10-0001237)	OOO 적용 UI 최적화를 위한 생산기술 개발 (2019년~2021년)
	안전시스템 기술	OO접합체 제조 장치 (10-0001238)	OO 접합체 제조 기술 개발 (2018년~2020년)
COO사	자동제어 기술	스마트폰과 연계한 자동제어장치 (10-0001239)	스마트폰과 OO기계를 연동하기 위한 제어장치 고도화 기술 (2020년~2023년)

출처 :저자가 임의로 작성함

[포인트] 경쟁기업 보유기술분석 시에는 특허, 정부과제현황을 살펴보는 것이 중요합니다.

작성사례 ② 경쟁기업의 기술경쟁력분석

이렇게 열심히 분석했는데 여지없이 박 과장님이 호출합니다. 무엇이 부족한 걸까요? 이제 여러분도 자료에 시사점이 없다는 점을 눈치챘겠죠? 여기서는 경쟁기업의 기술경쟁력이 어느 정도인지를 정리해야 하는데, 어떻게 정리하면 될까요? 이런 경우 다음 예시와 같이 우리 기업과의 상대적인 비교결과를 보여주면 됩니다.

- **우리 기업과 비교했을 때 상대적으로 제품완성도가 높다.**
- **우리 기업과 비교했을 때 상대적으로 확장가능성이 높다.**
- **우리 기업과 비교했을 때 상대적으로 기술수준이 높다.**

이런 경우 컨설턴트들은 다음 사례와 같이 주로 '문차트(Moon chart)'를 활용합니다. 문차트를 활용하면 작성이 수월할 뿐 아니라 보는 사람들에게 직관적인 시사점을 제공할 수 있기 때문이죠.

121p TIP 9

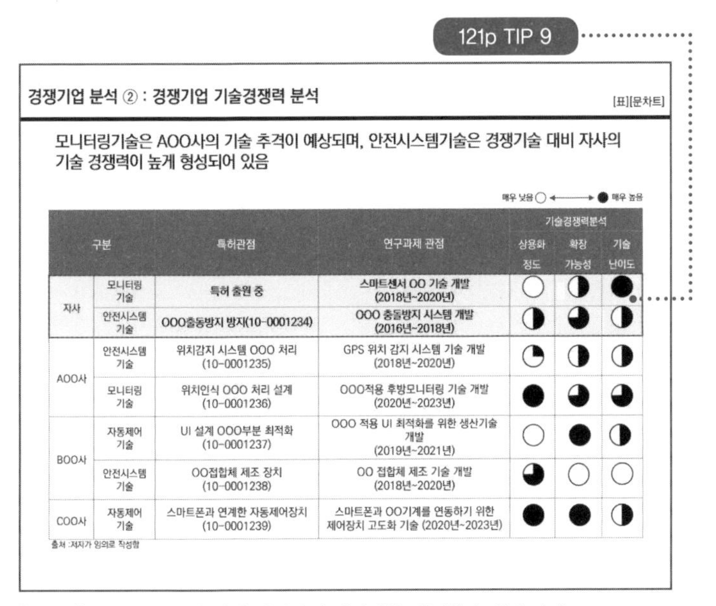

경쟁기업 분석 ② : 경쟁기업 기술경쟁력 분석 [표][문차트]

모니터링기술은 AOO사의 기술 추격이 예상되며, 안전시스템기술은 경쟁기술 대비 자사의 기술 경쟁력이 높게 형성되어 있음

매우 낮음 ○ ←→ ● 매우 높음

구분		특허관점	연구과제 관점	기술경쟁력분석		
				상용화 정도	확장 가능성	기술 난이도
자사	모니터링 기술	특허 출원 중	스마트센서 OO 기술 개발 (2018년~2020년)	○	◑	●
	안전시스템 기술	OOO출동방지 방지(10-0001234)	OOO 충돌방지 시스템 개발 (2016년~2018년)	◑	◕	◑
AOO사	안전시스템 기술	위치감지 시스템 OOO 처리 (10-0001235)	GPS 위치 감지 시스템 기술 개발 (2018년~2020년)	◔	◑	◑
	모니터링 기술	위치인식 OOO 처리 설계 (10-0001236)	OOO적용 후방모니터링 기술 개발 (2020년~2023년)	●	◕	◕
BOO사	자동제어 기술	UI 설계 OOO부분 최적화 (10-0001237)	OOO 적용 UI 최적화를 위한 생산기술 개발 (2019년~2021년)	○	●	◑
	안전시스템 기술	OO접합체 제조 장치 (10-0001238)	OO 접합체 제조 기술 개발 (2018년~2020년)	◕	○	○
COO사	자동제어 기술	스마트폰과 연계한 자동제어장치 (10-0001239)	스마트폰과 OO기계를 연동하기 위한 제어장치 고도화 기술 (2020년~2023년)	●	●	◑

출처 :저자가 임의로 작성함

[포인트] 문차트를 활용하면 직관적인 시사점을 제공할 수 있습니다.

[실전! 기획자료 만들기 1-3]

내부환경분석 : 우리의 상황은 이렇습니다

박 과장 : 사장님, 회사 매출액이 올해 10% 성장했습니다.
사장님 : 그래, 잘했군.
박 과장 : 내년에는 매출액을 더 올리기 위해서 OO사업을 추진해야 할 것 같습니다.
사장님 : 잘되고 있는데 새로운 사업이 왜 필요한 건가?
(새로운 사업은 투자도 많이 해야 하는데… 굳이 해야 할까?)

어떤 기획이든 기업 내부상황에 대한 진단이 중요합니다. 아무리 좋은 사업기획서라도 기업 내부에 이를 수행할 능력이 부족하다면 실현되지 않기 때문이죠. 그렇다면 우리 기업의 능력을 어떻게 분석해야 할까요?

이럴 때 우리 기업 상황만 나열하면 기획의 필요성을 제기하기 어렵습니다. 목표치가 불확실해 보이기 때문이죠. 우리 상사들은 불확실한 목표를 좋아하지 않습니다. 그럼 이런 식으로 경쟁기업과 비교해서 설명하면 어떨까요?

'우리 회사의 매출액이 올해 10% 성장했지만 경쟁사 A는 20% 성장했습니다.'

이 말 속에는 '이렇게 가다가는 얼마 안 가서 우리 회사는 시장에서 사라집니다'라는 메시지가 담겨 있습니다. 사장님의 관심을 끌려면 이렇게 우리의 상황을 비교해서 설명하는 방식이 좋습니다.

우리는 평소에 비교당하기 싫어합니다. 필자도 마찬가지고요. 비교 자체도 싫지만 비교결과가 항상 좋게 나오지만은 않기 때문이죠. 하지만 기업은 다릅니다. 기업은 항상 비교하면서 비교우위를 차지해야만 살아남는 존재이니까요. 매년 시행하는 인사평가, 연봉협상, 승진 등도 비교평가 결과를 전제로 하고 있습니다. 그만큼 기업은 비교에 익숙하면서 좋아합니다. 따라서 우리는 '비교'라는 무기를 가지고 사장님을 자극해야 합니다. 다만 사장님의 찡그린 표정은 감내할 각오를 해야 합니다.

유형 1 **우리는 비용에 민감하다**

모든 기업은 비용에 민감합니다. 매출액이 늘어나더라도 비용구조가 안 좋으면 자연스럽게 순이익이 안 좋아지기 때문이죠. 그렇기 때문에 신규사업뿐만 아니라 기업의 내부문제 개선도 기획의 중요한 이유가 됩니다.

예를 들어 우리 기업의 생산비용이 높다면 생산비용을 줄일 수 있는 기획이 필요합니다. 그렇다고 생산비용을 무한정 줄일 수는 없습니다. 연구개발, 생산, 마케팅 활동 등에 필수적인 비용이 있으니까요. 그럼 어느 정도가 적당할까요? 이런 경우 비교분석 기준이 있어야 합니다. 그래야 우리의 생산비용이 높은지 낮은지를 알 수 있을 테니까요.

여기서 기준을 어떻게 잡아야 하는지에 대한 문제가 발생하는데,

바로 '경영지표'를 활용하는 방법이 있습니다. 컨설턴트들은 NICE평가정보, CRETOP과 같은 유료서비스를 이용하지만, 우리는 이런 서비스를 활용하기 힘드니 무료로 사용할 수 있는 방법을 찾아봐야 합니다.

다행히 정부에서 제공하는 서비스가 있습니다. 대표적으로 금융감독원의 '전자공시시스템(dart.fss.or.kr)'과 한국은행(http://www.bok.or.kr)의 '기업경영분석' 보고서가 있습니다. 이런 것을 보면 우리 세금이 유용하게 쓰이는 듯합니다. 물론 유료서비스에 비하면 정보의 한계가 있지만 우리는 전문적인 경영분석을 하는 것이 아니기에 나름 쓸 만합니다.

'전자공시시스템'에는 유가증권시장, 코스닥, 코넥스에 상장된 기업들의 개별 사업보고서가 잘 정리되어 있어서 기업별 분석에 유용합니다. 자세하게 들어가면 재무수업이 되므로 스킵하겠습니다. 다만 한 번 정도는 들어가서 어떤 자료들이 있는지 검색해 보기 바랍니다. 기획자는 경영진의 마인드를 가져야 하므로 회계정보 정도는 읽을 수 있어야 합니다.

한국은행의 '기업경영분석 보고서'는 동종업계의 전체 경영실적 데이터를 제공합니다. 이 자료는 국내 시장규모를 파악하는 보조자료로 활용됩니다. 또한 동종업계의 비용구조를 확인할 수 있어서 우리 기업의 비용구조가 좋은지 나쁜지를 비교할 수 있습니다. 이를 통해 우리의 목표치도 자연스럽게 나타나게 되는데, 그 목표치를 이루기 위한 기획을 하면 되겠지요.

작성사례 ① 그래프를 이용한 비교 (1)

이론은 이 정도면 된 것 같습니다. 이제 기업경영분석 보고서를 가지고 우리 기업의 수준을 살펴볼까요? 한국은행 홈페이지(http://www.bok.or.kr)의 [조사·연구] 카테고리에서 [기업경영분석결과] 보고서를 다운받아서 우리 기업의 업종을 찾아 활용하면 됩니다.

아래 자료는 전자부품업종(C26. 전자부품, 컴퓨터, 영상, 음향 및 통신장비)의 '제조원가명세서'를 기준으로 자사 수준 대비 국내 관련 업종 전체 수준을 '그래프'를 이용해 비교한 사례입니다.

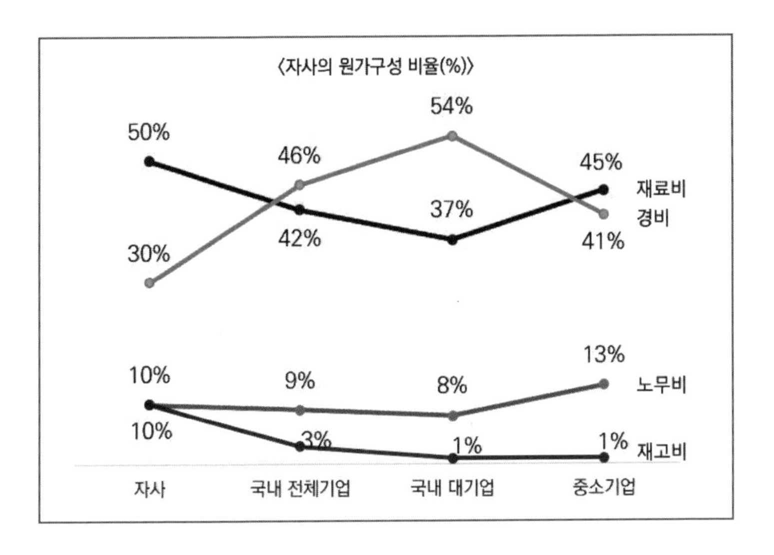

그래프를 해석해 보면, 우선 우리 기업의 재료비 비율(50%)이 국내 전체 기업(42%)보다 높다는 사실을 알 수 있죠? 보통 재료비는 외부에서 수급합니다. 동일 재료를 쓴다는 가정 하에 우리는 재료를 남들보다 비싸게 가져오고 있다는 것이죠. 즉, 재료수급 경쟁력이 낮음

을 의미합니다. 이를 개선해야겠죠?

하나 더 살펴볼까요? 우리의 재고비 비율(10%)이 국내 전체 기업(3%)보다 높죠? 심지어 중소기업 평균(1%)보다 10배 이상 높습니다. 재고도 돈입니다. 재고에 들어간 돈을 다른 데 투자하면 이자라도 받을 수 있습니다. 재고가 많다는 것은 결국 기업에게 손해가 됩니다. 이를 전문용어로 '기회비용'이라고 합니다.

전쟁을 대비한 비축물자가 아닌 이상 재고가 저 정도로 높다면 생산 시스템, 유통 시스템에 문제가 많음을 의미합니다. 당장 개선해야 할 요인인 거죠. 사례가 가상 데이터이니 망정이지 저 정도로 재고비율이 높은 기업은 살아남지 못합니다.

하나 더 볼까요? 우리가 잘하고 있는 요소도 빼먹으면 안 되겠죠. 우리 사장님도 칭찬받기를 좋아합니다. 그래프에서 우리 기업의 경비비율(30%)을 보니 대기업(54%)보다 낮고 국내 전체 기업(46%)보다도 낮네요. 이것은 우리가 경비를 효율적으로 쓰고 있음을 의미합니다.

참고로 이 경비에는 마케팅비용은 포함되어 있지 않습니다. 마케팅비용은 재무상태표(대차대조표)에서 '제조경비'가 아닌 '판매 및 관리비' 항목에 들어갑니다. 즉, 여기서 '경비'는 제품 하나를 만들 때 들어가는 순수한 비용을 말합니다.

경비가 낮다는 것은 그만큼 제품수익률이 높다는 사실을 의미합니다. 하지만 좀 더 뜯어볼 필요가 있습니다. 경비에 포함되는 연구개발비가 높은지 낮은지도 파악해야 합니다. 연구개발비는 미래를 위한 투자로, 일정 수준 이상 꾸준히 투입해야 하는 필수 비용이니까요.

이처럼 비교분석은 어떤 데이터를 기준으로 하느냐에 따라 해석이 달라지게 됩니다. 그래프에 대한 해석은 끝도 없을 듯해서 이 정도로 끝내겠습니다.

작성사례 ② 그래프를 이용한 비교 (2)

같은 데이터를 가지고 작성한 다른 사례를 살펴보겠습니다. 앞의 그래프는 직관적(1초 이내)으로 봤을 경우에 재료비가 높다, 경비가 낮다 등 상대적인 항목별 높낮이를 강조하고 있습니다.

이에 비해 다음 그래프는 직관적(1초 이내)으로 봤을 때 어떤 점이 강조되어 있을까요? 바로 전체 제조원가에서 재료비, 경비, 노무비, 재고비가 어느 정도 차지하고 있는지가 강조되어 있습니다.

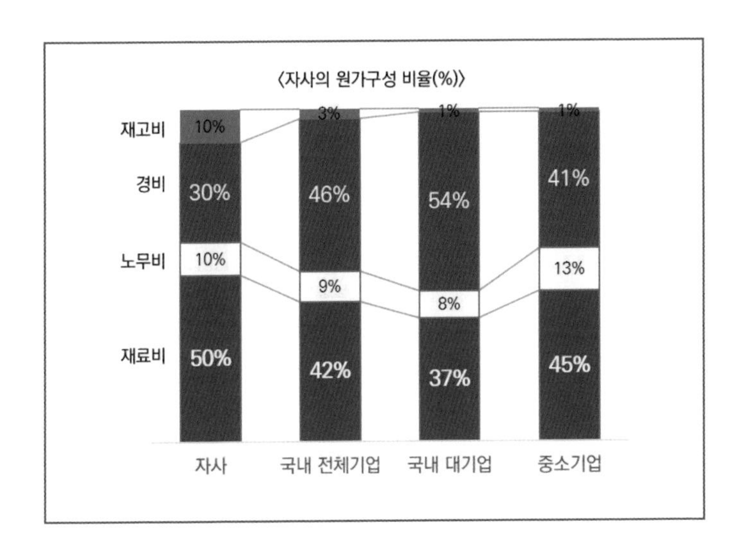

둘 중 불필요한 그래프가 있을까요? 필자가 보기에는 없습니다. 2가지 그래프 모두 숫자도 명확하고, 각각의 의미도 있습니다. 그래프의 종류는 작성자가 직관적(1초 이내)으로 보여주고 싶은 의도에 따라 선택하면 된다는 것입니다.

작성사례 ③ 원가구조분석

그래프만으로는 의미가 명확히 전달되지 않기 때문에 다음 사례처럼 우리의 제품원가 구성을 경쟁기업과 비교하여 개선할 부분과 강점을 텍스트로 정리해 봤습니다. 이렇게 문서로 정리하면 우리의 강점과 약점을 명확히 확인할 수 있겠죠. 사례처럼 우리의 강점을 살린 차별화전략을 도출해낼 수도 있습니다.

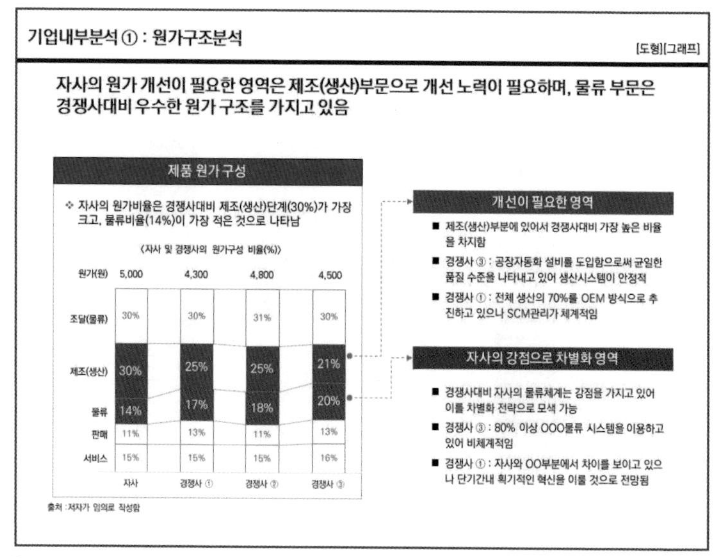

[포인트] 구성비율을 나타낼 때는 '100% 기준 누적 막대그래프'를 사용하는 것이 좋습니다.

유형 2-1 우리는 경쟁력에 민감하다 : 시장경쟁력분석

모든 기업이 시장경쟁력을 확보하는 데 눈을 부릅뜨고 있습니다. '시장경쟁력'은 시장에서 남들과 비교했을 때의 상대적인 위치를 의미하므로, 여기서도 비교가 필요합니다.

시장경쟁력분석에 활용되는 요소는 시장점유율, 브랜드 인지도, 고객만족도 등 매우 다양합니다. 따라서 분석을 할 때 모든 요소를 고려할 수는 없고, 우리가 중요하게 생각하는 대표적인 요소를 기준으로 하면 됩니다.

작성사례 ① 시장경쟁력 비교분석

문서를 작성할 때는 '표'를 이용할 수도 있고 '도형'을 이용할 수도 있습니다. 그런데 막상 다음 쪽 자료의 좌측 사례처럼 표로 작성하니 직관적이지 않습니다. 박 과장님이 퍼즐 맞추기 실력이 뛰어나다면 금세 이해하겠지만 결코 상사에게 환영받을 만한 방식은 못 됩니다.

우리가 자주 쓰는 '그래프'를 이용해 다시 작성할 수도 있지만 그래프는 많이 다루었으니 이번에는 우측 사례처럼 '도형'으로 표현해 봤습니다. 파워포인트에서 기본 제공하는 선, 원, 네모를 활용했는데, 사실 고난도의 디자인은 시간낭비지만 이 정도 디자인은 그리 어렵지도 시간이 많이 들어가지도 않습니다.

잘못된 사례

구분	시장점유율		고객만족도		브랜드인지도	
	회사명	비율	회사명	비율	회사명	비율
최고수준	A사	20%	C사	70%	A사	100%
자사수준	자사	16%	자사	61%	자사	85%
최저수준	B사	5%	D사	56%	D사	60%

잘된 사례

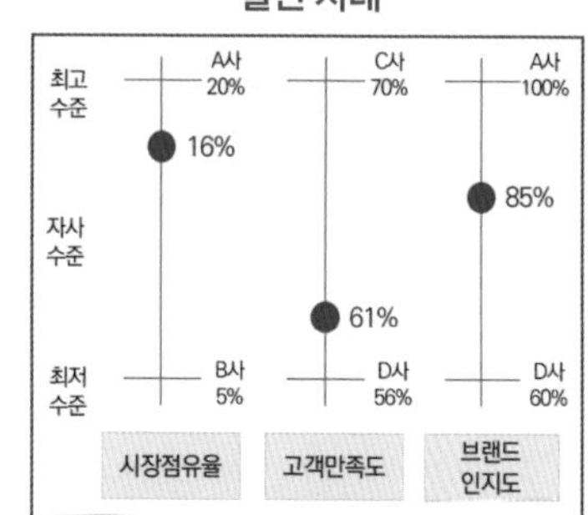

중요한 사실을 빼먹었네요. 위와 같이 비교분석을 할 때는 '업계 최고수준과 비교하는 방식'이 좋습니다. 만약 독점적인 시장이라면 한 기업이 최고수준을 독차지하고 있겠지요. 하지만 대부분 완전경쟁시장(시장참가자가 많고 시장참여가 자유로운 시장)이기 때문에 보통 시장요소별로 최고수준을 가진 기업이 각각 다릅니다.

우리의 목표는 특정 기업이 아니라 요소별 최고수준입니다. 즉, 최고수준이 우리가 달성해야 하는 목표치인 것이죠.

유형 2-2 우리는 경쟁력에 민감하다 : 기술경쟁력분석

기업환경에서는 기술경쟁력분석을 빼놓을 수 없겠죠. 우리의 기술력이 경쟁국가, 경쟁기업 대비 어느 정도 위치에 있는지를 알아야 미래를 준비(기획의 궁극적인 목적)할 수 있으니까요.

경쟁기업의 기술수준을 분석한다? 말이 쉽지, 우리가 산업스파이도 아니고 어떻게 다른 기업의 기술수준을 분석할 수 있을까요? 우리가 하기에는 어려운 일, 아니 불가능한 일일 수도 있습니다. 그런데 이것도 정부에서 대신해줍니다. 이럴 때는 참 고맙기도 합니다.

정부에서 이런 분석을 하는 목적을 잠깐 살펴보겠습니다. 정부에서 국내 기업의 기술력을 높이기 위한 다양한 정책을 수립하려면 현재 수준을 알 필요가 있습니다. '○○기술에서 우리는 선진국 80% 수준입니다', '○○부품에서 우리와 중국의 기술격차는 1년입니다'라는 식의 뉴스를 많이 들어 봤을 텐데, 이런 뉴스의 원천이 대부분 정부에서 분석한 결과입니다.

우린 이런 분석결과를 이용하면 됩니다. 물론 무료이지만 그보다 중요한 사실이 있습니다. 바로 '공신력' 있는 정보라는 것이죠. 공신력이 있다는 말은 데이터의 신뢰성이 높다는 사실을 의미하므로 데이터에 대한 신뢰문제에서 벗어날 수 있습니다.

잠깐 다른 길로 빠졌네요. 아무튼 정부자료를 잘 활용하십시오. 본론으로 넘어오겠습니다. 정부에서 작성하는 보고서 중 대표적으로 '중소기업기술로드맵(smroadmap.smtech.go.kr)'이 있습니다. 여기서 우리가 원하는 특정 분야의 국가별 기술수준, 업계 최고기업의 수준, 국내 기술수준 등을 살펴볼 수 있는데, 이를 참조하여 기술경쟁력을 분석해야 합니다.

작성사례 ① 기술경쟁력 비교분석

다음 쪽 자료는 우리 기업의 기술경쟁력을 비교분석하여 정리한 사례입니다.

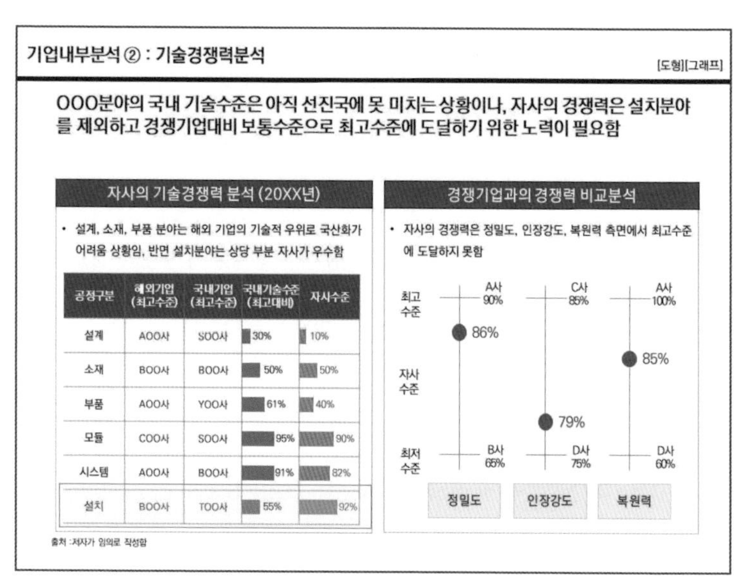

공정구분	해외기업 (최고수준)	국내기업 (최고수준)	국내기술수준 (최고대비)	자사수준
설계	AOO사	SOO사	30%	10%
소재	BOO사	BOO사	50%	50%
부품	AOO사	YOO사	61%	40%
모듈	COO사	SOO사	95%	90%
시스템	AOO사	BOO사	91%	82%
설치	BOO사	TOO사	55%	92%

[포인트] 비교를 할 때 그래프보다 도형을 이용하는 방식이 더 깔끔한 경우가 있습니다.

좌측에서는 국내 전체와 자사의 기술수준을 비교했습니다. 이렇게 하면 국내에서 자사수준이 어느 정도인지 쉽게 파악할 수 있겠죠. 또한 표와 그래프를 적절히 혼합했는데, 여기서 그래프를 가로로 작성한 이유는 표의 내용을 가로로 읽게끔 구성했기 때문입니다. 그래프를 세로로 만들면 박 과장님이 자료를 읽는 흐름을 가로에서 세로로 바꾸는 과정에서 거부감이 생기기 때문이죠. '그 정도 거부감이 뭐가 중요해?'라고 할 수 있겠지만 내가 쓴 기획서가 단 10초 만에 쓰레기통으로 직행한 경험이 있는 기획자라면 수긍하리라 생각합니다. 필자는 5초도 경험해 봤습니다.

우측 자료에서는 우리의 직접적인 경쟁기업의 기술력과 자사수준을 비교했습니다. 좌측에서 경각심을 심어줬다면, 우측에서 현실적인 자극을 주고 있는 셈이죠.

이런 데이터는 정부에서 운영하는 '한국과학기술기획평가원(www.kistep.re.kr)'에서 찾아볼 수 있습니다. 홈페이지에서 [발간자료〉보고자료〉미래예측]을 선택하고 '기술수준평가'를 검색하면 매년 발간되는 보고서를 다운받아 활용할 수 있습니다. 이 보고서에는 수많은 전문가들이 검증한 분석결과가 담겨 있습니다.

03

기획의 목적이 무엇인가

박 과장 : 김 대리, 기획의 필요성은 알겠는데, 기획의 목적이 뭔지 설명해 봐.

김 대리 : 이미 설명드렸는데요….
(지금까지 열심히 작성한 문서는 뭐란 말이지?)

박 과장 : 지금까지는 필요성만 설명했고, 기획을 해야 하는 목적을 간단하고 쉽게 작성해 봐.

이제까지 기획이 왜 필요한지에 대한 자료를 작성해 봤습니다. 그런데 박 과장님은 기획의 목적을 제시하랍니다. 그것도 간단하게. 박 과장님은 '간단하게!'와 '쉽게!'라는 말을 달고 사는 듯합니다. 간단하게 작성하면 또 수정할 게 뻔한데 말이죠. 하지만 여기서는 박 과장님의 말을 믿어야 합니다. 왜냐고요? 기획의 목적을 설명할 때는 과장님 말처럼 '간단하게' 작성해야 하니까요.

지금까지 우리는 기획의 필요성에 대해 열심히 분석했습니다. 분량도 꽤 될 겁니다. 여기서는 그 필요성에 따른 '목적'을 제시해야 합니다. 앞서 분석한 내용 중 필요한 부분만 간단히 언급하면서요.

예를 들어 '필요성'에서 '경쟁사 대비 우리의 기술력은 낮은 수준입니다'라고 했다면 '목적'에서는 '○○기술을 개발하여 우리의 기술력을 높이겠습니다'라고 제시하는 식이죠. 즉, 기획을 통해 해결하고자 하는 문제점을 충족시키는 사업목적을 기술해야 합니다.

이런 경우 목적과 부합되는 필요성을 자연스럽게 부각시키면 됩니다. 따라서 이런 자료를 작성할 때는 표나 그래프 등을 많이 활용하기보다는 핵심적인 문장을 제시하는 것으로 충분합니다.

[실전! 기획자료 만들기 1-4]
기획의 목적은 이렇습니다

작성사례 ① 사업목적 작성

사업목적은 다음 사례와 같이 '내·외부 환경이 변화하기 때문에 우리는 ○○○해야 합니다', '○○○이라는 문제점과 개선점이 있기 때문에 ○○○이 필요합니다' 등의 메시지가 담기면 됩니다. 의외로 간단하죠?

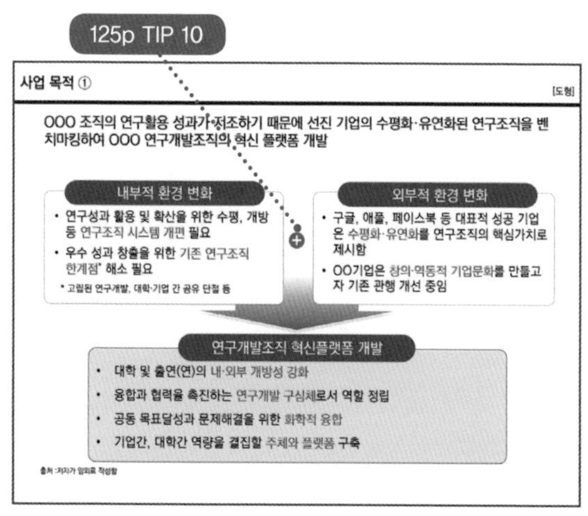

[포인트] 자료를 '위에서 아래로' 흐르는 식으로 배치하면 자연스럽게 내용이 읽힙니다.

이런 자료를 작성할 때는 위의 사례처럼 말하고자 하는 내용을 3줄 이내의 헤드 메시지로 요약하여 언급합니다. 또한 검토배경은 하나하나 나열하는 방식보다는 2~3가지의 중요한 관점으로 분류하여 제시하는 것이 좋습니다.

또한 우리 상사들은 대부분 위는 원인(배경), 아래는 결과(목적)라고 인식하고 보기 때문에 앞 사례와 같이 '위에서 아래로' 흐르는 식으로 배치하는 방식이 효과적입니다. 이때 중요 키워드를 다른 글꼴로 강조하면 보는 사람이 자료를 접하자마자 어떤 키워드가 중요한지를 인지할 수 있습니다. 상사들은 늘 바쁘기 때문에 때로는 키워드만으로 보고가 이루어지기도 한다는 점을 감안해야 합니다.

다음 자료는 핵심 키워드가 더 눈에 띄도록 작성한 사례입니다. '보기 좋은 떡이 먹기도 좋다'라는 말처럼 문서도 마찬가지입니다. 특히 파워포인트 문서는 보는 사람이 디자인까지 고려한다는 점을 인식해야 합니다. 여기서는 앞의 사례보다 텍스트가 많기 때문에 핵심 키워드가 잘 보이도록 글자크기를 3단계(헤드 메시지 18pt, 키워드 16pt, 설명 12pt)로 구분해서 작성했습니다.

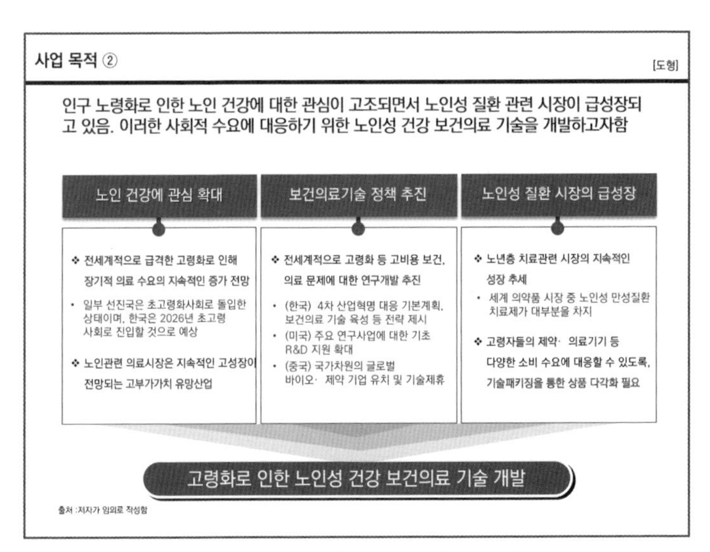

[포인트] 핵심 키워드는 다른 글꼴을 써서 쉽게 눈에 띄게 만들어야 합니다.

※이 책의 TIP은 엑셀 · 파워포인트 2016 버전을 기준으로 설명합니다.

TIP 1_ 기호 만들기 : 57쪽 파워포인트 자료 참조

파워포인트에서 기호를 넣는 2가지 방법에 대해서 알아보겠습니다.

01 우선 메뉴에서 [삽입〉텍스트 상자]를 선택해 기호를 넣을 텍스트 상자를 만든 다음 ❶ [삽입〉기호]를 선택합니다. ❷ [글꼴]에서 (한글 글꼴)을 선택합니다. ❸ [하위 집합]에서 [도형 기호]를 선택하고 ❹ 삽입할 기호를 선택한 후 ❺ [삽입] 버튼을 클릭합니다. [문자 코드]를 아는 경우에는 [문자 코드]를 입력합니다. 작성사례에서 사용한 기호의 문자 코드는 ●(25CF), ◑(25D1), ○(25CB)입니다.

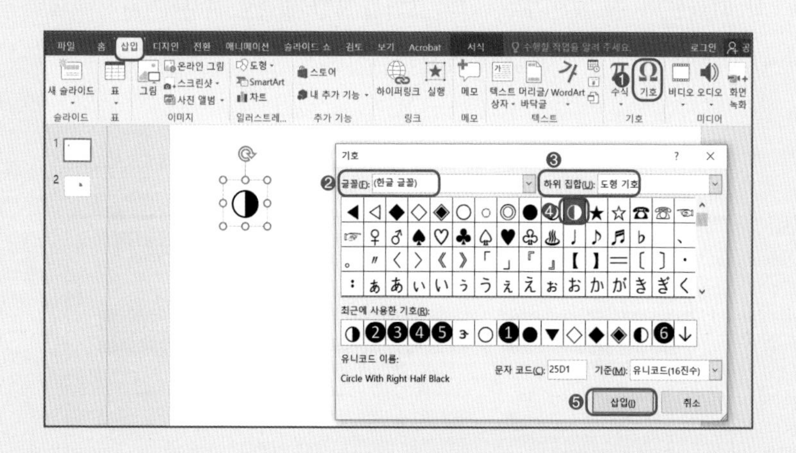

TIP 2_ 도형 변형하기 : 57쪽 파워포인트 자료 참조

파워포인트의 [점 편집] 기능을 이용해 기본 도형을 원하는 모양으로 변경하는 방법을 알아보겠습니다.

01 ❶ [삽입〉도형〉사각형]에서 □ 도형을 선택하여 ❷ 원하는 크기의 도형을 만듭니다.

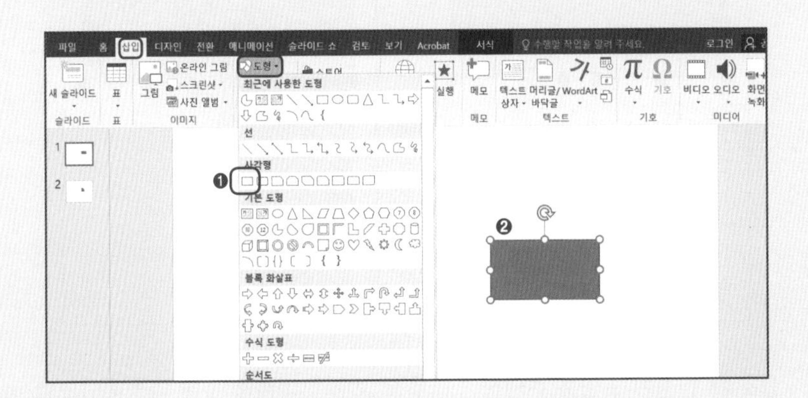

02 ❶ 만들어진 도형을 선택하고 마우스 오른쪽 버튼을 클릭해서 ❷ [점 편집]을 선택합니다. ❸ 변형할 부분에서 마우스 오른쪽 버튼을 클릭해서 ❹ [점 추가]를 선택합니다. 변형할 점이 2개이므로 같은 방식으로 [점 추가]를 선택합니다.

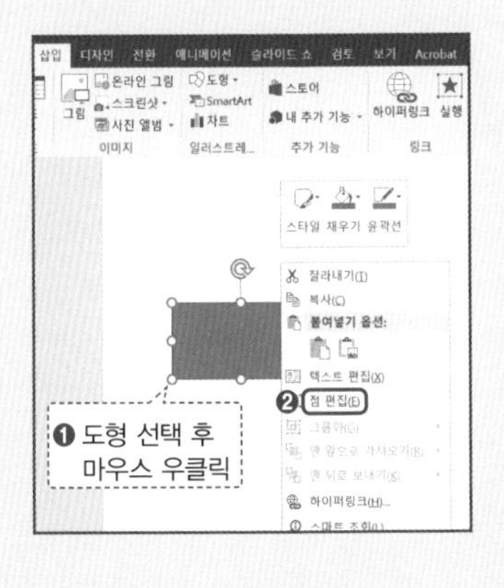

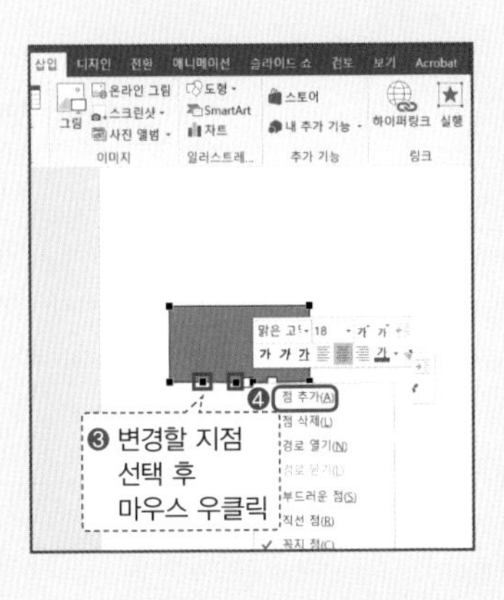

03 [점 추가]로 생성된 '점'을 클릭하고 변경할 위치까지 '드래그'합니다.

추가한 '점'이 2개이므로 2회 반복합니다. 참고로 ○ 안에 있는 포인트를 조정하면 '각도'를 조절해서 곡선을 만들 수 있습니다.

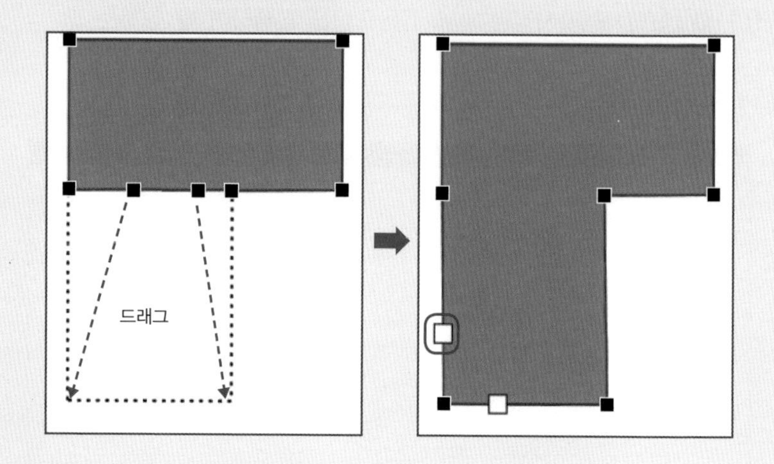

04 ❶ 변형된 도형을 선택하여 마우스 오른쪽 버튼을 누른 다음 ❷ [도형 서식〉도형옵션]에서 [색 : 노랑색], [투명도 : 80%], [선 : 빨강색], [너비 : 2pt]로 설정합니다.

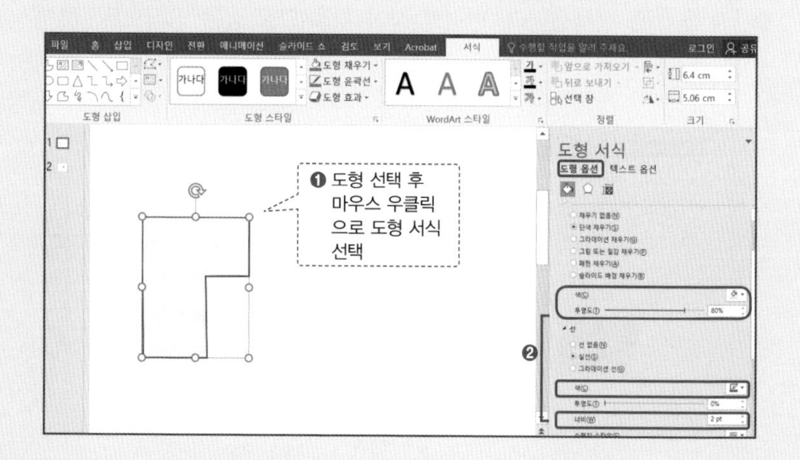

TIP 3_ 내 맘대로 도형 변형하기 : 63쪽 파워포인트 자료 참조

문서를 작성하다 보면 파워포인트에서 우리가 원하는 도형을 제공하지 않는 경우가 많습니다. 디자이너들은 이런 경우 포토샵 등 전문 디자인 도구를 사용하지만, 우린 그럴 만한 시간이 없습니다. 여기서는 파워포인트에서 제공하는 기본 도형을 우리가 원하는 모양으로 변형하는 방법을 알아보겠습니다.

01 ❶ [삽입〉도형]을 선택하고 ❷ [기본 도형] 중에서 [(부분) 원형] 도형을 선택하여 적당한 크기로 삽입합니다. ❸ 노란점을 드래그해서 원하는 모양과 크기로 만듭니다.

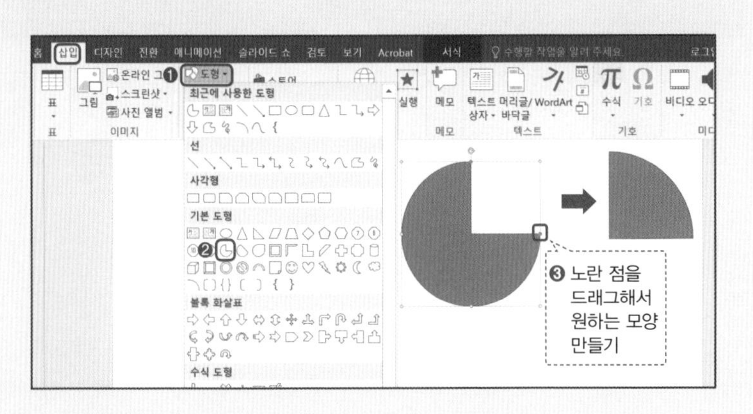

02 만들어진 도형을 선택한 후 ❶ 복사(Ctrl+C)하여 붙여넣기(Ctrl+V)해서 도형을 하나 더 만듭니다. ❷ 복사한 도형을 선택하고 마우스를 드래그해서 원하는 크기로 조절합니다.

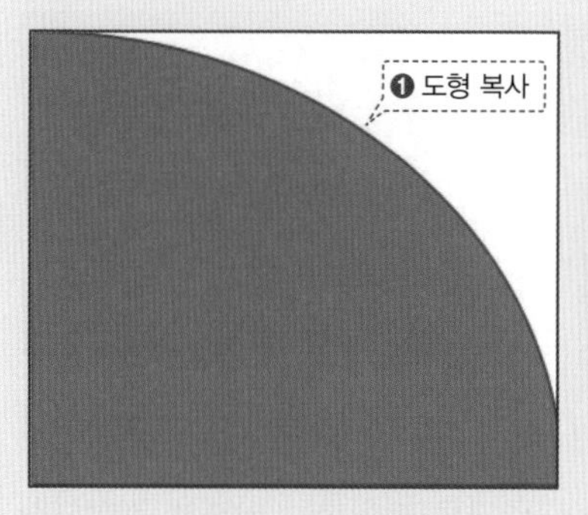

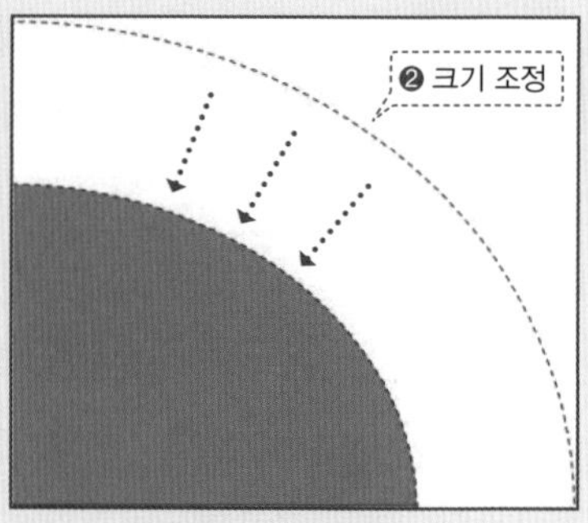

03 ❶ 두 도형을 모두 선택한 다음 ❷ 메뉴에서 [서식〉맞춤]을 선택합니다. ❸ [맞춤〉가운데 맞춤]과 [맞춤〉중간 맞춤]을 한 번씩 적용하면 2개의 도형이 가운데로 모여 겹치게 됩니다. 이 방법을 쓰는 이유는 도형을 마우스로 직접 드래그해서 움직이면 미묘하게 틀어질 수 있기 때문입니다.

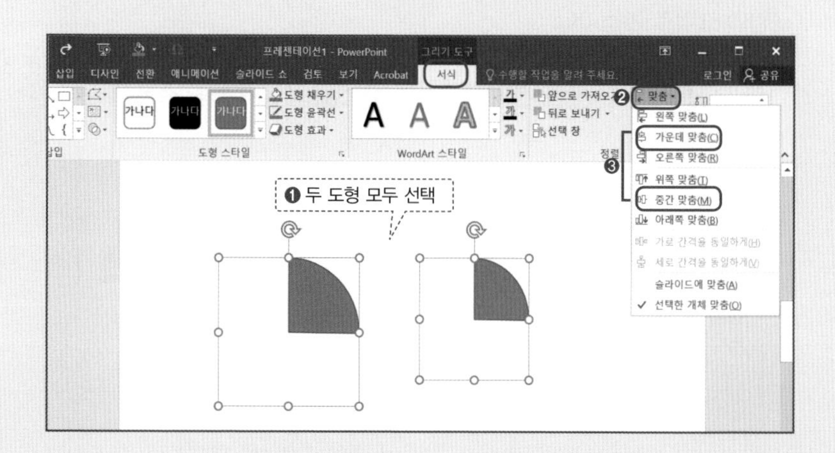

04 [도형 병합] 기능으로 도형을 잘라내서 원하는 도형을 만들어 보겠습니다. ❶ 우선 안쪽 도형을 그냥 잘라내면 윤곽선이 남을 수 있으므로 바깥쪽 작은 도형의 크기를 살짝 키웁니다. 안쪽 도형(잘라낼 도형)과 바깥쪽 도형을 차례로 선택(선택순서가 바뀌면 안 됩니다)한 다음 ❷ [서식]에서 [도형 병합〉빼기]를 선택하면 우리가 원하는 도형이 만들어집니다.

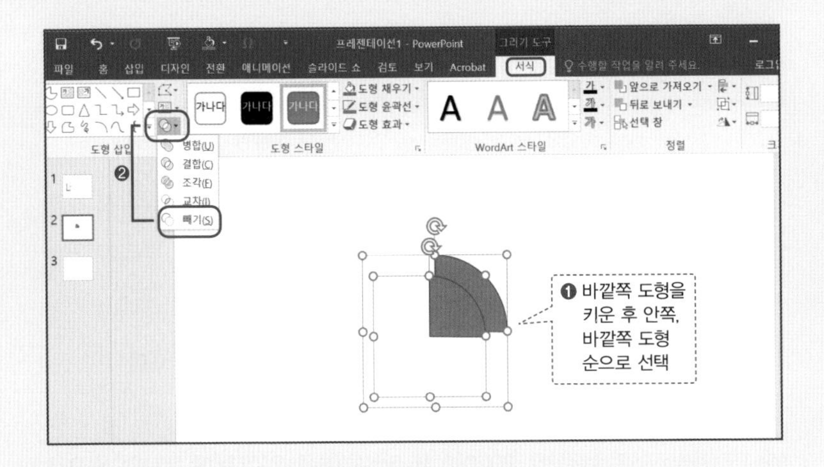

05 만들어진 도형에 색상을 넣어보겠습니다. ❶ 도형을 선택하고 마우스 오른쪽 버튼을 클릭해서 [도형 서식]을 클릭합니다. [도형 서식] 창이 나오면 ❷ [채우기 : 주황색], [선 : 회색]을 선택해서 색상을 넣습니다.

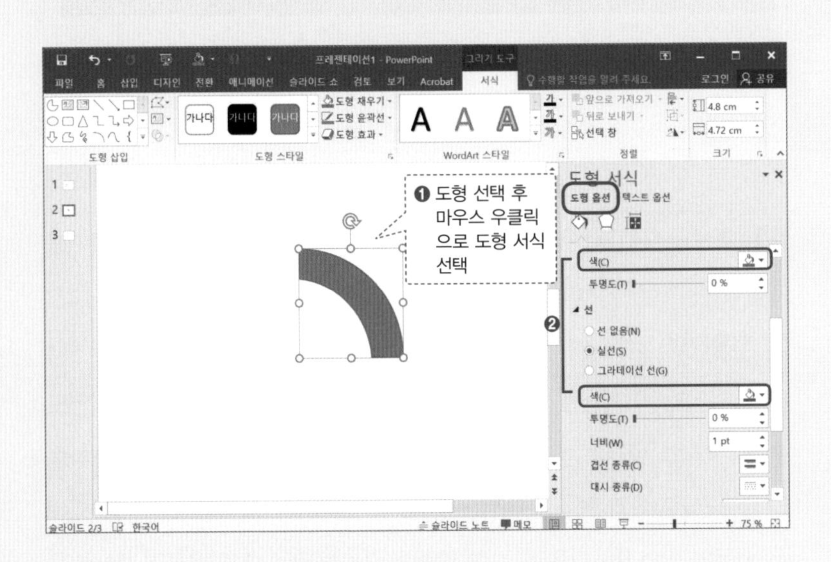

TIP 4_ CAGR 계산 및 활용방법 : 69쪽 파워포인트 자료 참조

시장규모를 조사하다 보면 우리가 원하는 연도의 데이터를 제공하지 않는 경우가 많습니다. 이럴 때 CAGR(연평균 성장률)을 활용하면 우리가 원하는 연도의 데이터를 쉽게 얻을 수 있습니다. 예를 들어 아래 사례에서 시장 전망치가 비어 있는 연도의 수치를 CAGR을 이용해 계산해 보겠습니다.

예) OO서비스 국내시장은 2020년 154억 원에서 2025년에 254억 원으로 성장할 것으로 전망된다.

		사례 1					사례 2			
응용 분야	2020	2021	2022	2023	2024	2025	2026	2027	2028	CAGR (20~25)
OOO서비스	154					254				

사례 1 CAGR을 이용해 2021~2024년 데이터 구하기

01 엑셀의 RATE() 함수를 이용하여 CAGR을 구합니다. 원래 CAGR을 계산하는 수식은 '=(최종연도값/최초연도값)^(1/연도수)−1'입니다. 예시에 적용하면 '=(254억 원/154억 원)^(1/5년)−1'로 결과는 10.5%가 나옵니다. RATE()는 이자율을 계산하는 함수로 수식으로 표현하면 '=RATE(연도수, 0, −최초연도값, 최종연도값)'입니다. 연도별 평균성장률을 의미하는 CAGR도 이자율과 동일한 개념으로 볼 수 있습니다. 그러므로 수식을 외워서 사용하기보다는 다음과 같이 엑셀의 RATE()함수를 이용하면 CAGR을 쉽게 구할 수 있습니다. 해당 기능은 [수식〉함수삽입]을 선택해 [함수마법사] 창에서 [RATE]를 선택하면 됩니다.

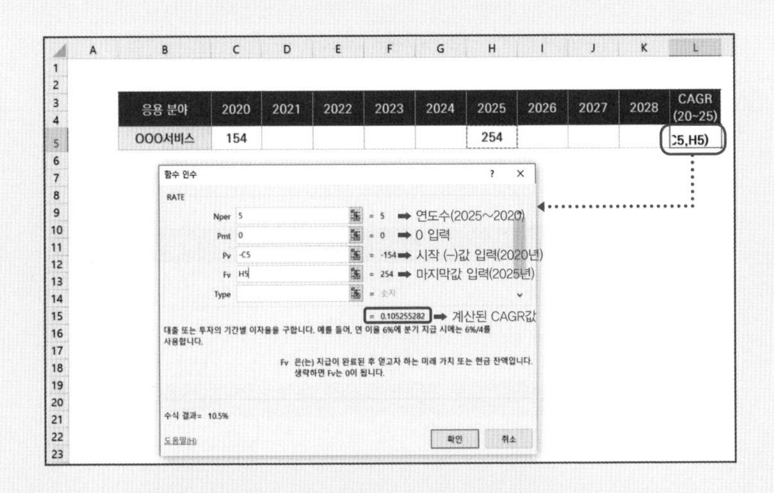

02 CAGR을 적용하여 2021~2024년 데이터를 계산해 보겠습니다. 2021년 셀(D5)을 선택하고 전년도(2020년) 값에 '1+CAGR값'을 곱해주면 2021년 데이터가 계산됩니다. 2022~2024년의 데이터도 같은 방식(전년도 값×(1+CAGR값))으로 계산하면 됩니다.

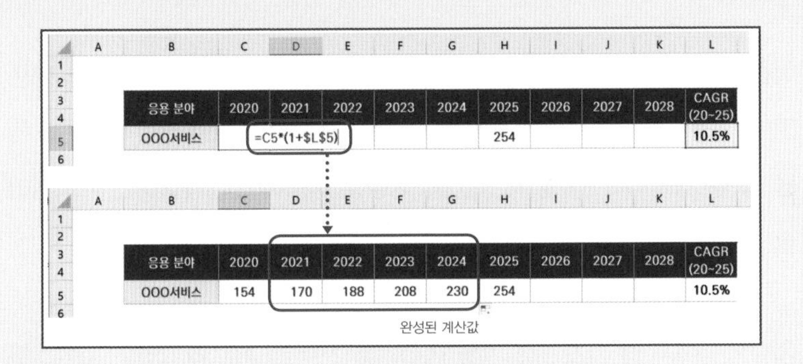

사례 2 CAGR을 이용해 2026~2028년 데이터 구하기

01 앞서 계산한 CAGR을 적용하여 동일한 계산방법으로 2026~2028년까지의 수치를 구하면 됩니다. 다만 위 사례에서의 CAGR에는 2026년부터의 성장성은 고려되어 있지 않기 때문에 정확한 추정방식은 아니라는 점에

유의해야 합니다. 따라서 CAGR 계산법은 원하는 데이터가 정말로 없을 때 활용하기 바랍니다.

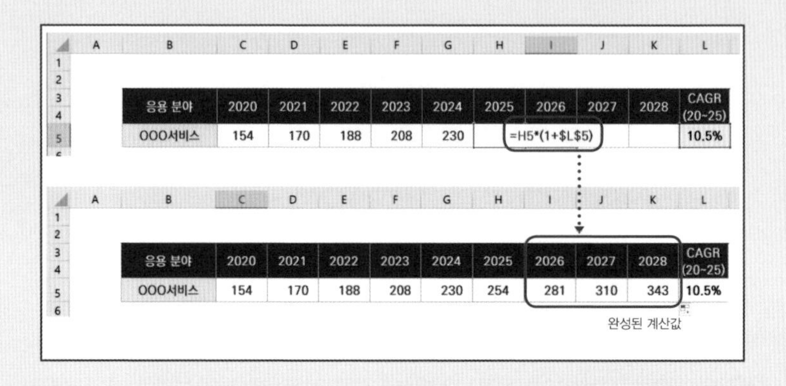

응용 분야	2020	2021	2022	2023	2024	2025	2026	2027	2028	CAGR (20~25)
OOO서비스	154	170	188	208	230		=H5*(1+L5)			10.5%

응용 분야	2020	2021	2022	2023	2024	2025	2026	2027	2028	CAGR (20~25)
OOO서비스	154	170	188	208	230	254	281	310	343	10.5%

TIP 5_ 이중 축 그래프 간결하게 시각화하기 : 71쪽 파워포인트 자료 참조

이중 축 그래프는 막대그래프와 선그래프를 혼합했을 때 가독성이 좋지만, 단위가 서로 다른 2개의 그래프를 한 번에 표현하다 보면 혼란스러운 느낌을 줄 수 있습니다. 이럴 때 도형과 색상을 이용해서 시각화하면 가독성이 좋아집니다.

01 엑셀에서 ❶ 그래프를 만들 데이터를 선택합니다. ❷ [삽입 〉 차트 〉 모든 차트]에서 [콤보]를 선택합니다. ❸ 첫 번째 계열(인구수)은 [차트종류 〉 표식이 있는 누적 꺾은선형]을 선택하고, 두 번째 계열(인구밀도)은 [차트종류 〉 묶은 세로 막대형]을 선택하고 [보조 축]을 체크합니다.

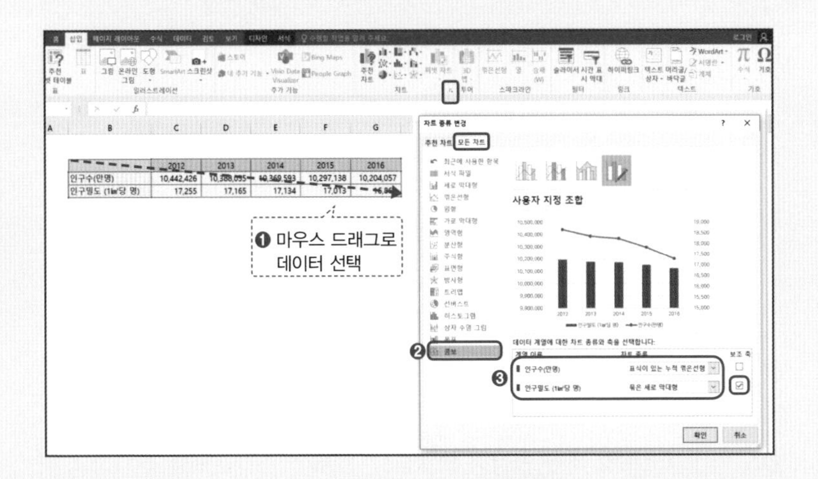

02 ❶ 오른쪽 단위 축 위에서 마우스 오른쪽 버튼을 눌러 ❷ [축 서식]을 선택합니다. ❸ [축 옵션]에서 최소값(15000)과 최대값(19000)을 입력합니다.

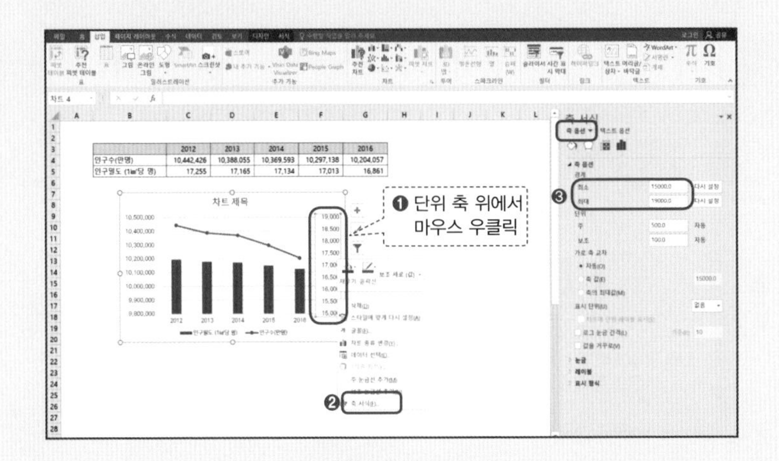

03 표식을 편집해 보겠습니다. ❶ 꺾은선그래프의 아무 점 위에서나 마우스 오른쪽 버튼을 클릭해서 ❷ [데이터 계열 서식]을 선택합니다. ❸ [표식>표식 옵션]에서 [크기 : 8]을 선택하고, [채우기>단색 채우기]에서 [색 : 흰색]을 선택합니다.

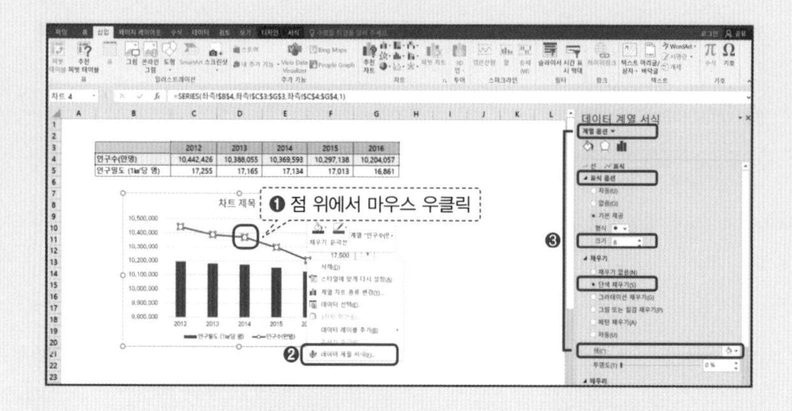

04 막대그래프의 색을 변경해 보겠습니다. ❶ 막대그래프를 선택하고 마우스 오른쪽 버튼을 클릭해서 ❷ [데이터 계열 서식]을 선택합니다. ❸ [채우기〉단색 채우기]에서 [색 : 주황]을 선택합니다.

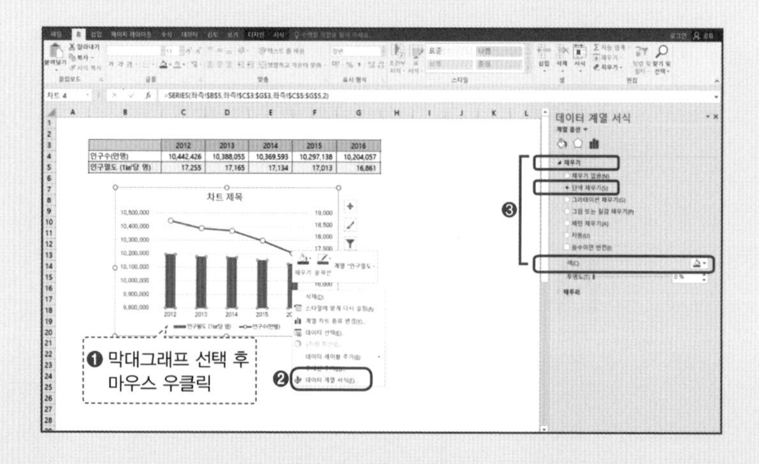

05 ❶ 차트제목, 범례표시를 선택하여 Delete 키로 제거합니다. 그래프 좌 · 우측에 있는 범례단위를 안 보이게 하기 위해 ❷ 양쪽 범례단위를 선택하고 마우스 우클릭 후 ❸ [축 서식]에서 [텍스트 채우기〉채우기 없음]을 선택합니다.

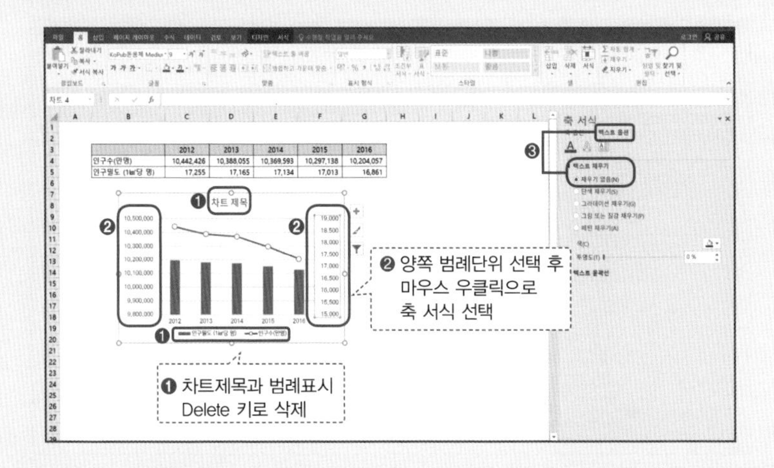

06 데이터 레이블을 추가해 보겠습니다. ❶ 그래프를 선택하고 마우스 오른쪽 버튼을 클릭해서 ❷ [데이터 레이블 서식]을 선택합니다. ❸ [레이블 옵션]에서 [레이블 내용〉값]을 선택하고, [레이블 위치〉위쪽]을 선택합니다. 꺾은선그래프와 막대그래프에 동일하게 적용하면 됩니다.

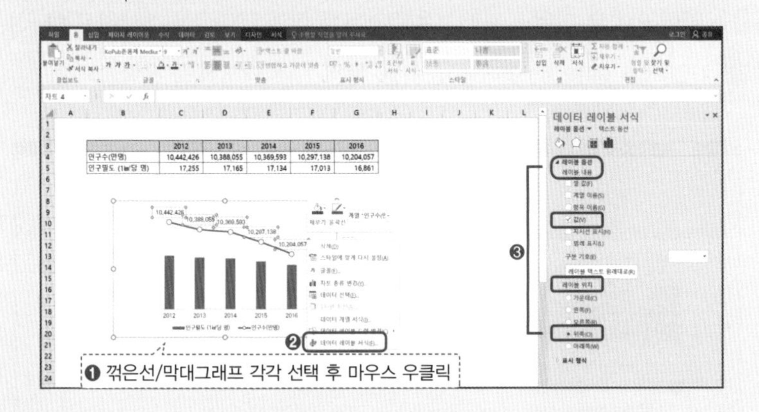

07 각 데이터의 범례를 말풍선으로 표시해 보겠습니다. ❶ [삽입〉도형〉설명선]에서 [사각형 설명선]을 선택합니다. ❷ 적절한 크기로 도형을 만든 다음 도형에 범례를 입력하고, 그래프와 같은 색상을 입힌 다음 적당한 위치에 배치합니다.

TIP 6_ 막대그래프 배열 변경하기 : 71쪽 파워포인트 자료 참조

01 엑셀에서 ❶ 마우스 드래그로 그래프를 만들 데이터를 선택하고 ❷ [삽입〉차트]에서 ❸ [가로 막대형〉(2차원) 묶은 가로 막대형]을 선택합니다.

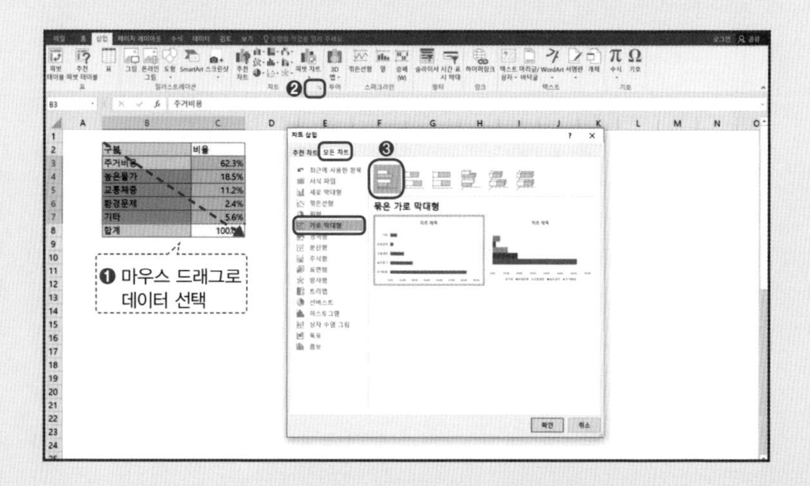

02 ❶ 차트 제목과 가로축 범례를 제거합니다. ❷ 막대그래프를 선택하고 마우스 오른쪽 버튼을 클릭해서 [데이터 계열 서식]을 선택합니다. ❸ [채우기〉단색 채우기]에서 [색 : 진한 파랑]을 선택합니다.

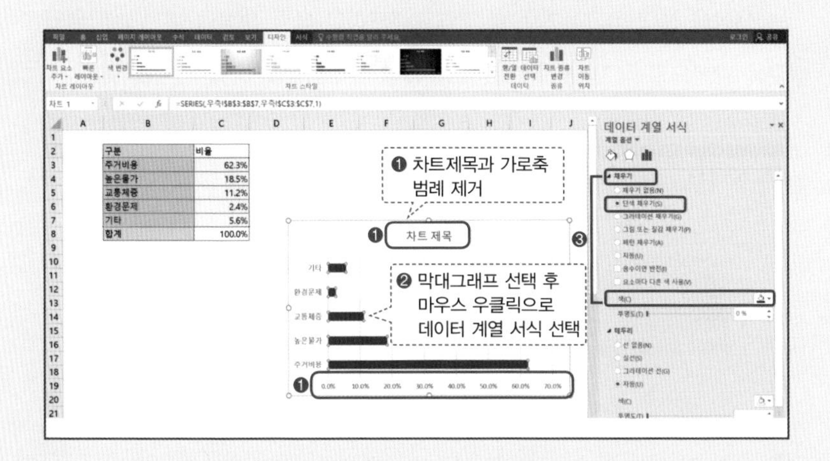

03 값이 큰 항목을 위쪽으로 올려보겠습니다. ❶ 세로축을 선택하고 마우스 오른쪽 버튼을 클릭해서 [축 서식]을 선택합니다. ❷ [축 옵션〉축 위치]에서 [항목을 거꾸로]를 선택합니다.

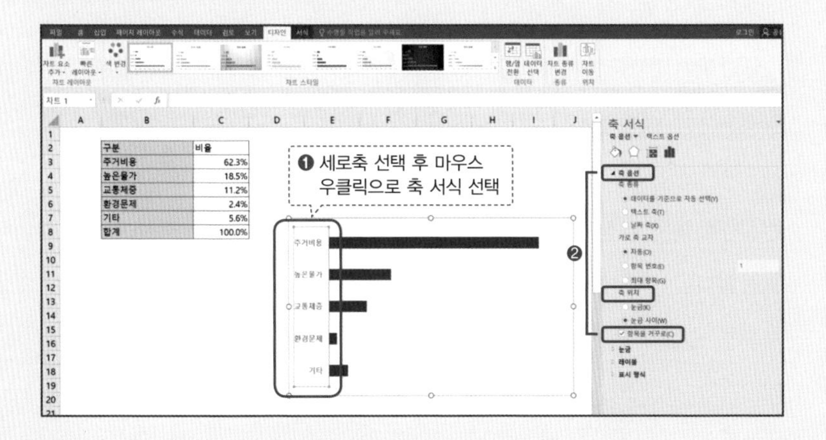

04 값이 제일 큰 항목의 색상을 바꿔서 강조해 보겠습니다. ❶ '주거비용' 항목의 막대그래프를 2번 클릭해서 선택한 후 마우스 오른쪽 버튼을 클릭해서 [데이터 요소 서식]을 선택합니다. ❷ [채우기〉단색 채우기]에서 원하는 색상을 선택합니다. 항목별 막대그래프마다 다른 색상을 넣으려면 위와 같은 방식으로 각 막대그래프를 2번 클릭해서 색상을 바꿔주면 됩니다.

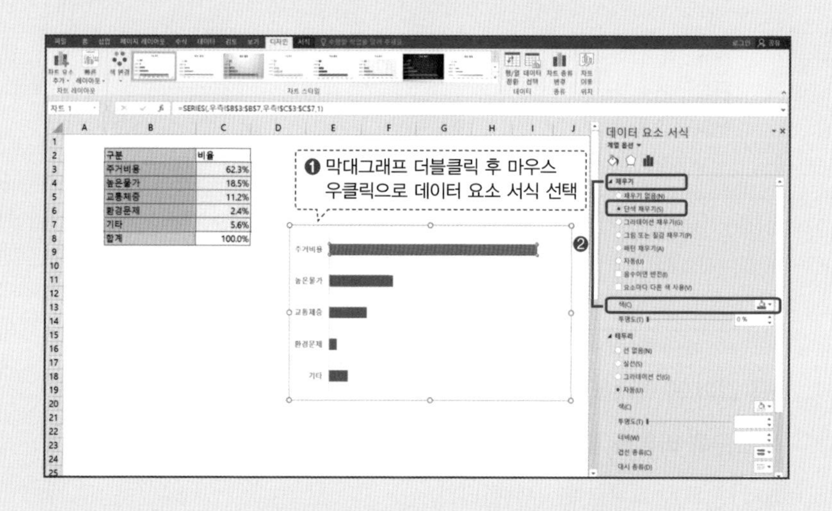

TIP 7_ 특허정보로 경쟁제품 분석하기 : 86쪽 파워포인트 자료 참조

컨설턴트들은 경쟁기업의 기술개발동향을 살펴보기 위해 특허분석을 자주 활용합니다. 특허전문 컨설턴트가 사용하는 사이트는 따로 있으나, 우리는 무료로 검색할 수 있는 특허청의 '키프리스'를 활용하는 방법을 알아보겠습니다.

01 키프리스(www.kipris.or.kr)에 접속합니다. 검색대상이 '특허'이므로 메

뉴에서 [특허 · 실용신안]을 선택합니다. 특허가 아닌 경쟁기업의 상표나 디자인을 살펴보고 싶다면 해당 메뉴를 선택하면 됩니다.

02 검색창에 ❶ 관심 있는 기술 키워드나 경쟁기업명을 검색해서 결과가 나오면 ❷ 키워드에 해당하는 특허 보유 기업명(출원인)을 확인할 수 있습니다. 이밖에 ❸ 경쟁기업이 보유한 특허명도 확인할 수 있으며, 특정 특허명을 클릭하면 상세한 특허내용을 살펴볼 수 있습니다. ❹ 분석할 특허 건수가 많은 경우 상단의 [서지정보 엑셀저장]을 클릭해서 엑셀파일로 다운받아 분석에 활용하면 됩니다.

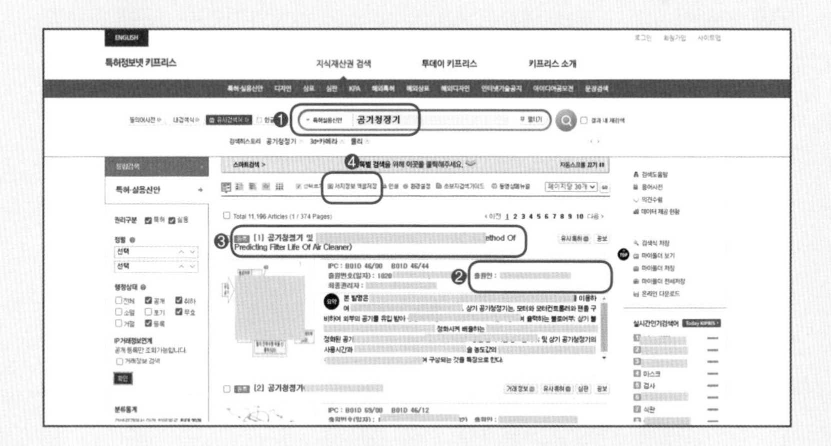

TIP 8_ 정부과제분석을 통한 경쟁기업 도출하기 : 86쪽 파워포인트 자료 참조

정부에서 운영하는 'NTIS'를 활용하여 경쟁기업의 정부연구개발 수행현황을 살펴보겠습니다. 이 방법을 통해 경쟁기업이 과거에 어떤 기술을 개발했고, 현재 어떤 기술을 개발하고 있는지 확인할 수 있습니다. 다만 검색서비스를 이용하려면 '회원가입'을 해야 합니다. 회원가입 시 기관인지 개인인지를 묻는데 개인으로 가입해도 과제검색은 가능합니다. 다만 기관이라면 기관으로 가입하는 방식을 추천합니다.

01 NTIS(www.ntis.go.kr)에 접속합니다. 검색대상이 '연구개발과제'이므로 메뉴에서 [과제]를 선택하고 검색창에 키워드를 입력합니다.

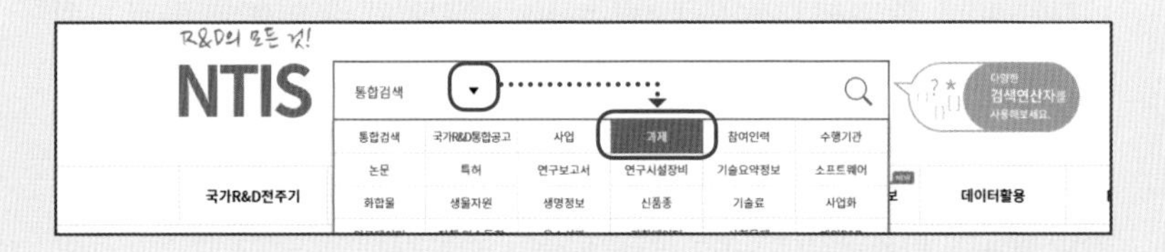

02 검색결과에서 세부 내용을 살펴보고 싶은 과제가 있다면 해당 과제목록을 클릭하면 됩니다.

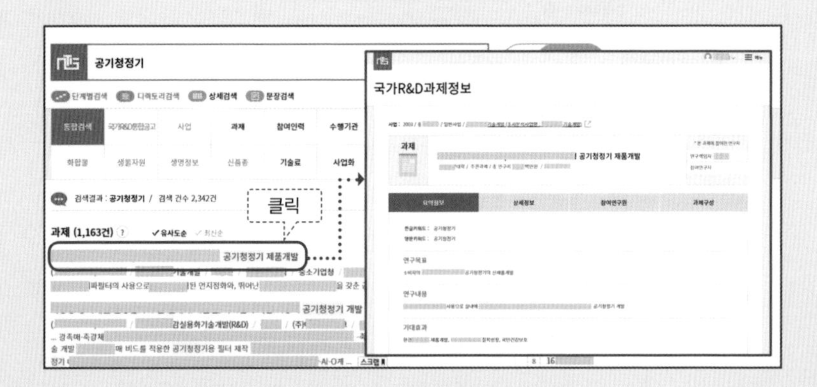

03 검색결과가 많거나 통계를 도출하고 싶다면 ❶ '검색결과 목록 다운로드'를 클릭해서 ❷ 엑셀파일로 다운로드받아 활용할 수 있습니다.

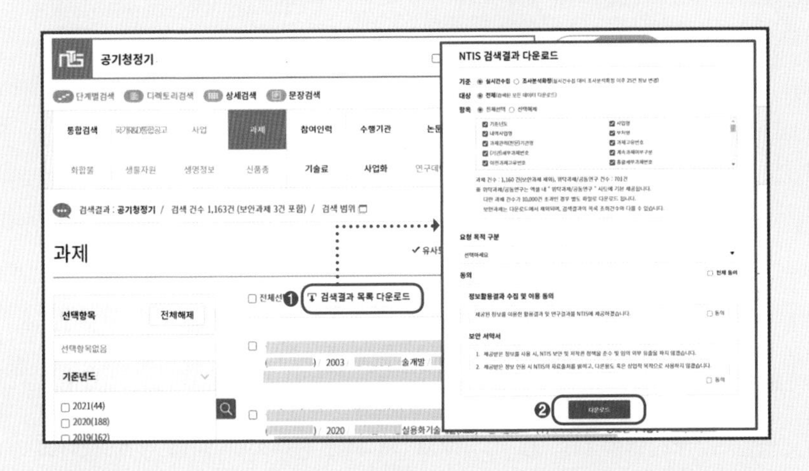

TIP 9_ 문차트 만들기 : 87쪽 파워포인트 자료 참조

문차트는 기획서에서 자주 활용하는 정리방식입니다. 정성적인 분석결과를 한눈에 볼 수 있게 해주기 때문에 컨설턴트들도 자주 사용합니다. 다만 파워포인트에서는 3가지(●, ◑, ○) 기본 기호만 제공해서 표현의 한계가 있기 때문에 컨설턴트들은 문차트를 직접 만들어서 사용합니다. 문차트는 보통 5단계(○, ◔, ◑, ◕, ●) 구분이 활용됩니다.

01 ❶ 메뉴에서 [삽입>도형]을 선택합니다. ❷ [기본 도형] 중에서 [타원(●)]과 [원형(◕)] 도형을 각각 하나씩 만듭니다.

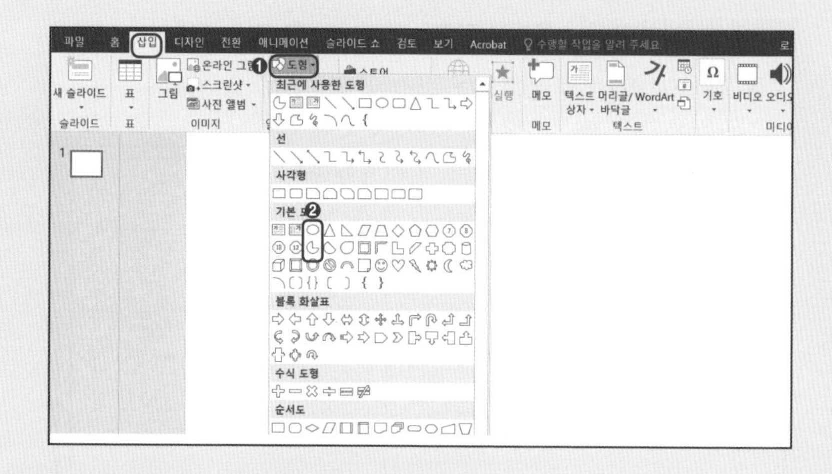

02 우선 도형크기를 동일하게 만들기 위해서 ❶ 마우스 드래그로 2개 도형을 모두 선택한 다음 ❷ 메뉴에서 [서식]을 선택합니다. ❸ 우측 상단에 있는 [크기]에서 [높이]와 [너비]를 동일하게 설정해주면 2개 도형이 같은 크기로 변환됩니다.

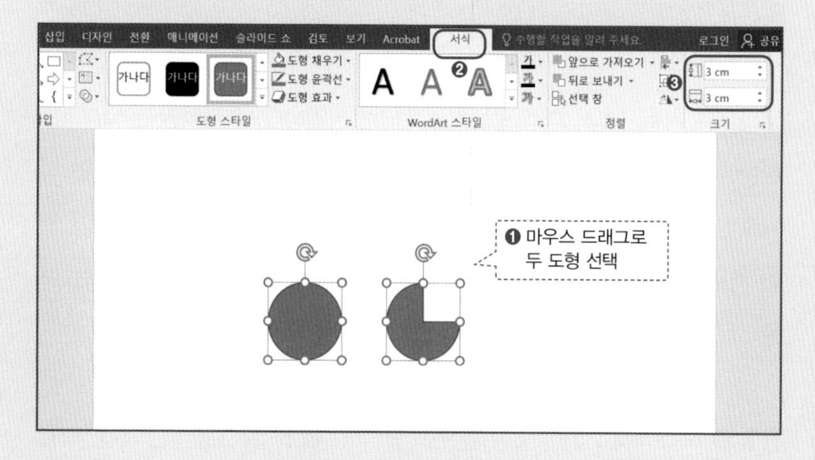

03 도형의 색상을 넣어 보겠습니다. ❶ ● 도형 위에서 마우스 오른쪽 버튼을 클릭하고 [도형 서식]을 선택합니다. ❷ 오른쪽에 [도형 서식] 창이 나오면 [채우기 : 검정색], [선 : 검정색]을 선택해서 색상을 입힙니다. ❸ ◔

도형도 같은 방식으로 [도형 서식] 창에서 [채우기 : 하얀색], [선 : 검정색]을 선택해서 색상을 넣습니다.

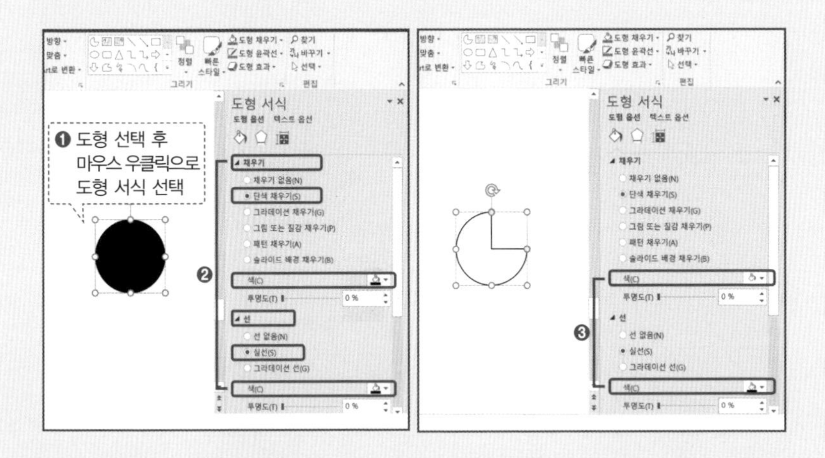

04 이제 두 도형을 겹쳐 보겠습니다. ❶ 두 도형을 모두 선택하고 ❷ 메뉴에서 [서식〉맞춤]을 선택합니다. ❸ [맞춤]에서 [가운데 맞춤]과 [중간 맞춤]을 각각 한 번씩 적용하면 두 도형이 가운데로 모여서 겹치게 됩니다.

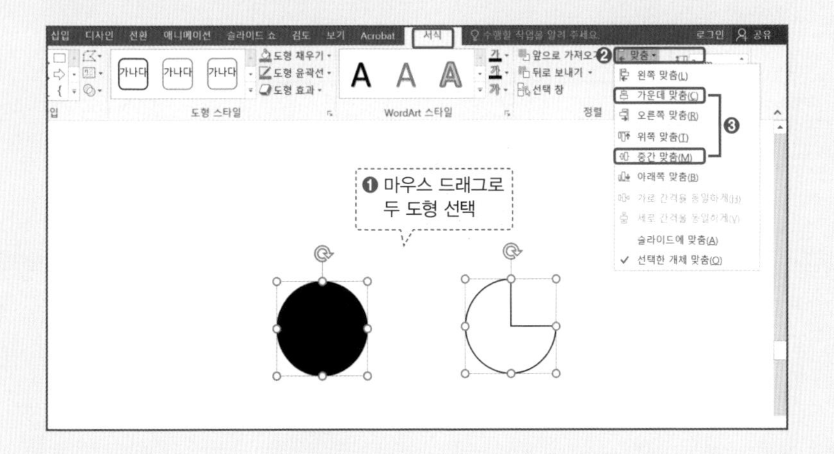

05 이제 편집하기 쉽도록 두 도형을 하나의 도형으로 만들어 보겠습니다. ❶ 두 도형을 모두 선택하고 마우스 오른쪽 버튼을 클릭해서 ❷ [그룹화〉

그룹]을 선택하면 두 도형이 하나의 그룹으로 만들어집니다. 해당 기능의 단축키인 [Ctrl+G]를 눌러도 같은 결과를 얻을 수 있습니다.

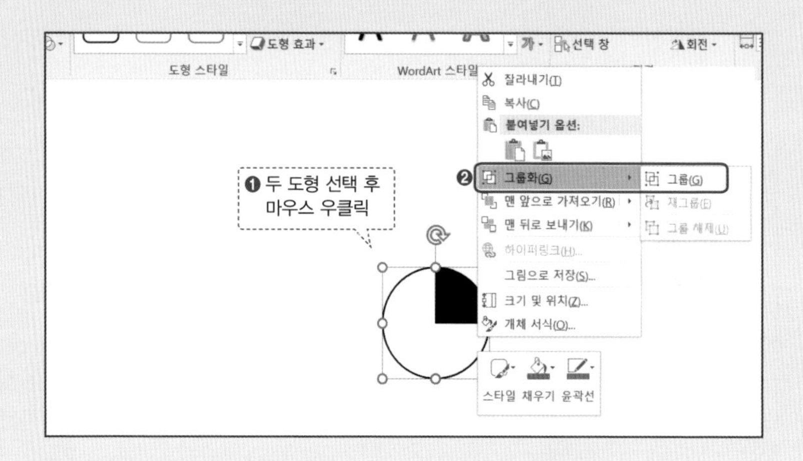

06 이제 만들어진 도형으로 '문차트'를 만들어 보겠습니다. 흰색 도형을 선택하면 ● 표시가 생기는데 해당 표시를 선택하고 마우스로 드래그하면 0°(○), 30°(◔), 60°(◑), 90°(◕), 180°(●) 모양의 문차트를 자유롭게 만들어 활용할 수 있습니다.

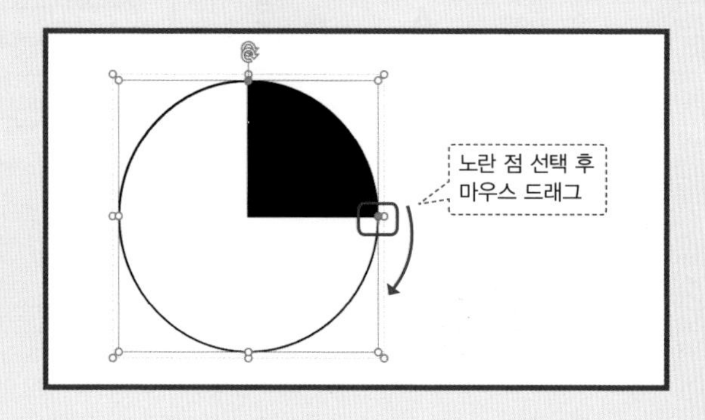

TIP 10_ 결합도형 만들기 : 102쪽 파워포인트 자료 참조

102쪽 사례와 같은 ➕ 도형은 파워포인트에서 기본 도형으로 제공되지 않습니다. 이런 경우 기본 도형을 결합해서 원하는 형태의 도형을 만들 수 있습니다.

01 ❶ [삽입〉도형]에서 [수식 도형〉덧셈 기호]를 선택해서 원하는 크기로 만듭니다. ❷ 다시 [삽입〉도형]에서 [기본 도형〉타원]을 선택해서 원하는 크기로 만듭니다.

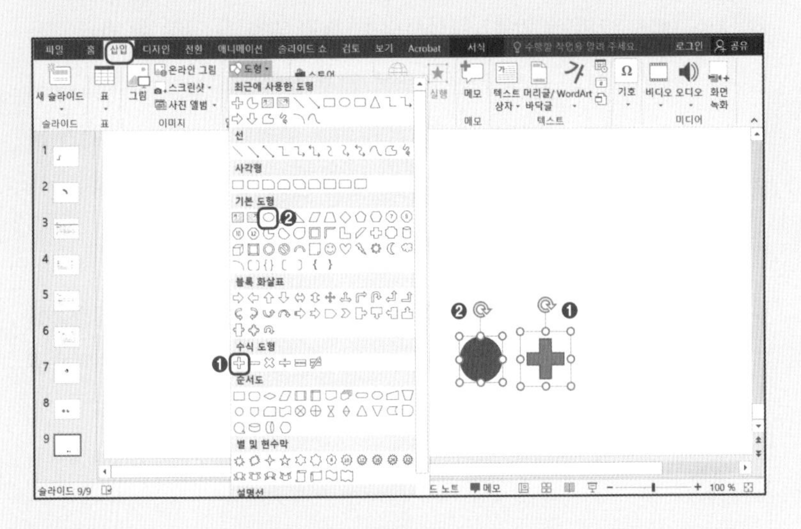

02 ❶ 덧셈 기호 도형을 선택하고 ❷ [서식]에서 [도형 채우기 : 흰색], [도형 윤곽선 : 파랑색]을 선택합니다. ❸ 타원 도형을 선택하고 ❹ [서식]에서 [도형 채우기 : 파랑색], [도형 윤곽선 : 파랑색]을 선택합니다.

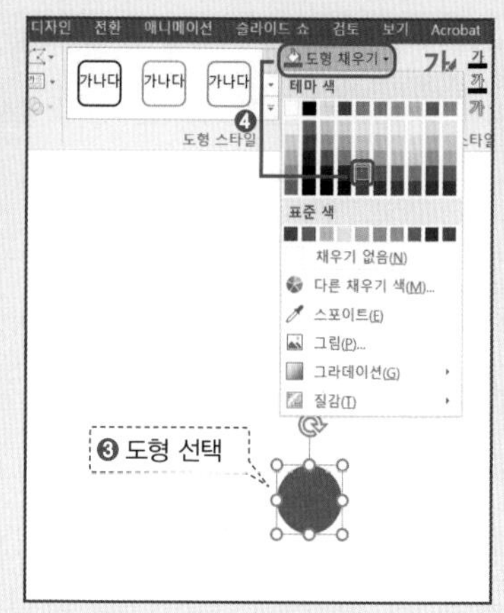

03 두 도형을 정확하게 합쳐 보겠습니다. ❶ 두 도형을 모두 선택한 다음 ❷ [서식〉맞춤〉가운데 맞춤], [서식〉맞춤〉중간 맞춤]을 각각 한 번씩 적용합니다. ❸ 겹쳐진 도형 중 타원 도형을 먼저 선택한 다음 Shift 키를 누른 상태에서 덧셈 기호 도형을 선택합니다. 이때 도형을 선택하는 순서가 바뀌면 안 됩니다. ❹ 도형을 순서대로 선택한 다음 [서식]에서 [도형 병합〉결합]을 선택하면 2개의 도형이 하나로 합쳐집니다.

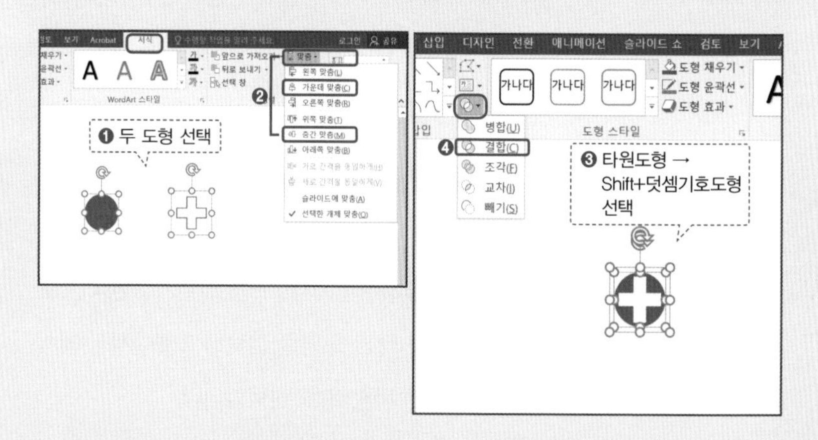

누구나 탐내는
실전기획서

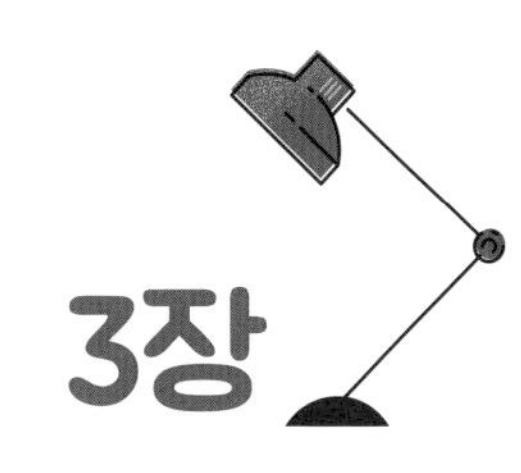

3장

좀 더 구체화한 뒤 다시 회의합시다

01

무엇을 구체화해야 할까

김 대리 : 지금까지 기획이 왜 필요한지 설명해 드렸습니다.
박 과장 : 기획의 목적은 알겠는데, 좀 더 구체화해 봐!
김 대리 : …
(또 뭘 하라는 거지? 기획서를 써 오라는 건가?)
박 과장 : 정말 기획이 필요한 건지 구체적으로 검증해 봐야지!

이제 한 단계 넘었습니다. 하지만 아직은 기획서 근처에도 못 갔네요. 우울하지만 첫 단추는 끼웠다고 위로하고 좀 더 달려봅시다.

박 과장님은 또 무엇을 구체화하라는 걸까요? 이미 충분한 분석을 했는데 말이죠. 진정 박 과장님이 원하는 게 뭘까요? 이를 알아보기 위해 지금까지 우리가 작성한 문서들을 한 번 살펴봅시다. 유심히 살펴보면 지금까지 작성한 문서들은 자료를 조사하느라 바빠서 정리에만 치우쳐 있음을 알 수 있습니다. 지금까지 우리가 제시한 내용은 '바다에 가면 물고기를 많이 잡을 수 있습니다' 정도였던 거죠. 즉, 바다라는 '장소'와 물고기라는 '목적'만 제시한 셈입니다. 이 정보만 듣고 실제 낚시를 하러 갈 수 있을까요? 동해안으로 가야 할지 남해안으로 가야 할지도 모르는데요. 필자라면 그냥 집에서 편하게 쉬겠습니다. 굳이 안 가봐도 고생문이 훤할 걸 알 수 있으니까요.

이쯤 되면 더 미궁으로 빠지죠? 그럼 무엇을 어떻게 구체화해야 할지 하나씩 살펴보겠습니다.

'바다'라는 장소를 어떻게 구체화해야 할까요? 안면도의 ○○항, 거제도의 ○○항과 같이 구체적인 장소를 제시해야 하겠죠.

'신사업 기획'이라면 '제품을 만들어서 팔아야 할 대상 고객이나 국가' 등을 말합니다. 그래야 해당 고객이나 국가에 맞는 제품을 설계할 수 있으니까요. 예를 들어 중국시장을 목표로 하면서 얼음을 이용한 제품을 만들면 잘 팔릴까요? 모르긴 몰라도 1년 내 사업을 철수할 가능성이 큽니다. 왜냐고요? 중국이나 동남아시아에는 차가운 음식은 건강에 좋지 않다는 인식이 있기 때문입니다.

그럼 '물고기'라는 목적은 어떻게 구체화해야 할까요? 광어, 우럭 등 물고기 종류를 명확히 제시해야 낭패를 보지 않습니다. 물고기는 계절과 장소에 따라서 맛과 어획량이 다르니까요. 어떤 물고기를 잡을지 구체적으로 정하지 않으면 오징어를 잡으러 서해안에 갈 수도 있습니다.

'신사업 기획'이라면 '명확한 시장'을 제시해야 합니다. 예를 들어 '블랙박스 시장'이라면 '차량용 블랙박스 카메라'와 같이 더욱 구체적인 시장을 제시해야 합니다. 단순히 '블랙박스 시장'이라고만 하면 차량용인지 오토바이용인지조차 불분명해집니다. 만일 우리가 카메라를 만드는 기업이라면 '차량용 블랙박스'도 직접적인 시장이 아닙니다. 직접적인 시장은 '블랙박스에 들어가는 카메라'이니까요.

신사업 측면에서 보면 기획의 구체화 경로는 다음과 같은 고리로 이루어집니다.

① 아이디어 도출 → ② 적용분야분석 → ③ 시장수요분석 → ④ 경쟁구도분석 → ⑤ 수익시장 도출

위의 각 경로별 의미는 다음과 같습니다.

1) 아이디어 도출

기술이 변화함에 따라서 신제품이 출시되고 새로운 시장이 형성됩니다. 우리는 새로운 시장을 준비하기 위해 신사업을 추진하는 것입니다. 미래 신사업을 준비하려면 관련 기술을 개발해야겠죠. 따라서 어떤 기술을 개발해야 하는지에 대한 아이디어 도출이 매우 중요합니다.

2) 적용분야분석

기업이 아무리 좋은 기술을 개발하거나 보유하고 있더라도 제품으로 실현되지 않으면 수익으로 직결되지 않습니다. 또한 하나의 기술이 하나의 제품에만 적용되는 것이 아니라는 점도 고려해야 합니다.

예를 들어 친환경 접착제 기술이 문구용 풀뿐만 아니라 반창고의 접착소재나 전자부품의 보호필름 등에도 적용되는 것처럼 말이죠. 따라서 수익을 최대화하려면 개발한 기술을 가능한 한 다양한 제품에 적용해야 합니다.

3) 시장수요분석

아무리 좋은 제품을 만들어도 고객이 사주지 않으면 수익을 낼 수 없습니다. 시제품이 있다면 파일럿 테스트(Pilot-Test)를 해볼 수 있지만, 우린 아직 기획단계일 뿐입니다. 따라서 시장세분화, 고객관심도 등을 분석해야 합니다. 고객을 중심으로 기획해야 팔리는 제품을 만들 수 있기 때문이죠.

4) 경쟁구도분석

시장은 우리 기업뿐만 아니라 여러 경쟁기업들이 모여서 형성됩니다. 이 중에는 현재의 경쟁기업도 있고 미래의 잠재적인 경쟁기업도 존재합니다. 이들과의 경쟁에서 밀리면 시장에서 도태될 수밖에 없으므로 경쟁현황을 파악하여 우리의 차별성을 만들어야 합니다. 박 과장님이 늘 요구하는 차별성을 뽑아내는 데 있어서 매우 중요한 분석입니다.

5) 수익시장 도출

시장을 분석하다 보면 아무 의미 없는 시장을 열심히 분석하는 경우가 종종 있습니다. 우리의 시장을 명확히 도출하지 못했기 때문이죠. 따라서 시장을 명확히 도출해야만 제대로 된 기획서를 작성할 수 있습니다. 시장을 명확히 하려면 시장을 '분해'해야 합니다. 시장을 분해해야 우리의 시장을 명확히 도출해낼 수 있기 때문이죠. 앞서 '블랙박스 시장'을 '차량용 블랙박스 카메라 시장'으로 분해한 것처럼 말이죠. 이를 '수익시장'이라고 합니다.

그럼 위에서 설명한 기획의 구체화 경로에 따라 각각 어떤 작업이 필요하고, 어떻게 문서를 작성해야 하는지 살펴보겠습니다.

[실전! 기획자료 만들기 2-1]

신사업 기술개발 아이디어 도출하기

신사업 아이디어 도출의 최종적인 목적은 '시장진입'입니다. 신사업은 기술력이 뒷받침되어야 하고, 기술력을 갖추려면 기술을 개발해야 합니다. 물론 M&A나 기술이전 등으로 기술을 가져올 수도 있지만 대부분의 기업이 기술개발을 통해 기술을 확보합니다.

기술을 개발하려면 '개발 아이디어'가 필요합니다. 우리는 여기서부터 출발해 보겠습니다. 기술개발 아이디어는 어떻게 정해야 할까요? 이 경우 크게 2가지 전략을 구사할 수 있습니다. 유식한 말로 '시장견인전략(Market Pull)'과 '기술지향전략(Technology Push)'이라고 하는데, 참 어렵죠? 컨설턴트들은 이런 용어 만들기를 참 좋아하는 것 같습니다. 아무튼 우리는 의미만 이해하면 됩니다.

1) 시장견인전략(Market Pull)

시장에서 원하는 제품에 대한 기술개발 아이디어를 찾아서 시장에 진출하는 전략입니다. 예를 들어 시장에서 청소기 소음으로 인한 불편이 제기된다면, 이러한 불편을 해소해주기 위해 소음 없는 청소기를 개발하는 식이죠. 이런 경우 소음을 최소화할 수 있는 모터기술이나 방음기술 등이 필요할 것입니다. 우리는 이런 기술을 개발하여 제품에 적용해 팔면 되겠지요.

2) 기술지향전략(Technology Push)

새로운 기술을 개발하여 시장을 형성하는 전략입니다. 예를 들면 모두가 2G 휴대전화를 쓸 때 터치기술을 개발해 휴대전화에 적용함으로써 스마트폰을 만들어 파는 식이죠. 스마트폰이 나오기 전에 시장에서 터치가 되는 휴대전화를 원했을까요? 아닙니다. 터치기술이라는 신기술을 적용하여 스마트폰이라는 새로운 제품시장을 형성한 것입니다.

그런데 이 2가지 시장접근전략은 모두 시장환경 변화에 기초해야 합니다. 과거 삐삐(무선호출기)를 쓰던 시대에 스마트폰이 등장했다면 잘 팔렸을까요? 아마도 아닐 것입니다. 그 시대에는 무엇보다 자유롭게 통화할 수 있는 수단을 원했으니까요. 따라서 스마트폰과 같은 멀티미디어제품보다는 2G폰과 같은 휴대전화가 시장수요에 맞는 제품이었던 것이죠.

그럼 기술개발 아이디어 도출에 대한 실제 자료 작성방법과 작성사례를 살펴보겠습니다.

작성사례 ① 기술동향분석

우선 기술흐름, 즉 기술환경이 어떻게 변화할지를 예측해야 합니다. 기술흐름은 거시적인 관점과 미시적인 관점으로 나눠 볼 수 있는데, '거시적인 관점'은 산업적으로 기술이 어떻게 변화할지를 살펴보는 것을 말합니다. 장기적인 미래를 대비하기 위함이죠. 반면에 '미시적인 관점'은 제품 측면에서 기술이슈를 살펴보는 것을 말합니다.

우리가 주로 사용하는 접근방법에 해당합니다.

여기서 기술과 시장의 속성에 대해 잠깐 살펴보겠습니다. 현재 기업이 기술을 확보하고 있더라도 시장에서는 한참 후에나 해당 기술을 적용한 제품을 선보이는 경우가 많습니다. 시장에서 기술을 받아들일 준비가 되어 있지 않으면 해당 기술은 기다려야 하거나 사장되는 경우가 자주 발생합니다. 앞서 언급한 삐삐시대에 스마트폰이 출시되지 않은 것처럼 말이죠. 삐삐시대에도 터치기술은 이미 개발되어 있었는데도요.

이처럼 일반적으로 기술이 먼저 개발되고 시간이 흐르고 나서야 시장에 해당 기술이 적용된 제품이 출시되는 경우가 많습니다. 이런 측면에서 기술변화흐름을 분석하는 작업은 기업경쟁력을 선제적으로 준비하는 데 있어서 매우 중요한 의미가 있습니다.

기술동향분석 자료를 작성할 때는 시대에 따라 기술이 어떻게 변해 왔고 변해갈지를 보기 쉽게 구성해야 합니다. 기본적으로 기술개발현황, 주요 경쟁기업 등이 포함되어야겠죠. 이런 자료는 기업의 기술개발 방향성 수립, 경쟁사 대비 차별화전략 모색 등 기술개발 중심의 의사결정에 도움을 주게 됩니다.

자료를 작성할 때는 다음 쪽 사례처럼 '좌측에서 우측으로' 시간적 흐름을 제시하고, 각 단계별 특징, 제품, 핵심기술, 경쟁우위요소를 제시하는 방식이 좋습니다. 우리가 시장에서 지향하는 위치를 사례와 같이 '도형'으로 강조하면 쉽게 이해할 수 있겠죠.

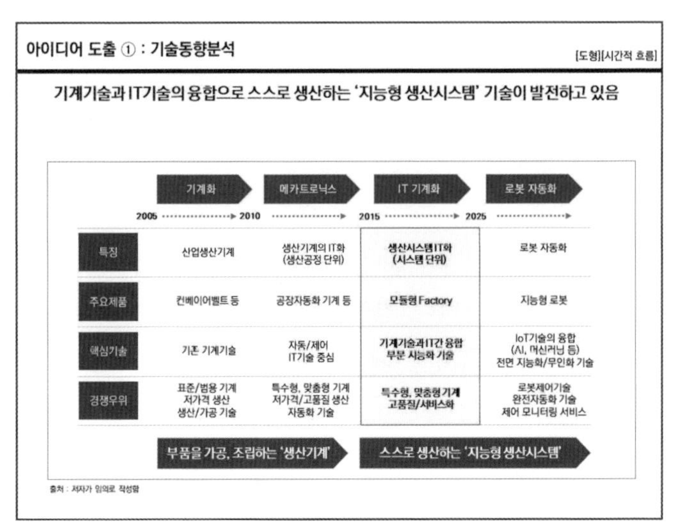
아이디어 도출 ① : 기술동향분석

[도형][시간적 흐름]

기계기술과 IT기술의 융합으로 스스로 생산하는 '지능형 생산시스템' 기술이 발전하고 있음

	기계화	메카트로닉스	IT 기계화	로봇 자동화
	2005 → 2010	→	2015 → 2025	→
특징	산업생산기계	생산기계의 IT화 (생산공정 단위)	생산시스템 IT화 (시스템 단위)	로봇 자동화
주요제품	컨베이어벨트 등	공장자동화 기계 등	모듈형 Factory	지능형 로봇
핵심기술	기존 기계기술	자동/제어 IT기술 중심	기계기술과 IT간 융합 부분 지능화 기술	IoT기술의 융합 (AI, 머신러닝 등) 전면 지능화/무인화 기술
경쟁우위	표준/범용 기계 저가격 생산 생산/가공 기술	특수형, 맞춤형 기계 저가격/고품질 생산 자동화 기술	특수형, 맞춤형 기계 고품질/서비스화	로봇제어기술 완전자동화 기술 제어 모니터링 서비스
	부품을 가공, 조립하는 '생산기계'		스스로 생산하는 '지능형 생산시스템'	

출처 : 저자가 임의로 작성함

[포인트] 도형의 선과 색을 이용하면 강조하고 싶은 영역을 눈에 띄게 만들 수 있습니다.

그런데 위와 같이 기술동향을 분석하는 작업은 여간 어렵지 않습니다. 이러한 자료조사시간을 단축할 방법이 없을까요? 이럴 때 정부에서 운영하는 '중소기업기술로드맵(smroadmap.smtech.go.kr)'을 활용하면 작업이 수월해집니다. 해당 사이트에는 4차 산업분야뿐만 아니라 미래 유망기술에 대한 다양한 기술동향분석 보고서들이 있으니 적극 활용하기 바랍니다. 시간적 여유가 없는 우리에게 정부에서 참 좋은 일을 많이 하고 있네요.

작성사례 ② 기술이슈 정리

다음 쪽 자료는 시장환경에 따른 기술이슈를 정리한 사례입니다. 시장에서 어떤 기술을 원하는지 살펴보기 위함이죠. 기술은 시장환경에 따라서 움직이기 마련이니까요. 사례에서는 좌측에 현재 시장

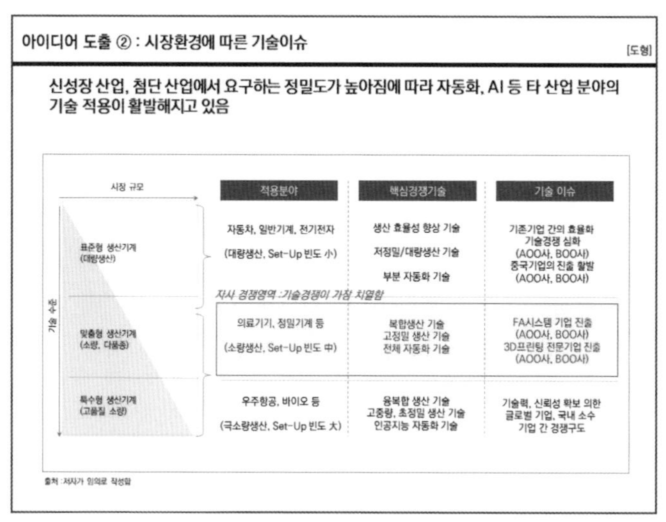

[포인트] 본문에는 가급적 핵심적인 내용만 담아야 합니다.

에 나와 있는 제품유형을 제시하고, 우측에 각 유형별 적용제품, 핵심기술 이슈, 기술의 경쟁환경을 제시했습니다. 이렇게 구성하면 제품유형에 따른 기술이슈를 파악하기 편합니다.

작성사례 ③ 아이디어 후보 도출

> **김 대리 :** 앞으로 OO기술이 중요할 것 같습니다.
> **박 과장 :** 그래서 우리와 무슨 상관이 있지?
> **김 대리 :** …
> **박 과장 :** 우리가 무엇을 해야 할지 알려줘야지!

어김없이 박 과장님이 등장해서 간단하고 명료하게 한마디 하십니다. '그래서 우리와 무슨 상관이 있지?'라고요. 영어로 표현하자면

'So What?'이죠. 그냥 What도 아니고 So What이라니 우리 상사들은 참으로 What을 좋아합니다.

박 과장님의 의도는 뭘까요? 이번에도 역시 '시사점'이 없다는 것입니다. 사전적으로 '시사점'은 '미리 일러주는 암시'의 의미입니다. 더 미궁으로 빠지죠? 우리는 이미 시사점을 제시했는데 말이죠. 박 과장님이 원하는 시사점은 '자신이 결정할 수 있게 보기를 가져오라'는 것입니다. 그래야 박 과장님이 편안하게 결정할 수 있으니까요. 우리가 학창시절에 주관식보다 객관식 시험에 심적 안도감을 갖는 것과 마찬가지 이치입니다.

다음 자료는 박 과장님 의도대로 기술이슈를 뽑아내고 각 이슈별로 기술개발 아이디어를 도출한 사례입니다. 좌측에는 시장환경에 따른 기술적 이슈를 제시하고, 우측에는 기술적 이슈를 해결하기 위한

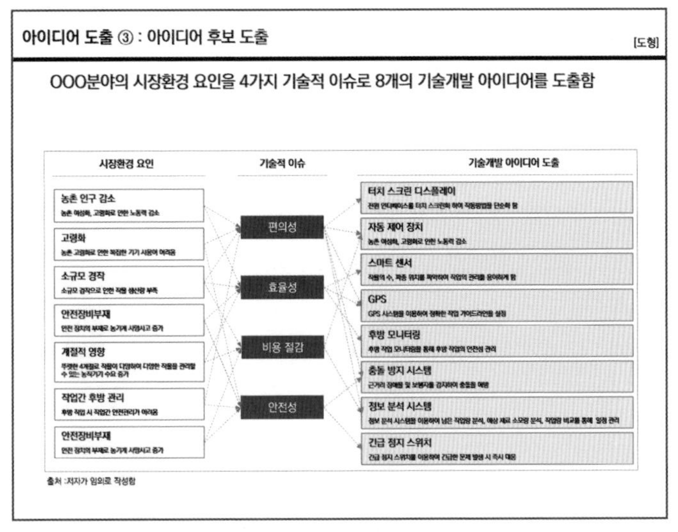

[포인트] 변화되는 과정을 설명할 때는 선(화살표)을 이용하는 것이 좋습니다.

기술개발 아이디어를 제시했습니다. 참고로 실제 업무현장에서 이러한 아이디어 도출과정은 상당히 많은 고민이 필요한 부분입니다.

작성사례 ④ 아이디어 확정

열심히 분석해서 여러 개의 기술개발 아이디어를 제시했는데, 또 박 과장님 호출이네요. 이번에는 우선순위까지 정해달라고 합니다. 음… 날강도가 따로 없네요. 하지만 박 과장님은 바쁘시니까 라고 생각해야지 어쩌겠어요.

우선순위를 도출하려면 먼저 각 아이디어에 대해 평가해야겠지요? 근거가 있어야 하니까요. 이럴 때는 우리의 만능비법인 '문차트'를 활용합니다. 이 경우에는 3단계(○, ◑, ●) 정도면 적당합니다. 평가결과를 바탕으로 다음 사례와 같이 깔끔하게 순위를 산정하면 됩니다.

아이디어 도출 ④ : 아이디어 확정 [도형]

8개의 기술개발 아이디어에 대한 우선순위를 도출함

● 진입장벽 낮음 ● 진입장벽 낮음 ● 3년 내 도래
◑ 진입장벽 보통 ◑ 진입장벽 보통 ◑ 3~6년 도래
○ 진입장벽 높음 ○ 진입장벽 높음 ○ 6년 이상 도래

기술개발 아이디어 도출	기술진입 매력도	시장매력도	상용화시기	우선순위
터치 스크린 디스플레이 편한 인터페이스를 터치 스크린을 통해 작동방법을 단순화 함	●	●	●	1순위
자동 제어 장치 농촌 여성화, 고령화로 인한 노동력 감소	○	●	◑	3순위
스마트 센서 작물의 수, 재배 면적을 제작하여 작업의 관리를 용이하게 함	◑	◑	◑	4순위
GPS GPS 시스템을 이용하여 정확한 작업 가이드라인을 설정	●	○	●	5순위
후방 모니터링 후방 작업 모니터링을 통해 후방 작업의 안전성 관리	○	◑	◑	6순위
충돌 방지 시스템 근거리 장애물 및 보행자를 감지하여 충돌을 예방	◑	○	◑	7순위
정보 분석 시스템 정보 분석 시스템을 이용하여 남은 작업량 분석, 예상 제곱 소요량 분석, 작업량 비교를 통해 일정 관리	●	●	●	2순위
긴급 정지 스위치 긴급 정지 스위치를 이용하여 긴급한 문제 발생 시 즉시 대응	○	○	●	8순위

출처 :저자가 임의로 작성함

[포인트] 여러 개의 아이디어가 있다면 확정된 결과만 보여주기보다 우선순위로 나타내는 것이 좋습니다.

[실전! 기획자료 만들기 2-2]

적용분야 도출하기

이제 도출된 기술개발 아이디어를 어느 제품에 적용할지를 정해야 합니다. 누차 이야기했듯이 기술은 제품으로 실현되어야 수익을 창출하기 때문이죠.

우리는 기업수익 극대화라는 사명을 가지고 있습니다. 수익을 극대화하려면 우리가 가진 기술이나 제품을 다양한 산업분야에 접목해 비즈니스 포트폴리오를 구축해야 합니다. 컨설턴트들은 이를 '적용분야를 도출한다'라고 합니다. 예를 들어 의류용 섬유소재를 제조하는 기업이라면 응용을 통해 건축용, 수송용, 의료용 등으로 제품적용분야를 확장하여 비즈니스를 다각화해야 합니다.

제품적용분야 도출절차는 아래와 같습니다.

① 기술적용 가능 분야 조사 → ② 조사된 적용분야별 제품특성(스펙 등)과 시장(규모, 경쟁, 수요 등)분석 → ③ 분석결과를 종합하여 적용분야 확정

그럼 위와 같은 도출절차별 실제 자료 작성방법과 작성사례를 살펴보겠습니다.

작성사례 ① 적용분야 조사

다음 쪽 자료는 우리 기업의 기술을 적용할 수 있는 분야를 분석한 사례입니다. 사례에서는 '기호'를 활용해 정리했습니다. 우선 기술적

적용분야 분석 ① : 적용분야 조사 [표][기호]

OOO소재의 물리적 특성을 가지고 있으며 다양한 산업의 보호, 안전 분야에 적용이 가능함

적용분야(안)		규격	물리적 특성					종합 검토
			투습성	방수성	방풍성	저항성	열저항	
건축용	지붕용	1.5m×50m	●	●	●	○	○	●
	주택, 건물용	75㎜×25m	○	○	●	●	○	●
수송용	차량용	74.6g	○	▲	●	●	○	▲
	선박용	104.6g	○	●	●	○	○	▲
보호용	포장, 피복제	74.6g	○	○	●	●	●	▲
	보호복	104.6g	○	○	○	●	●	●

● : 적용, ▲ : 일부 고려, ○ : 적용가능성 희박

출처 :저자가 임의로 작성함

[포인트] 글보다는 기호를 이용해서 자료를 깔끔하게 정리합니다.

용이 가능한 제품을 조사하고, 제품별로 필요한 기술적 스펙을 고려하여 적용 가능성을 판단했습니다. 이때 자료의 가장 오른쪽에는 사례와 같이 종합검토 결과를 함께 제시해야만 상사가 좀 더 수월하게 의사결정을 할 수 있습니다.

작성사례 ② 적용분야별 시장분석

우리가 개발한 기술의 결과물은 제품형태로 나오기 때문에 시장에 어떤 제품이 있는지를 파악하는 것이 매우 중요합니다. 이를 위해 실제 판매되는 제품을 유형별로 정리해야 하는데, 유형이 많다면 대표적인 것만 정리합니다. 이때 다음 쪽 자료처럼 실제 제품 이미지를 함께 넣으면 좀 더 이해하기 쉬워집니다. 때론 말로 주저리주저리 설명할 필요 없이 이미지만으로 보는 사람을 이해시킬 수 있으니까요.

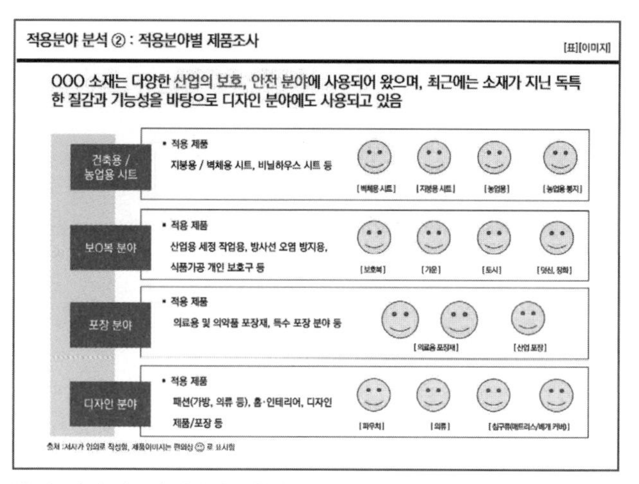

[포인트] 관련 제품의 이미지를 함께 제시하면 훨씬 쉽게 이해시킬 수 있습니다.

다음은 적용분야별로 시장환경을 분석해야 합니다. 기술적으로 적용 가능한 제품이 있더라도 시장성이 낮다면 매력적인 시장이 될 수 없기 때문이죠. 이런 측면에서 다음 사례처럼 제품별 시장규모, 경쟁

적용분야 분석 ③ : 적용분야별 시장분석

[표][도형]

OOO 소재의 주요 적용분야인 OO복 시장은 지속적으로 성장이 예상되며, MOOO사의 시장경쟁력으로 독주가 예상됨

OO복 시장

- 세계 OO복 시장은 2018년 89.1억 달러에서 연평균 6.2%의 성장률로 2025년 130억 달러에 이를 것으로 전망
  - 북미 지역이 2018년에 가장 높은 시장 점유율을 기록했으며, 전 세계 OO복 시장의 30%를 차지하며 선두를 차지
  - 아시아 태평양 지역은 2019년부터 2026년까지 10.7%의 높은 성장률을 보일 것으로 전망
  - 주요업체로는 미국(MOOO사, WOOO사), 중국(AOO사, TOO사) 등이 있음

[주요기업별 제품 스펙 비교]

기업명	제품명	물리적 특징					판매지역
		제습성	방수성	방안성	UV저항성	온도저항	
MOOO사	M-105	★★★	★★★	★★★	★★★	★★★	미국
WOOO사	W-7858	★★★	★★★	★★★	★★	★	유럽/한국/중국
AOO사	A-A001	★★★★	★★★★	★★	★★★★	★	한국/북미

출처 :저자가 임의로 작성함

[포인트] 적용분야가 많은 경우 가급적 한 페이지씩 나눠서 담는 것이 좋습니다.

기업 현황 등 시장현황을 파악해야 하고, 특히 경쟁제품에 대한 정확한 진단이 필요합니다.

작성사례 ③ 적용제품 확정

다음 자료는 기술적용 제품별로 시장환경 분석결과를 종합한 사례입니다. 분석내용이 많아지면 문서분량도 늘어나므로 사례처럼 분석결과를 종합해서 정리해주는 자료가 필요합니다. 아무리 중요한 내용이라도 한 번 보고 모두 기억하지는 못할 테니까요. 박 과장님의 기억력을 너무 과대평가하지 마십시오. 이렇게 정리하면 우리가 종합적인 시사점을 도출하기도 수월해집니다.

적용분야 분석 ④ : 결과 종합

[표]

아시아 지역뿐만 아니라 유럽 지역까지 해외 마케팅 영역을 확장하여 해외 네트워크 구축 및 현지 바이어 발굴 주력

응용 분야	시장전망	정책동향	산업계 수요
수송기기	• ('20년) 2.5조원 → ('25년) 3.4조원	• 정부는 수송부문에서의 미래 신시장 선점을 위한 연계전략 필요	• 군사용, 수송기기, 건축 분야에서 관련 생산기술의 수요 확대 예상
바이오소재	• ('20년) 5.1조원 → ('25년) 9.4조원	• '21.9월 「생명OO육성기본계획」발표	• 4차 산업혁명 주도 분야 차세대 먹거리로 주목
건축 구조물	• ('20년) 10조원 → ('25년) 20조원	• 지자체별 '지역OOO센터'를 설립하여 건축물 안전 집중 관리	• 화재, 지진 등에 안전한 건축자재에 대한 수요 확대
에너지 저장장치	• ('20년) 1,327억원 → ('25년) 3,052억원	• 미래 에너지 산업으로 에너지 효율, 에너지하베스팅 등 육성	• 고효율·고용량 에너지 하OOO 소자 등의 기술 수요 증가
환경오염 저감장치	• ('20년) 6.2조원 → ('25년) 8조원	• OO은 「미세먼지 관리 OOO대책」을 마련하여 OO년까지 국내 배출량의 30%를 감축목표 설정	• 실내 OO질 개선 및 OO입자를 제거하는 기술의 연구개발 활발
전자제품 소재	• ('20년) 5,900억원 → ('25년) 6,560억원	• 정부가 차세대 OOO체 R&D에 10년간 O조원 투자	• IT 용·복합 산업의 핵심부품으로 전자 OOO에 대한 수요 증가

출처 :저사가 임의로 작성함

[포인트] 종합정리를 할 때는 도형보다 표를 이용하는 것이 수월합니다.

위의 사례는 조사결과는 잘 정리되어 있지만 '해석'이 빠져 있습니다. 해석을 추가할 때 '문차트'를 활용하면 쉽게 의미를 전달할 수 있습니다. 문차트는 평가나 등급을 부여하는 효과도 있지만, 해석을 쉽게 정리해주는 효과도 있기 때문이죠. 예를 들면 다음 자료처럼 '2025년에 ○○만큼 성장하기 때문에 ○○시장은 매우 전망이 좋습니다'에서 '○○시장은 매우 전망이 좋습니다'의 의미를 '●'라는 문차트 하나로 표현할 수 있는 것이죠. 그리고 도형 옆에 '2025년 ○○만큼 성장'이라고 작게 써주면 자연스럽게 해당 문차트에 대한 작성 근거를 같이 보여줄 수 있습니다.

적용분야 분석 ⑤ : 결과 종합 [표][문차트]

아시아 지역뿐만 아니라 유럽 지역까지 해외 마케팅 영역을 확장하여 해외 네트워크 구축 및 현지 바이어 발굴 주력

매우 낮음 ○ ← 매력도 → ● 매우 높음

응용분야	시장전망	정책동향	산업계 수요
수송기기	● • ('20년) 2.5조원 → ('25년) 3.4조원	● • 정부는 수송부문에서의 미래 신시장 선점을 위한 연계전략 필요	◑ • 군사용, 수송기기, 건축 분야에서 관련 생산기술의 수요 확대 예상
바이오소재	○ • ('20년) 5.1조원 → ('25년) 9.4조원	○ • '21.9월 「생명OO육성기본계획」 발표	● • 4차 산업혁명 주도 분야 차세대 먹거리로 주목
건축 구조물	◑ • ('20년) 10조원 → ('25년) 20조원	◑ • 지자체별 '지역OOO센터'를 설립하여 건축물 안전 집중 관리	○ • 화재, 지진 등에 안전한 건축자재에 대한 수요 확대
에너지 저장장치	◑ • ('20년) 1,327억원 →('25년) 3052억원	● • 미래 에너지 산업으로 에너지 효율, 에너지하베스팅 등 육성	◑ • 고효율·고용량 에너지 하OOO 소자 등의 기술 수요 증가
환경오염 저감장치	◑ • ('20년) 6.2조원 → ('25년) 8조원	○ • OO은 「미세먼지 관리 OOO대책」을 마련하여 OO년까지 국내 배출량의 30%를 감축목표 설정	● • 실내 OO질 개선 및 OO입자를 제거하는 기술의 연구개발 활발
전자제품 소재	● • ('20년) 5,900억원 →('25년) 6560억원	◑ • 정부가 차세대 OOO체 R&D에 10년간 O조원 투자	○ • IT 융·복합 산업의 핵심부품으로 전자OOO에 대한 수요 증가

출처 :저자가 임의로 작성함

[포인트] 문차트를 이용하면 평가결과를 간단하게 정리할 수 있습니다.

[실전! 기획자료 만들기 2-3]

시장수요 분석하기

시장은 우리 제품을 구매하는 고객이라고 할 수 있습니다. 고객의 수요를 분석하는 일은 앞서 시장분석과는 비슷하면서도 다릅니다. '시장분석'이 정제된 자료에 기반하여 트렌드, 시장전망치 등을 분석하는 작업이라면, '시장수요분석'은 어찌 보면 날것 그대로의 시장을 분석하는 작업이라고 할 수 있습니다. 그만큼 기획자의 분석적 감각이 중요하게 작용됩니다. 시장수요분석의 결과물이 나중에 매출목표 설정이나 마케팅전략 수립 등의 기초자료가 되기 때문에 매우 중요한 작업이 됩니다.

시장수요를 알아보는 방식은 직접적인 방식과 간접적인 방식으로 나눌 수 있습니다. '직접적인 방식'은 말 그대로 고객에게 직접 물어보는 것을 말합니다. 대표적으로 우리가 자주 접하는 설문조사를 들 수 있습니다. 반면에 '간접적인 방식'은 고객수요를 파악할 수 있는 데이터를 활용하는 것을 말합니다. 요즘은 IT기술의 발달로 빅데이터분석이 주로 활용되고 있습니다.

과거에는 시장의 관심을 파악할 때 주로 설문조사, 인터뷰 등을 활용했지만, 최근에는 스마트기기 문화가 발전함에 따라 빅데이터분석을 통해 비즈니스 기회를 포착하는 사례가 자주 발생하고 있습니다. 필자는 빅데이터분석 결과가 비록 정제되지 않은 날것이지만, 설문조사보다 더 생생한 시장정보를 빠르게 확인하는 방법이라고 생각합니다. 이것은 우리가 설문조사에 답변하는 경우와 직접 관심사에 대해 인터넷 검색을 하는 경우 중 어느 경우에 더 솔직해지는지를 유추해보면 쉽게 이해할 수 있습니다.

그럼 시장수요분석에 대한 유형별 자료 작성방법과 작성사례를 살펴보겠습니다.

작성사례 ① 뉴스에 기반한 시장수요분석

사회적으로 관심 있는 이슈는 뉴스로 기사화됩니다. 우리가 새로운 정보를 얻기 위해 뉴스기사를 살펴보는 이유도 여기에 있으니까요. 따라서 우리는 뉴스기사를 체계적으로 분석해주는 서비스를 활용하여 최신 시장이슈를 파악해 볼 수 있습니다.

한국언론진흥재단에서는 '빅카인즈(www.bigkinds.or.kr)'를 통해 국내 54개 주요 언론사의 6천만 건 이상의 뉴스기사에 기반한 '뉴스 빅데이터 분석서비스'를 제공하고 있습니다. 다음 쪽 자료는 빅카인즈에서 '공기청정기'로 검색한 결과를 토대로 작성한 사례입니다.

검색 결과 연관단어로 '미세먼지'가 가장 많이 언급되어 있는데, 이를 통해 우리는 미세먼지로 인해 공기청정기 수요가 많아졌다는 판단을 할 수 있습니다. 또한 식기세척기, 가습기 등과 같은 가전제품들도 연관단어로 많이 언급되어 있는데, 이는 공기청정기와 더불어 청정가전제품에 대한 시장수요가 많아졌다는 사실을 의미합니다.

빅카인즈에서는 이러한 사실의 근거가 되는 뉴스기사도 검색할 수 있습니다. 이런 뉴스기사 빅데이터는 제품출시동향, 기술개발동향, 경쟁기업동향 등 분석목적에 따라 다양하게 활용할 수 있습니다.

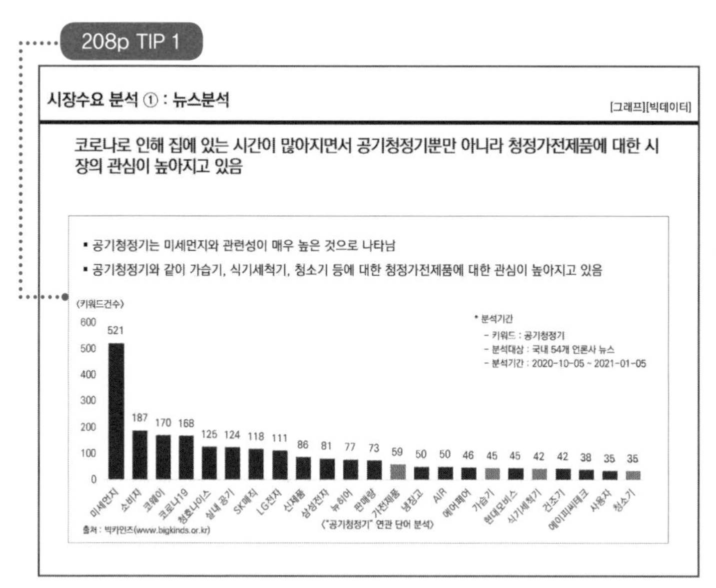

[포인트] 그래프 항목이 많을 때 강조하고 싶은 항목의 색상을 달리하면 보기 편합니다.

작성사례 ② 검색어에 기반한 시장수요분석

또 다른 빅데이터 활용사례를 살펴보겠습니다. 고객은 관심 있는 이슈가 있을 때 인터넷에서 검색을 합니다. 필자도 마찬가지죠. 이런 고객들의 검색키워드를 분석한다면 어떨까요? 아마도 고객들이 무엇에 관심이 있는지를 파악할 수 있겠죠.

이런 방식의 빅데이터분석의 장점은 2가지 정도로 볼 수 있습니다. 먼저 어제의 검색어도 오늘 분석이 가능할 만큼의 '데이터의 최신성'입니다. 또 하나는 '데이터의 신뢰성'입니다. 앞서 언급했듯이 우리는 설문조사에 응답할 때보다 검색창에 관심 검색어를 입력할 때 더 솔직해지니까요. 실제로 설문조사를 시행할 때 솔직하게 답변하기를 꺼리는 고객들의 성향 때문에 애를 먹는 경우가 많습니다.

우리가 쉽게 활용할 수 있는 검색키워드 분석 서비스는 크게 다음 2가지가 있습니다. 2가지 도구 모두 무료이면서 강력하죠.

1) 구글 트렌드

구글(www.google.com)의 검색키워드 통계를 제공하는 구글 트렌드(trends.google.com)는 세계 및 국가별 트렌드 검색이 가능하다는 장점이 있습니다. 단점은 성별, 연령대 등의 상세정보를 제공하지 않는다는 것이죠. (210쪽 TIP 2 참조)

2) 네이버 데이터랩

네이버(www.naver.com)의 검색키워드 통계를 제공하는 네이버 데이터랩(datalab.naver.com)은 성별, 연령대별 등의 상세정보를 제공한다는 장점이 있습니다. 또한 쇼핑을 목적으로 검색한 키워드까지

구글 트렌드와 네이버 데이터랩의 특징

구분	수요관심도		소비관심도
사이트	구글 트렌드	네이버 데이터랩	네이버 데이터랩
특징	• 국가별 검색 가능 • 방대한 데이터 수록(2004년부터) • 카테고리 검색 가능	• 데이터가 국내에 국한됨 • 2016년 데이터부터 검색 가능 • 카테고리 검색 가능 • 다양한 정보 제공(성별, 연령대별) • 네이버 검색키워드	• 데이터가 국내에 국한됨 • 2017년 8월 데이터부터 검색 가능 • 카테고리 검색 가능 • 다양한 정보 제공(성별, 연령대별) • 네이버쇼핑 검색키워드까지 가능
데이터 형태	검색기간 내 가장 높은 지점 대비 상대적 검색비율만 제공됨 (최대 100, 최소 0)		

분석이 가능합니다. 단점은 국내에 한정되어 해외 데이터는 제공하지 않는다는 것이죠. (212쪽 TIP 3 참조)

다음 자료는 '공기청정기'라는 검색키워드를 통해서 시장수요를 분석한 사례입니다. 비교를 위해 앞서 연관어로 등장했던 '식기세척기'를 같이 넣었습니다.

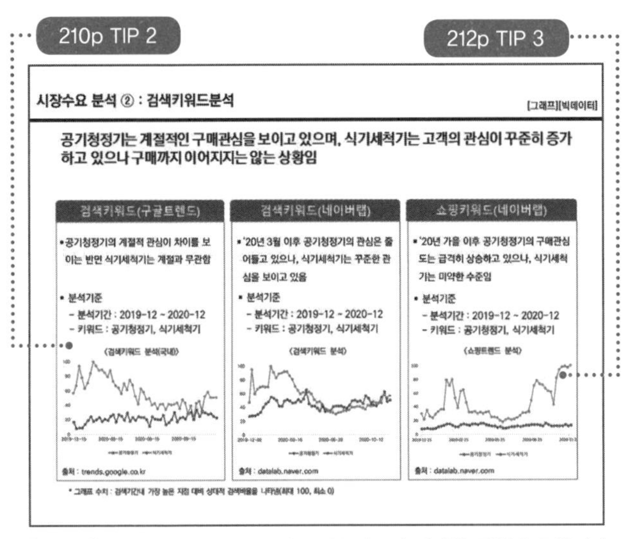

[포인트] 같은 항목에 대한 그래프들은 가급적 색상을 통일해야 합니다.

위의 사례에서는 구글 트렌드과 네이버 데이터랩의 검색패턴이 비슷하게 나왔네요. 해석이 중요하겠죠? 다양한 해석이 나올 수 있지만 다음 2가지 정도만 해석해 보겠습니다.

첫째, 계절적 영향입니다. 검색키워드 트렌드를 보면, '공기청정기'는 1~3월에 관심이 집중되는 반면, '식기세척기'는 계절적 영향이 없는 듯합니다. 쇼핑키워드를 보더라도 공기청정기 구매에 대한 관심은 2월 전후와 11월 전후에 집중되어 있습니다. 좀 더 살펴봐야겠지만 겨울이 되기 전에 공기청정기를 준비하는 것으로 보이죠. 즉, 공기청정기는 이미 겨울용 제품이라는 인식이 시장에 심어진 듯합니다.

둘째, 관심을 가진 후 구매할 때까지의 기간입니다. 데이터를 보면 공기청정기의 경우 1월부터 관심(키워드 검색)을 보인 후 구매를 위한 쇼핑(쇼핑키워드 검색)은 2월경부터 시작하는 것으로 보입니다.

고객은 어떤 제품을 구매할 때 사전에 여러 제품에 대해 기능, 성능 등을 조사하고, 구매할 제품을 정한 후에는 여러 쇼핑사이트에서 가격, 납기 등을 고려하여 구매버튼을 누르게 됩니다. 자료를 보면 고객들이 공기청정기에 대한 관심을 보인 후 실제 구매를 결정하는 시기는 1~2월임을 알 수 있습니다. 이러한 분석결과로만 제품출시 시기를 정한다면 1월 이전이 될 수 있겠네요. 그래야 고객의 관심목록에 들어갈 수 있으니까요. 반면에 식기세척기에 대해서는 고객들이 계절적 영향을 받지 않고 꾸준한 구매관심을 보이는 듯합니다.

너무 길어졌네요. 이쯤에서 마무리해야겠습니다. 아무튼 검색키워드분석이 고객수요를 간접적으로 파악하는 좋은 재료라는 점은 틀림없는 것 같습니다.

[실전! 기획자료 만들기 2-4]

경쟁구도 분석하기

지금까지 시장의 특성을 어느 정도 파악해 봤습니다. 이제 무엇을 해야 할까요? 신제품을 시장에 내놓는다고 해서 모두 성공하지는 않습니다. 치열한 경쟁에서 이겨야 하니까요. 그러므로 얼마나 시장에 진입하기 쉬운지를 파악해야겠죠. 시장에 진입하기 어려운지 쉬운지를 전문용어로 표현하면 '시장매력도가 높다 또는 낮다'라고 합니다. 우리는 기획자니까 이 정도 전문용어는 써야겠죠. 뭔가 있어 보이기도 하고요.

이젠 경쟁현황을 어떤 분류를 기준으로 분석할지를 생각해 봐야 합니다. 분류를 하다 보면 어떤 건 빠지고 어떤 건 중복되는 경우가 많죠. 이럴 때 많은 기획 관련 책에서 'MECE(Mutually Exclusive Collectively Exhaustive)기법'을 강조합니다. '상호 배제되고, 합쳐놓으면 전체를 포괄해야 한다'라는 논리적 사고방식이죠. 하지만 우리는 MECE기법을 적용해 고민할 시간이 없습니다. 아니 못하는 것일 수도 있습니다. 웬만한 내공이 없으면 활용하기 어려운 기법이니까요. 그러니 우리는 잘 되어 있는 분석기법을 따라합시다. 유식한 말로 벤치마킹합시다.

박 과장님보다 더 위대한 기획자가 만들어놓은 분석 프레임을 따라하면 됩니다. 마이클 포터 교수가 고안한 '5-Force기법'이 딱! 이겠네요. 기획을 한 번이라도 해본 사람이라면 이 교수의 이름을 들어봤을 겁니다. 만약 박 과장님이 모른다면 '마이클 포터 교수의 분석

기법도 모르다니 공부 좀 하셔야겠어요'라고 (마음속으로) 외쳐도 됩니다. 그만큼 검증된 분석기법이니까요.

5-Forces분석은 산업을 중심으로 분석하기 때문에 '산업구조분석'이라고 부르기도 합니다. 이 책에서는 '경쟁구도분석'이라고 부르겠습니다. 5-Force분석은 '신규기업 진입 위협, 기존 경쟁사 간 경쟁, 대체품 위협, 구매자 교섭력, 공급자 교섭력, 대체재 위협' 등 5가지 힘(Force)으로 분류됩니다.

이를 통해 종합적인 시장매력도를 분석할 수 있습니다. 시장매력도는 이 시장에 뛰어들어야 할지, 철수해야 할지 등 기업 의사결정에 중요한 근거가 됩니다. 5-Force분석의 기본적인 모습은 다음과 같습니다. 최대한 단순하게 그렸는데 쉽게 이해되는지요? 작성사례로 자세히 알아볼 테니 이해 못하겠다고 걱정하지는 마십시오.

5-Force분석의 기본 모습

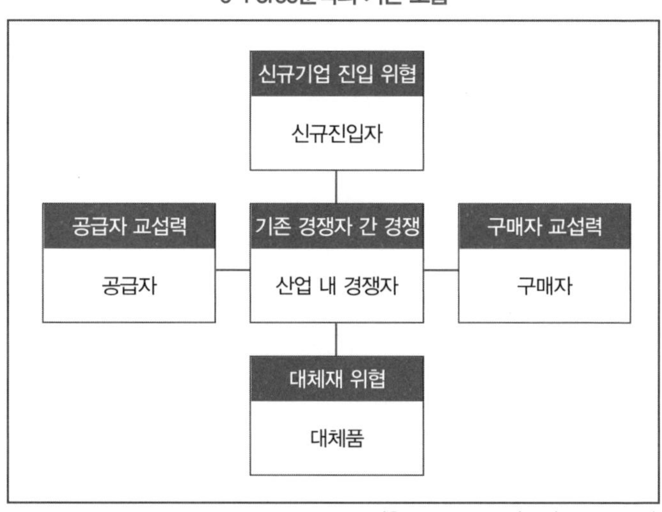

〈출처 : 마이클 포터(1900), 저자 재구성〉

5-Force분석은 각 요인별로 분석하여 종합적으로 해석하면 됩니다. 그럼 5가지 요인별 작성사례를 살펴보겠습니다.

작성사례 ① 신규진입자 위협분석

가장 먼저 신규진입자의 위협을 살펴봐야 합니다. 다음 사례처럼 산업에 신규진입자가 얼마나 들어오기 쉬운지를 살펴보는 것이죠. 다른 말로 '진입장벽'이라고 합니다. 진입장벽이 높다면 신규진입자가 들어오기 힘들고, 진입장벽이 낮다면 그만큼 신규진입자가 들어오기 수월하다고 볼 수 있습니다.

자료를 만들 때는 사례처럼 진입장벽을 세부 요인으로 분류하고 각 요인별 분석결과를 표로 정리합니다. 정리가 완료되면 경쟁강도 수준을 '문차트'를 이용해서 5단계로 표시하고, 각 요인별 수준을 평균으로 환산해서 종합평가결과를 기입하면 됩니다.

5-Force 분석 : 신규기업 진입위협 [표][문차트]

경쟁강도: 매우 낮음 ← → 매우 높음

1점 ○	2점 ◔	3점 ◑	4점 ◕	5점 ●

구분	세부 요인	분석결과	경쟁강도	
			현재	미래
진입장벽	규모의 경제	• 신규진입자가 규모의 경제를 이루는 데 상당한 시간이 필요함	●	◑
	제품차별화	• 기술이 보편화됨에 따라서 기술의 장벽은 낮아짐 • 현재 기업들의 제품 차별화 이점이 많이 사라져 있음	◑	●
	소요자본	• 사업 초기 기계설비, 부지매입 등 투자자본이 많이 필요함 • 산업의 트렌드가 바뀌면서 소요자본은 낮아지고 있음	◑	●
	원가우위	• 유통플랫폼이 다각화되면서 신규진입자는 원가 우위를 모색하기 힘듦	◑	○
	정부정책	• 정부 규제완화로 신규진입자의 진출에 제약이 사라짐	○	◑
	...	...	...	...
종합평가		• 다국적 기업간 경쟁 예상 • 해외 기업 대비 우위인 서비스(대응력) 역량으로 경쟁우위 구축	◑ (3.5)	◑ (3.1)

출처 : 저자가 임의로 작성함

[포인트] 문차트를 이용하면 평가결과를 간단하게 보여줄 수 있습니다.

그럼 진입장벽이 높은 게 좋을까요, 낮은 게 좋을까요? 이는 기업이 처한 상황에 따라 다르게 해석될 수 있습니다. 기존 기업이라면 진입장벽이 높아서 새로운 경쟁자가 출현하지 않으면 좋겠죠. 반면에 신규진입자 입장에서는 반대일 것입니다.

예를 들어 치킨집은 진입장벽이 낮은 대표적인 업종입니다. 장점은 누구나 쉽게 차릴 수 있다는 것이죠. 단점은 그만큼 경쟁업체가 많아져서 출혈경쟁에 시달린다는 것입니다. 그래서 사업을 안정적으로 영위하려면 해당 산업에 대한 시장진입장벽이 높아야 합니다. 예를 들어 시장에 진입할 때 투자금이 많이 들거나, 기술보호를 통해서 독점권을 인정받거나, 규제로 묶여서 신규진입자가 들어오지 못하는 산업 등은 진입장벽이 높게 형성됩니다. 이 외에도 진입장벽을 높이는 요인들은 매우 다양합니다.

작성사례 ② 산업 내 경쟁자분석

다음은 산업 내 경쟁자분석입니다. 다음 쪽 사례처럼 현재 동일 산업 내에서 사업을 영위하는 기업들 간의 경쟁현황을 살펴보는 것이죠. 경쟁현황이 심하다면 치열한 경쟁을 해야 하고, 이로 인해 수익도 낮아집니다. 시장에서 경쟁은 피할 수 없으므로 우리 기업이 살아남으려면 브랜드 인지도를 높이거나, 차별화된 서비스를 보유하는 등의 차별화를 통해 경쟁우위를 차지해야 합니다.

산업 내 경쟁자분석도 사례처럼 세부 요인별로 정리한 후 '문차트'를 이용해 요인별 평가결과와 종합평가결과를 표시하면 됩니다.

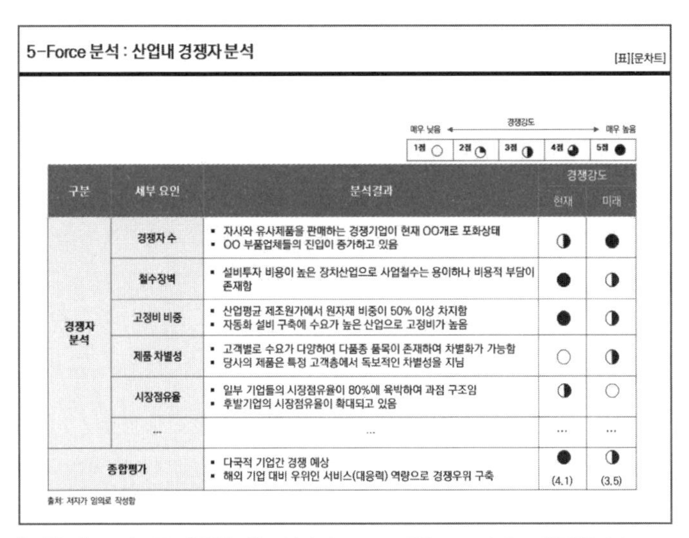

5-Force 분석 : 산업내 경쟁자 분석 [표][문차트]

경쟁강도: 매우 낮음 ← → 매우 높음

1점 ○	2점 ◔	3점 ◑	4점 ◕	5점 ●

구분	세부 요인	분석결과	경쟁강도	
			현재	미래
경쟁자 분석	경쟁자 수	▪ 자사와 유사제품을 판매하는 경쟁기업이 현재 OO개로 포화상태 ▪ OO 부품업체들의 진입이 증가하고 있음	◑	●
	철수장벽	▪ 설비투자 비용이 높은 장치산업으로 사업철수는 용이하나 비용적 부담이 존재함	●	◑
	고정비 비중	▪ 산업평균 제조원가에서 원자재 비중이 50% 이상 차지함 ▪ 자동화 설비 구축에 수요가 높은 산업으로 고정비가 높음	●	◑
	제품 차별성	▪ 고객별로 수요가 다양하여 다품종 품목이 존재하여 차별화가 가능함 ▪ 당사의 제품은 특정 고객층에서 독보적인 차별성을 지님	○	◑
	시장점유율	▪ 일부 기업들의 시장점유율이 80%에 육박하여 과점 구조임 ▪ 후발기업의 시장점유율이 확대되고 있음	◑	○
	…	…	…	…
종합평가		▪ 다국적 기업간 경쟁 예상 ▪ 해외 기업 대비 우위인 서비스(대응력) 역량으로 경쟁우위 구축	● (4.1)	◑ (3.5)

출처: 저자가 임의로 작성함

[포인트] 문차트를 이용할 때는 일반적으로 구간을 3~5단계로 설정합니다.

작성사례 ③ 대체재의 위협분석

다음은 대체재의 위협분석입니다. 고객요구를 충족시켜줄 다른 제품이 존재하는지 살펴보는 것이죠. 소고기가 비싸면 돼지고기를 찾는 것처럼, 우리 기업이 속한 산업과 서로 대체할 수 있는 관계의 제품을 분석하는 작업을 말합니다. 대체재의 가격 및 효능, 대체재에 대한 구매자의 성향, 교체비용 등에 따라서 우리 산업이 위협을 받게 되므로 타 산업이 얼마나 우리를 대체할 수 있느냐를 파악하는 작업은 매우 중요합니다.

이때도 다음 쪽 사례처럼 대체재의 위협을 세부 요인별로 분류한 후 '문차트'를 이용해 요인별 평가결과와 종합평가결과를 표시하면 됩니다.

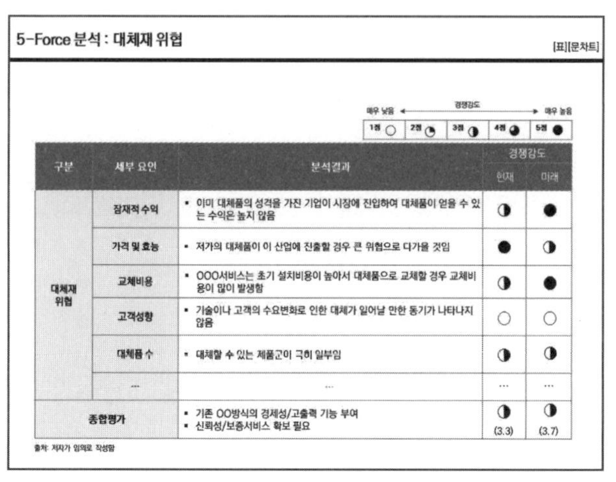

5-Force 분석 : 대체재 위협 [표][문차트]

매우 낮음 ← 경쟁강도 → 매우 높음

1점 ○	2점 ◔	3점 ◑	4점 ◕	5점 ●

구분	세부 요인	분석결과	경쟁강도	
			현재	미래
대체재 위협	잠재적 수익	▪ 이미 대체품의 성격을 가진 기업이 시장에 진입하여 대체품이 얻을 수 있는 수익은 높지 않음	◑	●
	가격 및 효능	▪ 저가의 대체품이 이 산업에 진출할 경우 큰 위협으로 다가올 것임	●	◑
	교체비용	▪ OOO서비스는 초기 설치비용이 높아서 대체품으로 교체할 경우 교체비용이 많이 발생함	◑	●
	고객성향	▪ 기술이나 고객의 수요변화로 인한 대체가 일어날 만한 동기가 나타나지 않음	○	○
	대체품 수	▪ 대체할 수 있는 제품군이 극히 일부임	◑	◑
	...	...	...	...
종합평가		▪ 기존 OO방식의 경제성/고출력 기능 부여 ▪ 신뢰성/보증서비스 확보 필요	◑ (3.3)	◑ (3.7)

출처: 저자가 임의로 작성함

[포인트] 문차트를 사용할 때는 항상 범례를 표시해줘야 합니다.

작성사례 ④ 공급자의 교섭력분석

다음은 공급자의 교섭력분석입니다. 다음 사례처럼 구매자에 비해 생산자의 힘이 높은지 낮은지를 살펴보는 것입니다. 공급자 교섭력

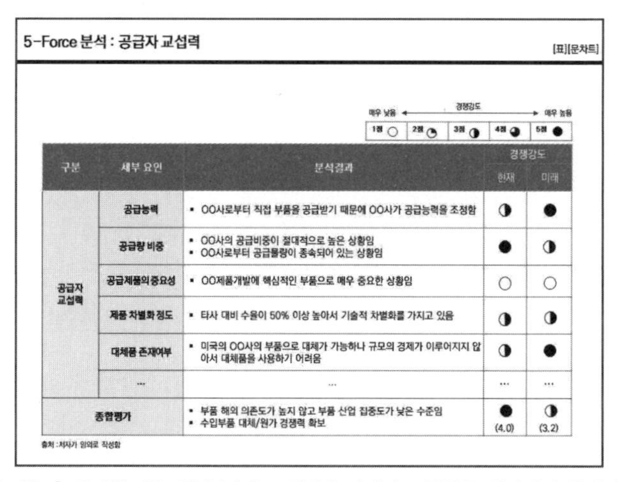

5-Force 분석 : 공급자 교섭력 [표][문차트]

매우 낮음 ← 경쟁강도 → 매우 높음

1점 ○	2점 ◔	3점 ◑	4점 ◕	5점 ●

구분	세부 요인	분석결과	경쟁강도	
			현재	미래
공급자 교섭력	공급능력	▪ OO사로부터 직접 부품을 공급받기 때문에 OO사가 공급능력을 조정함	◑	●
	공급량 비중	▪ OO사의 공급비중이 절대적으로 높은 상황임 ▪ OO사로부터 공급물량이 종속되어 있는 상황임	●	◑
	공급제품의 중요성	▪ OO제품개발에 핵심적인 부품으로 매우 중요한 상황임	○	○
	제품 차별화 정도	▪ 타사 대비 수율이 50% 이상 높아서 기술적 차별화를 가지고 있음	◑	◑
	대체품 존재여부	▪ 미국의 OO사의 부품으로 대체가 가능하나 규모의 경제가 이루어지지 않아서 대체품을 사용하기 어려움	◑	●
	...	...	...	...
종합평가		▪ 부품 해외 의존도가 높지 않고 부품 산업 집중도가 낮은 수준임 ▪ 수입부품 대체/원가 경쟁력 확보	● (4.0)	◑ (3.2)

출처 :저자가 임의로 작성함

[포인트] 평가할 때는 현재/미래로 구분해 경쟁강도 변화를 살펴봐야 합니다.

이 낮다면 구매자 입장에서는 공급자를 마음대로 고를 수 있고 수익도 높아집니다. 반대로 공급자 교섭력이 높다면 공급자가 결정하는 가격에 따라 구매자는 구매할 수밖에 없고 수익도 낮아집니다.

공급자의 교섭력분석도 사례처럼 세부 요인별로 정리한 후 '문차트'를 이용해 요인별 평가결과와 종합평가결과를 표시하면 됩니다.

작성사례 ⑤ 구매자의 교섭력분석

다음은 구매자의 교섭력분석입니다. 다음 사례처럼 생산자에 비해 구매자의 힘이 높은지 낮은지를 살펴보는 것입니다. 생산자가 만드는 제품의 90%를 하나의 구매자가 가져간다면 가격을 누가 결정할까요? 납기는요? 모두 구매자가 결정할 것입니다. 이럴 때 구매자의 교섭력이 크다고 할 수 있죠. 즉, 구매자의 요구에 생산자는 따라갈 수밖에 없습니다. 최근의 배달앱산업이 대표적입니다. 배달의 민족,

5-Force 분석 : 구매자 교섭력 [표][문차트]

매우 낮음 ← 경쟁강도 → 매우 높음

1점 ○	2점 ◔	3점 ◑	4점 ◕	5점 ●

구분	세부 요인	분석결과	경쟁강도	
			현재	미래
구매자 교섭력	구매능력	▪ 고객성향이 변화함에 따라서 구매비중이 높아지고 있음 ▪ 온라인 플랫폼의 확대로 구매가 지속적으로 증가하는 추세임	◑	●
	구매량 비중	▪ 2~3개 구매자의 구매량이 총 판매량의 60% 이상을 차지하고 있음	●	◑
	구매자의 중요성	▪ 입소문에 민감한 산업특성상 구매자의 중요성이 커짐	○	○
	제품 차별화 정도	▪ 브랜드를 주로 따지는 산업으로 브랜드 이미지가 제품 차별화로 인식됨	●	◑
	구매자 수	▪ 온라인 구매가 활성화되면서 구매자수가 지속적으로 증가하고 있음	○	○
	...	...	...	...
종합평가		▪ 수요업종 대형화로 협상력 열위, 신성장산업으로 전방산업 다각화 ▪ 플랫폼 다각화 전략 마련 필요	◑ (3.8)	◑ (3.1)

출처: 저자가 임의로 작성함

[포인트] 문차트의 범례표시는 가급적 표 오른쪽 상단에 배치하는 것이 좋습니다.

요기요가 국내 배달시장의 90% 이상을 차지하고 있는 상황에서 치킨집 점주 입장에서 다른 현실적 대안이 없으므로 따라가는 수밖에 없는 것이죠. 구매자의 교섭력분석도 세부 요인별로 정리한 후 '문차트'를 이용해 요인별 평가결과와 종합평가결과를 표시하면 됩니다.

작성사례 ⑥ 결과종합

이렇게 5-Force 5개 분석요인별로 경쟁강도분석을 완료했습니다. 그런데 여기서 끝내면 안 되겠죠? 모든 분석의 마무리는 항상 종합결과 해석이니까요. 다음 사례처럼 각 요인별 분석결과를 5-Force분석 프레임에 맞게 작성하고, 경쟁강도 변화(현재→미래)까지 함께 표시합니다. 이때도 사례처럼 종합적인 시사점과 대응전략을 필수적으로 제시해야 합니다.

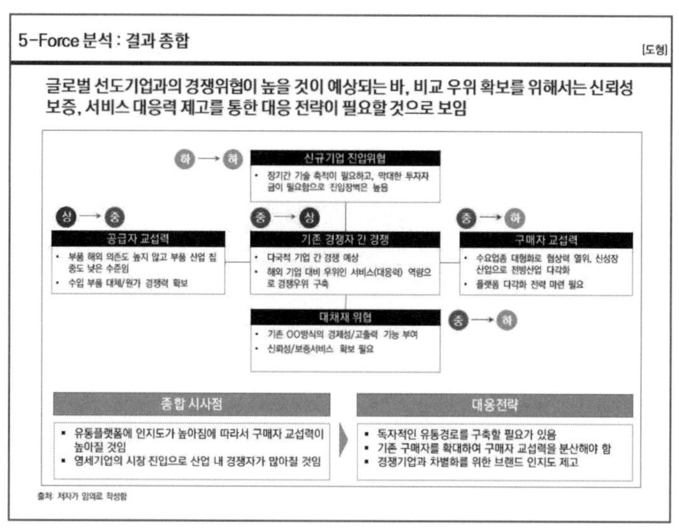

[포인트] 프레임 워크는 최대한 기본 모형으로 작성하는 것이 좋습니다.

[실전! 기획자료 만들기 2-5]

수익시장 도출하기

이제 우리가 진입하려는 시장의 규모가 어느 정도인지를 도출해야 합니다. 그런데 기획회의를 준비하면서 이미 시장규모를 제시했는데 이런 작업이 왜 필요할까요? 이 책을 예로 들어 설명해 보겠습니다.

이 책은 누구(시장)를 위해서 만들어졌을까요? 바로 기획서를 작성할 때 필요한 실무지식을 쉽게 이해할 수 있도록 작성되었습니다. 즉, '기획자를 위한 책'이라고 할 수 있죠. 그런데 만약 기획의 달인이 이 책을 보면 뭐라고 할까요? '별로 특별한 게 없네', '돈이 아깝다'라며 울분을 토하겠죠. 환불을 요구할 수도 있습니다.

반면에 신입기획자라면 '실무에 도움이 많이 되겠네', '돈이 아깝지 않아'라며 좋아하겠죠. 물론 희망사항이지만요. 따라서 이 책의 시장(고객)은 '기획의 달인'이 아니라 '신입기획자'입니다. 실제로 그런 시장(독자)을 목적으로 목차를 잡고 콘텐츠를 담았으니까요.

즉, 우리가 바라보는 시장(기획자)과 수익시장(신입기획자)은 다르다는 것입니다. 만약 '모든 기획자'를 위해 이 책을 만들었다면 분량이 백과사전처럼 두꺼워졌을 것입니다. 출간되지 못했을 수도 있겠죠. 이처럼 명확하게 수익시장을 정의해야만 그에 맞는 기획을 할 수 있습니다. 그래야 우리의 기획서가 빛을 발할 수 있고요.

수익시장을 도출하려면 우리가 속한 전체 시장을 잘게 분해해야 합니다. 이때 활용할 수 있는 접근법으로 'TAM-SAM-SOM 개념'이 있습니다. 그리 친근감 있는 이름은 아니죠? 하지만 투자기관에

TAM-SAM-SOM의 기본 개념

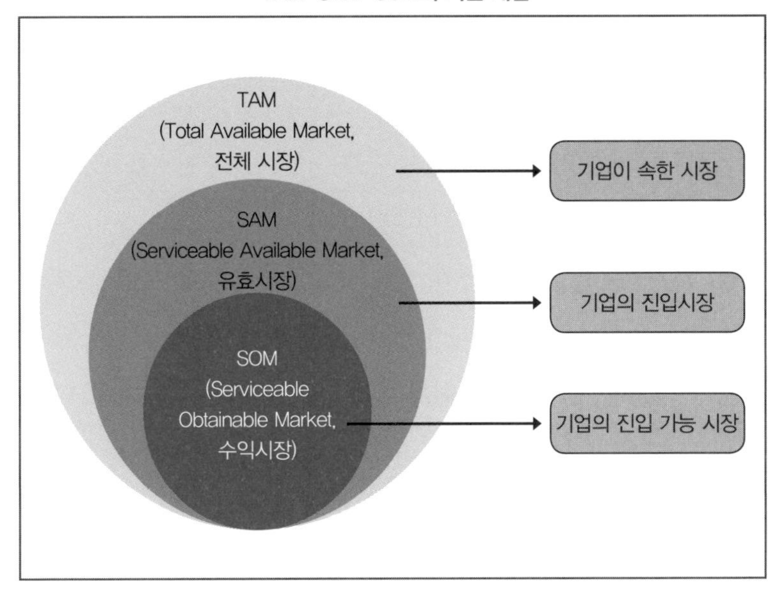

서 기업투자를 검토할 때 시장규모를 바라보는 관점이라고 하니 익히고 넘어갑시다. 투자용 기획서를 작성할 수도 있으니까요. TAM-SAM-SOM 개념은 위의 그림처럼 시장을 바라보는 3가지 관점을 의미합니다. 위 3가지 관점의 의미는 다음과 같습니다.

1) TAM(Total Available Market, 전체 시장)

기업의 제품(서비스) 카테고리 영역 전체 시장을 의미합니다. 기업이 속한 전체 시장이 어느 정도 규모인지를 설명하기 위해 사용합니다. 블랙박스 카메라를 만드는 기업에게는 블랙박스 시장이 될 수 있겠죠.

TAM-SAM-SOM의 의미

구분	의미	예시
TAM (전체 시장)	기업이 조망하고 있는 전체 시장의 규모	블랙박스 시장
SAM (유효시장)	기업이 실질적으로 진입하려고 하는 시장의 규모	블랙박스 카메라 시장
SOM (수익시장)	기업이 초기에 접근 가능하거나 확보 가능한 시장규모	2년 이내 달성 가능한 블랙박스 카메라 시장

2) SAM(Serviceable Available Market, 유효시장)

기업의 제품(서비스)이 실제로 목표로 하는 시장을 의미합니다. 경쟁기업과 경쟁하는 '시장의 합'이라고 할 수 있습니다. 우리의 시장 점유율이 100%라고 했을 때의 시장규모를 말합니다. 블랙박스 카메라를 만드는 기업에게는 블랙박스 카메라 시장이 될 수 있습니다.

3) SOM(Serviceable Obtainable Market, 수익시장)

기업이 실제 확보할 수 있는 목표시장규모를 의미합니다. 신사업을 추진하여 초기 단계에 점유할 수 있는 시장규모를 말합니다. 블랙박스 카메라를 만드는 기업이라면 2년 이내의 점유할 수 있는 블랙박스 카메라 시장규모가 될 수 있습니다.

작성사례 ① 수익시장 도출

다음 쪽 자료는 TAM-SAM-SOM 개념을 적용하여 수익시장을 도출한 사례입니다. 개념은 복잡하지만 의외로 작성하기는 어렵지 않습니다. 이런 자료는 기업이 속한 전체 시장에서 실질적인 수익시

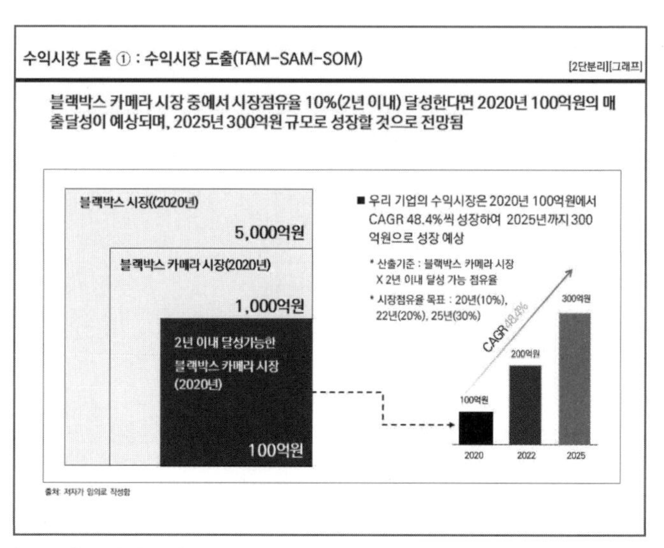

[포인트] 도형을 이용해 규모나 단계를 효과적으로 표현할 수 있습니다.

장으로 좁혀지는 형태로 작성하는 방식이 좋습니다. 이때 '도형'을 이용하여 자료의 의미를 한눈에 파악하게 해주는 방식이 가장 효과적입니다. 사례의 좌측 자료에서도 도형을 이용해 유효시장 내에서 우리 기업이 점유할 수 있는 수익시장을 제시하고 있습니다.

이제 위와 같은 수익시장을 산출한 근거를 제시해야 합니다. 그렇지 않으면 또 '그렇게 생각한 근거가 뭐야'라는 박 과장님의 지적을 받을 테니 말이죠. 이럴 때는 위의 사례처럼 성장전망치를 함께 제시해야 한다는 점이 중요합니다. 수익시장은 단기 목표이지 최종 목표는 아니므로 향후 유효시장을 얼마나 잠식할 수 있을지를 보여줘야 하기 때문이죠. 이때 성장전망치를 유효시장보다 높게 제시하면 안 된다는 점에 유의해야 합니다. 앞서 설명했듯이 유효시장은 우리 기업의 시장점유율이 100%였을 때 시장규모를 의미하니까요.

작성사례 ② 시장 포트폴리오분석

이제 목표시장을 국내로 고집하는 시대는 지났습니다. 세계시장을 바라봐야 합니다. 그렇다고 전 세계 모든 나라를 사업타깃으로 고려하는 것은 시간낭비입니다. 2019년 기준 UN 회원국만 195개 나라가 있다고 하니 당연히 우선진출 대상 국가를 선별해야겠지요

그런데 우선진출 국가를 분석하기에는 국가수가 너무 많습니다. '표'로 작성하자니 너무 복잡하고 '그래프'를 활용하자니 장표를 많이 차지할 뿐 아니라 한눈에 파악하기도 어렵습니다. 이럴 때 컨설턴트들은 '매트릭스'를 활용합니다. 매트릭스의 장점이 자료의 의미를 한눈에 파악하기 쉽게 해준다는 데 있기 때문이죠.

매트릭스는 필자를 포함한 기획자들이 기획서를 작성할 때 1개 이상은 반드시 사용할 만큼 애용하는 도구입니다. 많은 데이터와 항목들을 그래프 하나로 깔끔하게 정리해주기 때문이죠.

매트릭스를 작성할 때는 축(X축, Y축)을 잘 설정해야 한다는 데 유의해야 합니다. 어떤 항목으로 축을 설정할지는 작성목적에 따라서 달라지기 때문에 정답은 없습니다. 매트릭스는 작성목적에 따라서 달리 불리기도 합니다. 시장타깃을 도출하기 위해서 작성한다면 '시장 포트폴리오'라고 하고, 경쟁제품과의 비교를 위해 작성한다면 '제품 포트폴리오'라고 하는 식이죠.

다음 쪽 자료는 많은 국가들의 시장매력도(시장규모, 시장성장률)를 한눈에 비교하기 위해 매트릭스를 활용한 사례입니다. X축은 2025년의 시장규모, Y축은 2025년까지의 시장성장률로 설정한 후 국가별 시장 데이터에 따라 좌표를 표시했습니다. 또한 각 좌표별 시장규

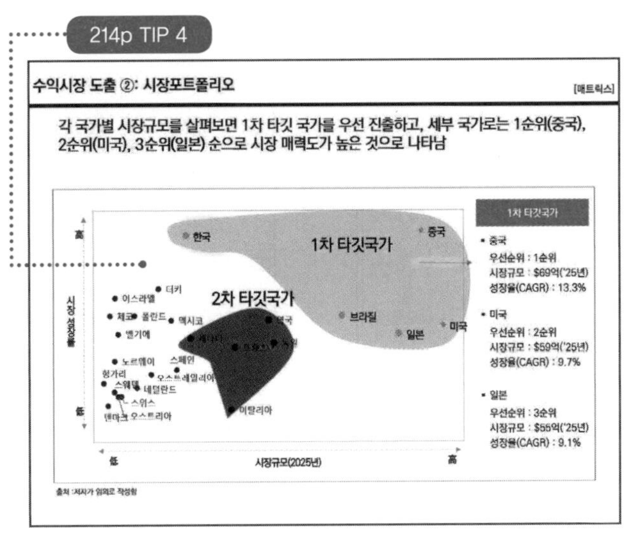

[포인트] 매트릭스는 X축과 Y축의 설정방법에 따라 다양하게 활용할 수 있습니다.

모(X축)와 시장성장률(Y축) 분석에 따른 1, 2차 시장진출 타깃국가군을 '도형'으로 표시했습니다.

'매트릭스'는 2가지 축을 동시에 해석할 수 있게 해준다는 장점이 있습니다. 사례를 보면, 매트릭스를 통해 한국은 미국에 비해 시장규모는 작은 반면 시장성장률은 더 높다는 사실을 알 수 있습니다. 시장이 작다는 것은 그만큼 경쟁자가 적다는 것을, 시장성장률이 높다는 것은 앞으로 시장이 커지는 속도가 빨라진다는 것을 의미합니다. 즉, 한국시장은 빨리 진출하면 높은 수익을 올리기 수월하다는 의미이므로 우리 기업의 1차적인 시장진출 국가로 선정할 수 있겠죠.

작성사례 ③ 무료 이미지 활용

앞서 매트릭스를 이용해 설정한 타깃국가를 보기 좋게 정리해 보

220p TIP 5

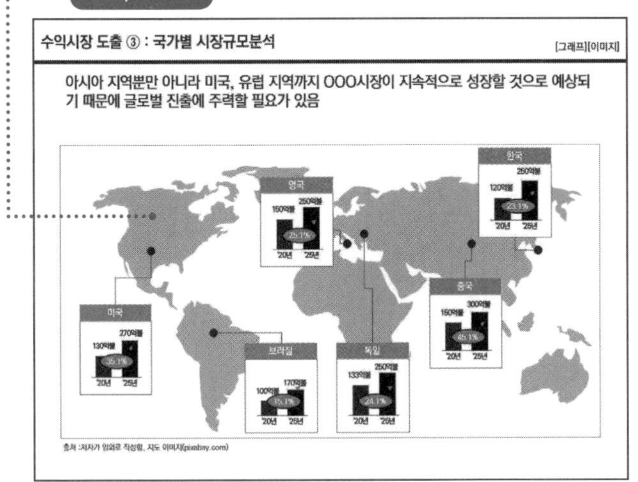

[포인트] 자료에 이미지가 필요할 때는 무료 이미지 제공 사이트를 이용합니다.

겠습니다. 표와 그래프는 많이 활용해 봤으니 이번에는 '이미지'를 활용해 볼까요? 위의 사례에서는 '세계지도' 이미지를 배경으로 깔고 타깃국가의 시장현황(2020년), 전망(2025년), 성장률(%)을 '그래프'로 표현했습니다. 이렇게 작성하면 '표'로 정리했을 때보다 타깃국가의 위치와 시장규모를 쉽게 파악할 수 있습니다.

기획서를 작성하다 보면 위의 사례처럼 '이미지'가 필요한 경우가 종종 발생합니다. 이럴 때 구글, 네이버 등에서 검색한 이미지를 활용하면 자칫 저작권 문제가 발생할 수 있으므로 무료 이미지를 제공하는 사이트를 이용하는 것이 좋습니다. 대표적인 무료 이미지 사이트로는 '픽사베이(pixabay.com)'가 있는데, 해당 사이트의 자세한 활용법은 220쪽 'TIP 5'를 참조하십시오.

02

그래서 의미가 무엇인가

김 대리 : 지금까지 분석한 내용을 구체적으로 설명해 드렸습니다.
박 과장 : 음, 너무 복잡한데… 그래서 의미가 뭐야?
김 대리 : 우리의 적용분야는 ○○이고, 시장수요는 ○○이고, 경쟁강도는 ○○이고, 수익시장은 ○○입니다.
박 과장 : 그건 알겠는데, 이 많은 내용을 내가 어떻게 사장님께 보고하나? 분석결과를 체계적으로 종합해서 이야기해줘야지!

구체화작업을 통해 기술개발 아이디어도 도출했고 목표시장도 도출했는데 박 과장님은 '그래서 의미가 뭐야?'라고 합니다. 이 무슨 말도 안 되는 상황인가요? 이제는 정말로 못 알아먹겠죠. 도대체 박 과장님의 머릿속에는 무엇이 들었는지 들여다보고 싶을 겁니다. 장표나 분석자료마다 내 생각까지 넣어서 작성했는데 말이죠.

박 과장님의 의도를 알아보기 위해 지금까지 작성한 자료들을 다시 한 번 살펴봅시다. 정보가 너무 많고 상당히 복잡하다는 생각이 들 겁니다. 이때 필요한 것이 '종합적인 해석'입니다. 우리가 개별적으로 분석했을 때와 달리 종합적으로 살펴보면 미처 못 봤던 것을 발견할 수 있습니다.

그럼 어떻게 '종합'하면 될까요? 바로 '분석 프레임'에 따라 재정리해야 합니다. 분석 프레임은 종합적인 검토에 최적화된 도구니까요. 아마도 이것이 박 과장님이 원하는 바가 아닐까요? 박 과장님은 이미 기획의 달인입니다. 그렇기에 머릿속에 분석 프레임이 사고방식으로 자리잡고 있습니다. 우리의 목적은 기획서로 설득하는 것입니다. 그러니 박 과장님의 사고방식에 맞춰야 합니다.

그럼 3C, 5-Force, 3P, 4P, 7S, PEST, STEEP, SWOT 등 무수히 많은 분석 프레임 중에서 어떤 것을 활용해야 할까요? 이럴 때 우리는 새로운 기법보다는 익숙한 기법을 사용하는 것이 좋습니다. 간혹 신입직원들이 들어보지도 못한 기법을 가지고 필자를 설득할 때가 있습니다. 분석기법을 설명하는 데 회의시간의 90%를 사용하더군요. 정작 본론은 시작하지도 못하고 회의는 끝나버렸죠. 우리 상사들도 신상(새로운 기법)을 좋아하지만, 그것으로는 사장님을 설득하기 어렵습니다. 사장님은 신상을 좋아하지 않으니까요.

예를 들어 김 대리가 박 과장님과 같이 출장을 간다고 해보겠습니다. 당연히 운전은 김 대리가 하겠죠. 이때 만약 김 대리가 박 과장님이 아는 길로 운전하면 과장님은 곤히 단잠에 빠질 것입니다. 왜냐고요? 자신에게 익숙한 길이라서 편안하고, 도착시간도 예상할 수 있어서 안정감을 가질 테니까요. 그런데 김 대리가 박 과장님이 모르는, 새로 뚫린 길로 운전하면 어떻게 될까요? 과장님은 단잠은커녕 중간중간 "이 길은 막히는 것 같지 않아?", "제때 도착할 수 있겠어?" 등의 질문을 쏟아부을 겁니다. 마지막에는 "내가 아는 길로 가지 그랬어"라는 말을 빼먹지 않겠죠. 왜냐고요? 새로운 길은 익숙하지도 안정감도 주지 못하기 때문입니다. 그러니 우리는 상사에게 익숙한 길로 가야 합니다.

이처럼 새로움은 익숙함을 이기기 어렵습니다. 우리는 박 과장님에게 기획방법론을 강의하려는 게 아닙니다. '설득'하려는 것이죠. 이 책에서 탄생한 지 20년도 더 된 분석 프레임을 사용한 이유가 바로 여기에 있습니다. 필자가 신상을 싫어해서가 아니라 우리의 상사들이 그런 프레임에 익숙하기 때문이죠.

이제 어떤 분석 프레임을 사용해야 하는지 알아보겠습니다. 일단 우리 기업을 둘러싼 환경을 크게 '외부환경'과 '내부환경'으로 구분한 후 종합적인 분석을 하면 됩니다. 이때 외부환경은 다시 우리가 경제뉴스에서 많이 들어본 '거시환경'과 '미시환경'으로 나눌 수 있습니다.

우선 '거시관점의 환경'은 정책, 경제, 사회, 기술 등의 변화와 같은 트렌드를 의미하며, 이를 분석할 때는 대표적으로 'PEST분석'을 활용합니다.

'미시관점의 환경'은 트렌드에 따라 변화되는 고객, 경쟁사, 자사와 같은 우리의 직접적인 시장환경을 의미하며, 이를 분석할 때는 대표적으로 '3C분석'을 활용합니다.

내부환경과 외부(거시 · 미시)환경

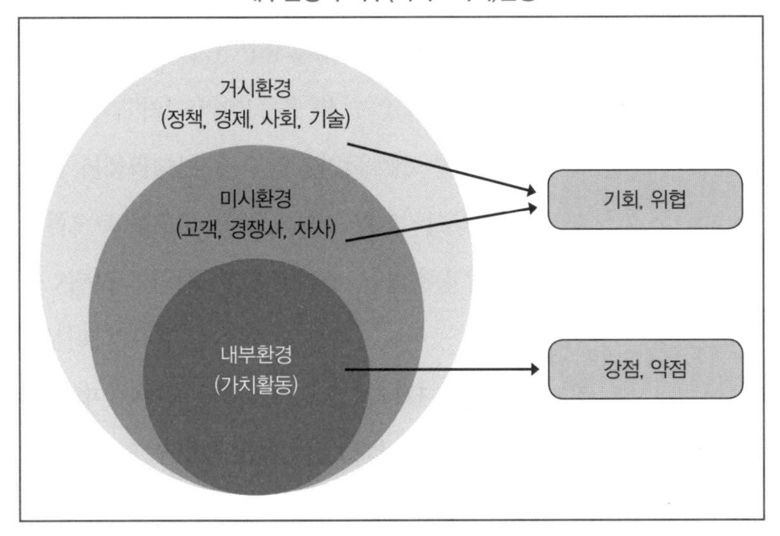

한편, '내부환경'은 기업 내부의 활동별 강점과 약점을 말하는데, 이를 분석할 때는 대표적으로 '가치사슬분석'을 활용합니다.

그럼 각 환경요인에 따른 분석방법과 관련 자료 작성사례를 살펴보겠습니다.

[실전! 기획자료 만들기 2-6]

PEST분석 : 우리의 기회와 위협은 이렇습니다

먼저 우리 기업과 관련된 큰 변화, 즉 '거시환경'을 정리해야 합니다. 거시환경은 쉽게 말해 우리가 '조절할 수 없는' 환경을 의미합니다. 가장 대표적으로 '정부 정책'을 들 수 있겠죠. 사회적 환경으로는 '저출산율'이 될 수 있습니다. 이런 환경요인들은 우리와 큰 관계가 없어 보이지만 실제로는 우리 사업환경에 큰 영향을 미치게 됩니다. 정부가 규제를 강화하면 애써 만들어놓은 제품을 못 팔 수도 있습니다. 2020년 코로나로 인한 해외여행객 입국규제로 여행산업이 큰 타격을 받은 사례가 대표적이죠. 이처럼 거시환경은 우리 기업에 큰 영향을 미치는 만큼 항상 예의주시할 필요가 있습니다.

그럼 거시환경은 어떻게 분석할까요? 계속 강조하지만 익숙한 분석 프레임을 활용하는 것이 좋습니다. 대표적인 분석 프레임은 'PEST분석'입니다. PEST분석은 기업 경쟁력에 영향을 미칠 수 있는 거시적인 환경요인을 '정책적(Political), 경제적(Economic), 사회적(Social), 기술적(Technological)'으로 분류하여 체계적으로 파악하는 기법을 말합니다. 이 책을 선택한 독자라면 누구나 한 번은 들어봤을 겁니다.

특히 PEST분석은 기획보고서, 사업계획서 등을 작성할 때, 기업의 의사결정이 필요한 시장성장과 축소, 사업 포지셔닝, 사업방향 등을 파악하는 데 효과적입니다. 이러한 이유로 컨설턴트들도 PEST분석을 자주 활용합니다.

PEST분석 요인별 분석관점

구분	관점 및 목적	자료조사(예시)
정치적 요인	• 기업에 영향을 미치는 정책, 법률, 제도 등 변화 • 특히 환경 · 건설산업과 같이 규제에 민감한 경우 반드시 검토해야 할 요인임	국내외 정부정책보고서 등
경제적 요인	• 경제성장률, 환율, 금리, 유가 등 경제적 변화 • 글로벌 경제환경에 특히 민감한 우리나라의 경우 반드시 검토해야 할 요인임	WTO, 한국은행 등 경제보고서
사회적 요인	• 인구변화, 라이프 스타일 변화, 인구성장률, 연령대 분포, 직업태도 등 우리 기업이 속한 사회의 특성 변화	통계청 등 인구통계보고서
기술적 요인	• R&D 활동, 자동화, 기술 관련 인센티브, 기술혁신 등 변화 • 기업의 기술개발, 투자, 혁신에도 영향을 미침	특허, 기술개발정책 등 동향보고서

PEST분석을 기본 골격으로 한 파생적인 기법들도 다수 존재합니다. 그중 'STEEP분석'은 PEST분석의 4가지 요인에 사회적 이슈가 큰 '환경(Environmental)요인'을 추가한 기법입니다. 다만 이 책에서는 가장 기본적인 PEST분석에 대해서만 다루겠습니다. 기본을 알아야 응용이 가능할 테니까요. PEST분석을 구성하는 4가지 요인에 대한 설명과 목적, 자료조사 예시를 정리하면 위의 표와 같습니다.

PEST분석 절차를 알아보기 전에 한 가지 주의해야 할 점이 있습니다. 인터넷에서 PEST분석을 검색했을 때 많이 나오는 '2×2형 매트릭스 도형'은 미완성 결과물이라는 점입니다. PEST분석은 '기회와 위협요인'을 찾아내야만 완성된다는 사실을 잊지 말아야 합니다. 그럼 PEST분석 절차를 알아볼까요?

작성사례 ① PEST분석 초안 작성

우선 기업의 비전, 사업목표 등 기업이 근원적으로 추구하는 목적을 파악하고 이에 적합한 분석방향을 설정합니다. 예를 들어 우리가 환경 관련 산업에 속해 있다면 정책요인을 분석할 때 환경정책과 관련된 이슈를 중점으로 분석해야 합니다.

다음 자료는 PEST분석 매트릭스 구조를 활용해 정치, 경제, 사회, 기술 4가지 요인별로 정보를 수집해 정리한 사례입니다. PEST분석에서는 분석결과를 PEST 요인에 맞게 분류하는 작업이 가장 어렵습니다. 그래서 간혹 정치적 요인에 들어갈 내용을 경제적 요인으로 분류하거나, 경제적 요인에 들어갈 내용을 기술적 요인으로 분류하는 오류가 생기곤 하죠.

이럴 때는 오히려 처음부터 정확한 분류를 해야 한다는 강박관념

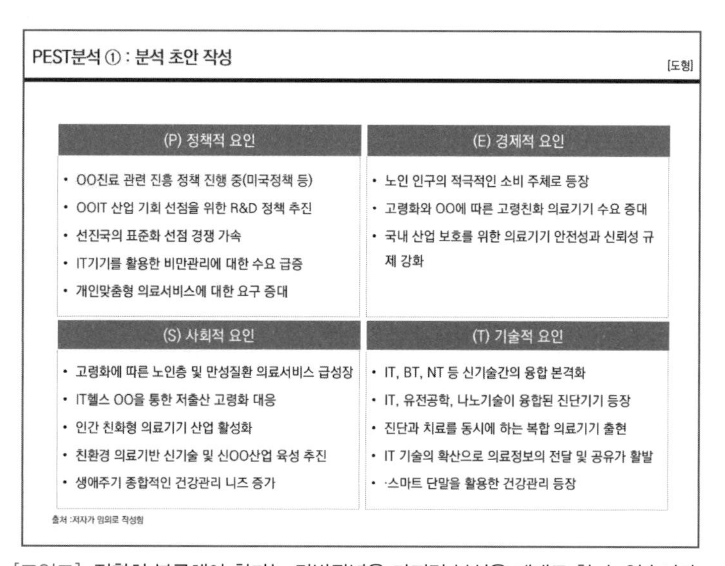

[포인트] 정확히 분류해야 한다는 강박관념을 가지면 분석을 제대로 할 수 없습니다.

을 가지지 않는 것이 좋습니다. 분류에 신경 쓰면 정작 분석에 온전히 집중하지 못해서 놓치는 것들이 생기기 때문이죠. 따라서 지금은 초안 작성단계임을 명심하고 잘못 분류된 내용은 초안을 완성한 후에 재분류한다는 생각으로 작성하면 됩니다.

작성사례 ② 요인 재분류

자료를 정리하다 보면 요인별 분류가 제대로 되지 않는 경우가 많습니다. 이럴 때는 1차 정리한 결과를 가지고 2차적으로 상관관계를 평가하여 재분류해야 합니다. 다음 자료는 앞의 사례에서 1차로 정리한 정책적 요인 분석결과를 가지고 2차로 상관관계를 재분류하는 흐름을 나타낸 사례입니다. 나머지 3가지 요인도 같은 방식으로 정리하면 됩니다.

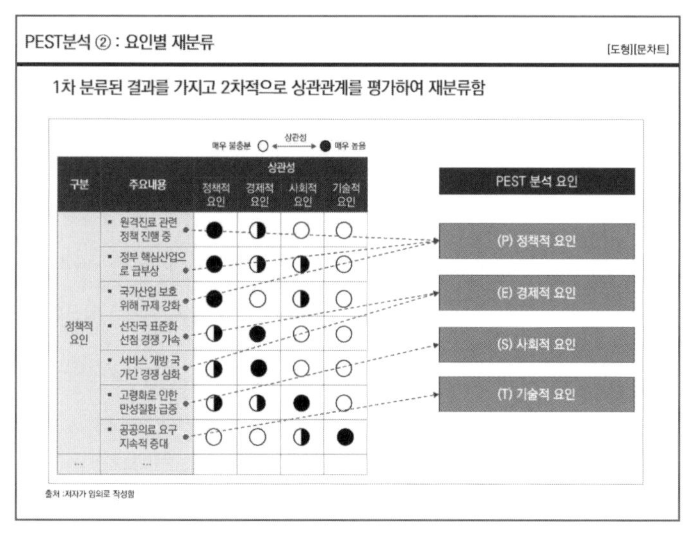

[포인트] 재분류하는 작업을 두려워할 필요는 없습니다.

작성사례 ③ PEST분석 재정리

위와 같은 방식으로 4가지 요인을 재분류했다면 다음 사례처럼 PEST분석 프레임에 맞춰 다시 정리해야 합니다. 우리가 흔히 보는 2×2 매트릭스 형태죠. 대부분 여기에서 분석을 끝내는 경우가 많은데, 이제 중간 정도 왔다고 생각해야 합니다.

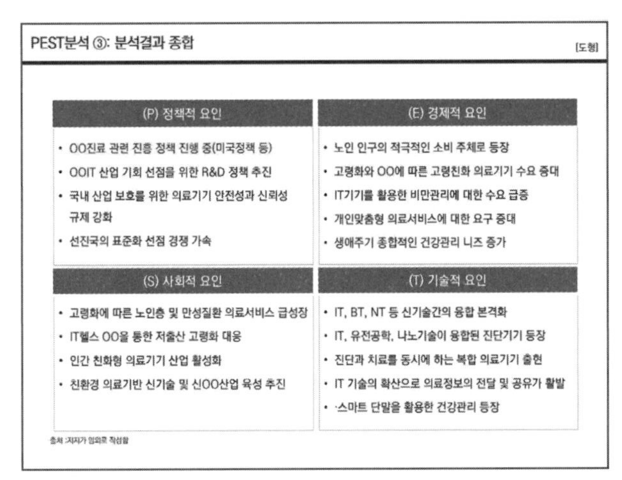

[포인트] 항목별 분석결과는 비슷한 개수로 정리하는 것이 좋습니다.

작성사례 ④ 이슈 및 우선순위 도출

앞의 사례는 PEST분석에 따른 동향을 있는 그대로 나열한 결과물입니다. 그런데 기획서를 작성해 본 사람은 알겠지만 우리의 상사들은 '그게 우리와 무슨 상관이 있지?'라는 질문을 달고 삽니다. 따라서 우리는 위의 자료에서 복수의 동향들을 묶거나 조합하여 우리 기업에 영향을 주는 이슈를 끄집어내야 합니다. 산업적으로 중요한 이슈라고 해서 반드시 우리와 연관되지는 않으니까요. 추가로 이런 작업을 하지 않으면 공들여 작성한 자료가 무용지물이 될 수 있습니다.

다음 자료는 앞선 사례의 PEST분석 결과를 바탕으로 우리와 연관된 이슈를 그룹핑하고 우선순위를 도출한 사례입니다. 사례처럼 '화살표'를 이용하여 '요인별 분석결과→이슈 도출→우선순위'를 '흐름' 체계로 구성하면 자료를 더욱 논리적으로 보이게 할 수 있습니다.

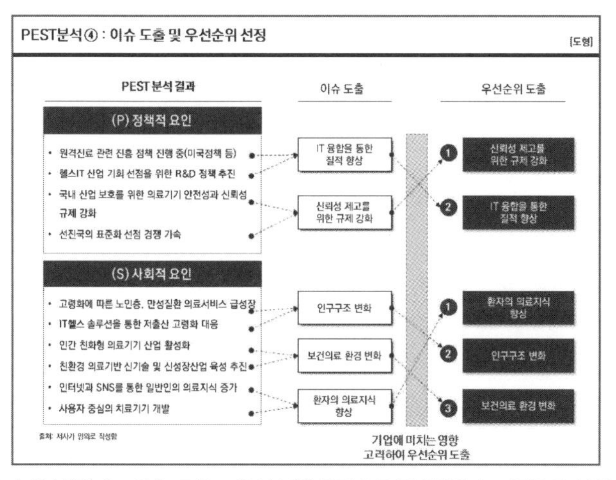

[포인트] '분석결과→이슈 도출→우선순위' 흐름으로 작성해야 논리적으로 보입니다.

작성사례 ⑤ 기회 및 위협요인 도출

아직 한 단계가 남았네요. 목적지에 다 왔으니 힘냅시다. 거시환경을 분석(PEST분석)하는 이유는 우리가 속한 산업의 환경변화를 사전에 예측하여 그 변화에 대응하기 위해서입니다. 그래야 기업의 경쟁력을 유지하거나 확대할 수 있기 때문이죠.

따라서 PEST분석에서 도출된 각 이슈를 기회와 위협요인으로 분류함으로써 '시사점'을 제공해야 합니다. 기회요인은 기업에게 경쟁력 확대, 시장점유율 확대, 신규사업 기회 등 긍정적인 영향을 미치고, 반면에 위협요인은 기업에게 경쟁력 축소, 시장점유율 축소, 기존 사업 위기 등 부정적인 영향을 미치기 때문입니다.

그런데 자료를 작성하다 보면 각 이슈를 기회요인과 위협요인으로 명확히 분류하기 애매한 경우가 많습니다. 이럴 때는 각 이슈들을 기업 측면에서의 흑백논리로 분류하기보다는, 이슈별 기회와 위협요인을 각각 제시하고 요인별 '수준'을 표시하는 방식을 추천합니다. 즉, 다음 사례처럼 '거시환경으로 봤을 때 ○○이슈에 따른 우리의 기회요인은 ○○○이고, 위협요인은 ○○○입니다'라고 제시함으로써 PEST분석을 마무리하면 됩니다.

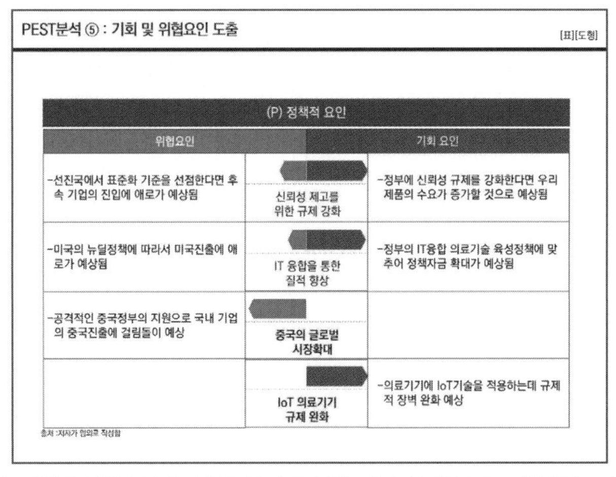
PEST분석 ⑤ : 기회 및 위협요인 도출 [표][도형]

(P) 정책적 요인		
위협요인		기회 요인
-선진국에서 표준화 기준을 선점한다면 후속 기업의 진입에 애로가 예상됨	신뢰성 제고를 위한 규제 강화	-정부에 신뢰성 규제를 강화한다면 우리 제품의 수요가 증가할 것으로 예상됨
-미국의 뉴딜정책에 따라서 미국진출에 애로가 예상됨	IT 융합을 통한 질적 향상	-정부의 IT융합 의료기술 육성정책에 맞추어 정책자금 확대가 예상됨
-공격적인 중국정부의 지원으로 국내 기업의 중국진출에 걸림돌이 예상	중국의 글로벌 시장확대	
	IoT 의료기기 규제 완화	-의료기기에 IoT기술을 적용하는데 규제적 장벽 완화 예상

출처 :저자가 임의로 작성함

[포인트] 기회와 위협요인이 명확히 분리되지 않는다면 상대적으로 표현해줘도 좋습니다.

지금까지 설명한 PEST분석의 단계별 연계성을 도식화하면 다음과 같습니다.

PEST분석 단계별 연계도

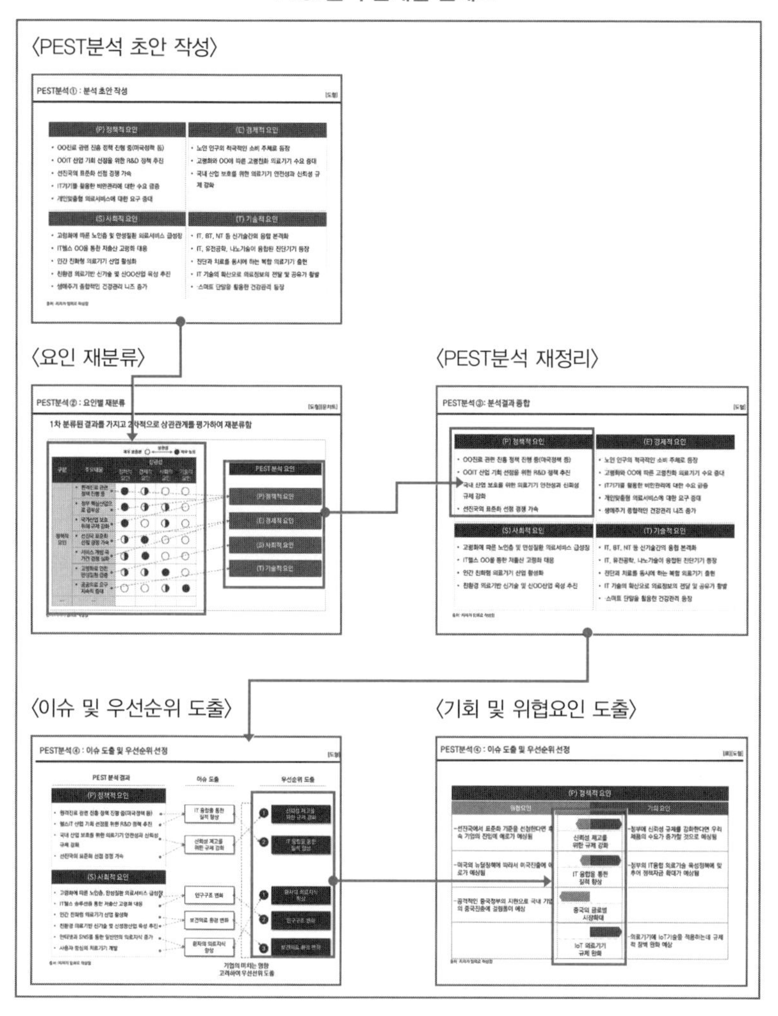

[실전! 기획자료 만들기 2-7]

가치사슬분석 : 우리의 강점과 약점은 이렇습니다

이제 내부환경에 대해서 살펴보겠습니다. 내부환경은 말 그대로 기업 내부의 환경을 의미하며, 이를 분석하는 목적은 기업 내부의 강점과 약점을 도출하는 데 있습니다. 앞서 우리는 외부환경분석을 통해 기회와 위협요인을 살펴봤고, 그에 따른 차별화방향도 살펴봤습니다. 이제 내부환경분석을 통해 우리가 어느 부분은 잘하고 어느 부분은 못하는지를 파악해야만 차별화방향을 실현하기 위한 차별화전략을 모색할 수 있습니다.

내부환경분석의 대표적인 분석 프레임은 마이클 포터 교수가 1985년에 고안한 '가치사슬분석'입니다. 가치사슬은 '기업이 원재료 조달부터 제조·판매를 통해 부가가치를 창출하기까지의 모든 연결 과정'을 의미합니다. 어려운가요? 다시 말해 가치사슬은 '기업 내부에서 돈을 벌기 위해 수행하는 모든 활동'을 의미합니다. 그래도 어려운가요? 이 이상 쉽게 설명하는 건 무리입니다. 이 정도면 이해했겠죠? 독자 여러분을 믿습니다.

가치사슬분석은 위에서 설명했듯이 우리 기업의 내부활동분석을 통해 우리의 강점과 단점을 파악하게 해주고, 이런 분석결과를 활용해 기업의 비용을 줄이고, 제품에 가치를 더하고, 그 가치들을 연계함으로써 경쟁우위를 유지하기 위한 기업가치를 창출하는 데 도움을 줍니다.

가치사슬 기본 개념도

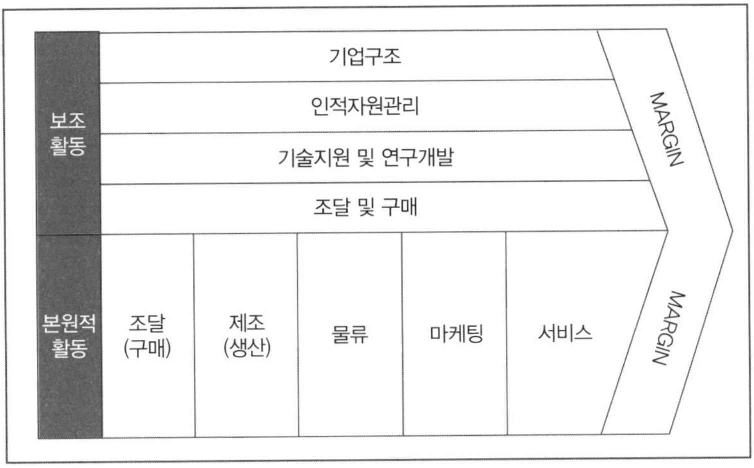

보조 활동
기업구조
인적자원관리
기술지원 및 연구개발
조달 및 구매

본원적 활동
조달 (구매)
제조 (생산)
물류
마케팅
서비스

MARGIN
MARGIN

〈출처 : 마이클 포터(1985), 저자 재구성〉

기업의 모든 활동은 기업 내부에서 가치를 창출하는 '본원적 활동'과 본원적 활동이 가능하도록 지원하는 '보조활동'으로 구분됩니다. 다만 실무에서는 모든 활동을 본원적 활동과 보조활동으로 구분하기 어려운 경우가 많습니다. 따라서 각 기업의 특성에 따라서 활동을 구분하면 되며, 다만 일련의 모든 활동이 위의 개념도처럼 사슬형태로 연계되어 있으면 됩니다.

사슬은 여러 개의 고리가 연결되어 있을 때 의미가 있습니다. 기업의 활동도 마찬가지입니다. 기업에서 원재료를 조달받지 않고 생산을 할 수는 없습니다. 즉, 원재료 조달활동은 생산활동과 연결고리를 이루는 것이죠. 어느 하나의 활동이 빠지면 사슬은 제대로 작동하지 못합니다.

가치사슬분석의 단계별 연계성을 도식화하면 다음과 같습니다.

가치사슬분석 단계별 연계도

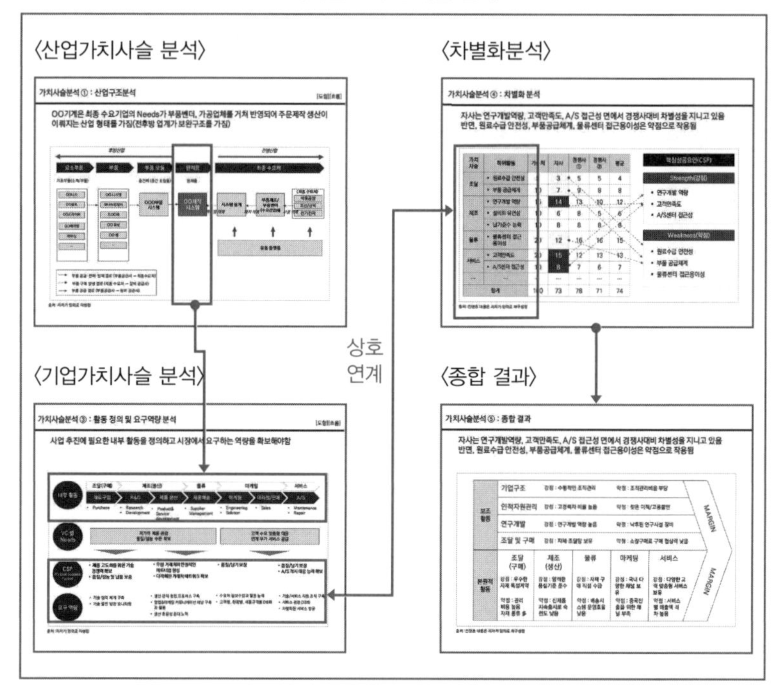

그럼 위의 연계도에 따른 각각의 분석과정과 자료 작성사례를 자세히 살펴보겠습니다.

작성사례 ① 산업구조분석

우선 산업구조를 분석해야 합니다. 가치사슬분석은 기본적으로 전체 산업관점에서 우리 기업에 해당하는 활동을 분석하는 것이지만, 크게 보면 우리 기업이 영위하고 있는 산업에서 우리의 위치를 조망하는 것입니다. 즉, 우리 기업의 활동을 산업구조적인 관점에서 접근해 분석하는 것이죠. 이를 통해 우리의 전방 및 후방산업에 어떤 기업이 있는지 파악할 수 있습니다.

다음 자료는 위와 같은 산업구조적인 관점에서 가치흐름을 작성한 사례입니다. 우리의 위치와 전방·후방산업 및 해당 산업에 속한 기업이 무엇인지 한눈에 확인할 수 있습니다. 기업은 사업영역을 확대하기 위해 전방 또는 후방산업으로 진출하는 경우가 많은데, 이런 경우에 반드시 필요한 분석입니다.

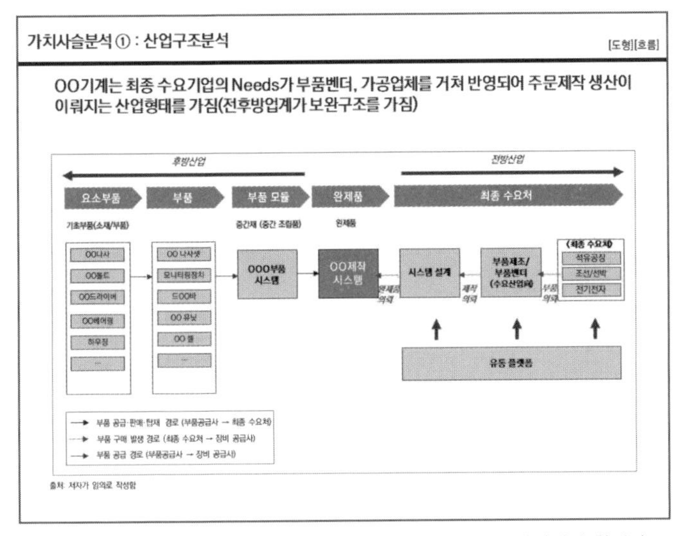

[포인트] 산업구조분석은 전 · 후방산업을 확인할 수 있도록 작성해야 합니다.

다음 쪽 자료는 위의 사례에 산업구조단계별 기술적 이슈, 주요 참여기업을 추가한 사례입니다. 우리의 사업영역과 전방·후방산업의 경쟁상황을 동시에 조망할 수 있도록 작성했습니다. 경쟁구도와 함께 비즈니스 파트너를 찾는 데도 유용하게 활용할 수 있겠죠.

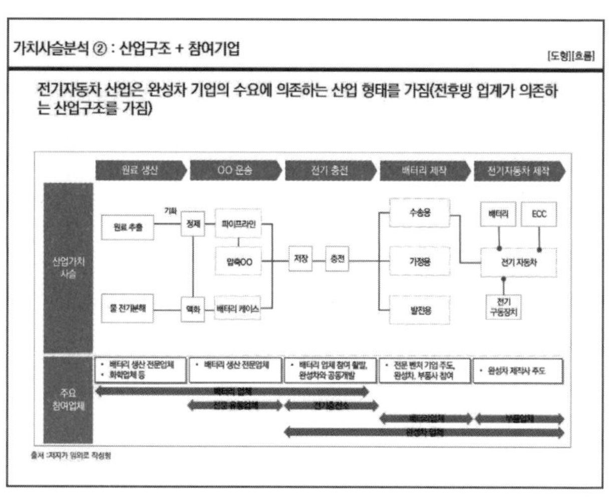

[포인트] 산업구조와 경쟁상황을 동시에 나타내도 좋습니다.

작성사례 ② 내부활동 정의 및 역량분석

산업구조를 파악했다면 다음 사례처럼 우리의 내부활동을 정의하고 필요역량을 파악해야 합니다. 우리가 이 사업에서 성공하려면 어

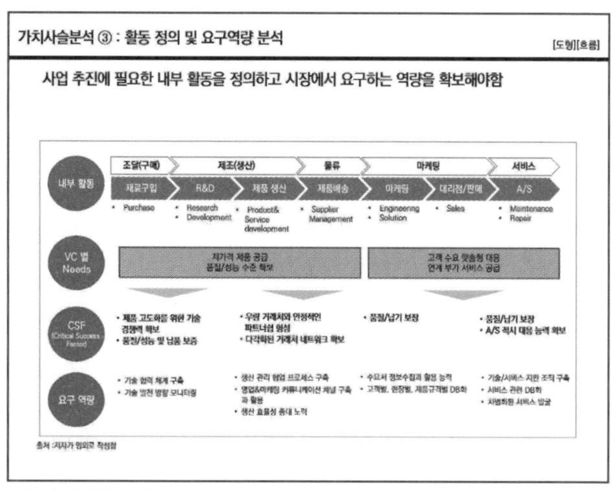

[포인트] 가치사슬분석의 핵심은 우리에게 필요한 역량을 찾아내는 데 있습니다.

떤 역량이 필요한지를 도출하는 작업입니다. 도출된 역량을 기준으로 우리의 보유역량을 비교했을 때 우리가 잘하는 것은 강점, 못하는 것은 약점이 됩니다. 여기서 도출된 강점은 발전시켜야 하는 우리만의 차별성이 되고, 약점은 앞으로 보완·개선해야 하는 과제가 됩니다.

작성사례 ③ 차별성분석

다음은 차별성을 분석해야 합니다. 앞서 도출한 요구역량은 우리가 시장에서 성공하기 위한 필수적인 요인이라고 할 수 있습니다. 우리는 이러한 요구역량을 중심으로 경쟁기업과의 상대적인 우위를 점해야 합니다. 이를 위해 다음 사례와 같이 경쟁기업과의 요구역량별 비교·분석을 통해 우리 기업의 상대적인 강점과 약점을 도출해야 합니다.

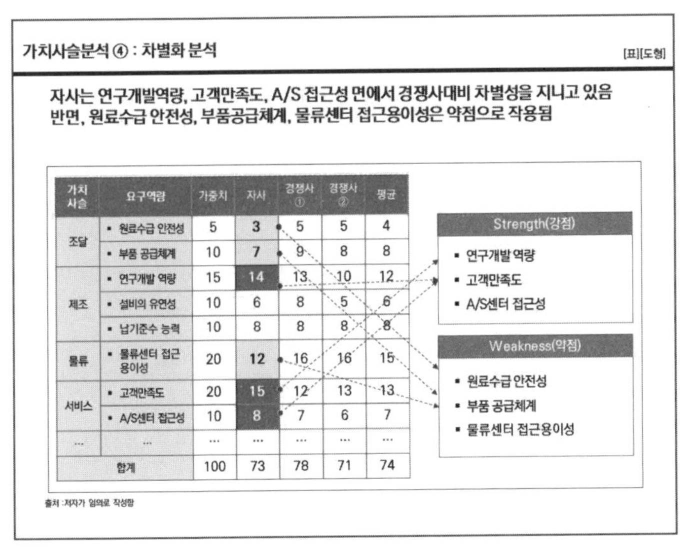
가치사슬분석 ④ : 차별화 분석 [표][도형]

자사는 연구개발역량, 고객만족도, A/S 접근성 면에서 경쟁사대비 차별성을 지니고 있음
반면, 원료수급 안전성, 부품공급체계, 물류센터 접근용이성은 약점으로 작용됨

가치사슬	요구역량	가중치	자사	경쟁사 ①	경쟁사 ②	평균
조달	▪ 원료수급 안전성	5	3	5	5	4
	▪ 부품 공급체계	10	7	9	8	8
제조	▪ 연구개발 역량	15	14	13	10	12
	▪ 설비의 유연성	10	6	8	5	6
	▪ 납기준수 능력	10	8	8	8	8
물류	▪ 물류센터 접근용이성	20	12	16	16	15
서비스	▪ 고객만족도	20	15	12	13	13
	▪ A/S센터 접근성	10	8	7	6	7
…	…	…	…	…	…	…
합계		100	73	78	71	74

출처 :저자가 임의로 작성함

[포인트] 기업의 차별성을 분석할 때는 경쟁기업과의 비교분석이 필수적입니다.

비교분석을 할 때는 요구역량별로 기업에서 중요하게 생각하는 중요도에 따라서 '가중치'를 부여하는데, 전체 가중치의 합계는 100%가 되게 하면 됩니다. 이 '가중치'를 기준으로 '평가점수'를 매긴 후 합산하면 됩니다. 이때 평가점수는 각 요구역량별 내부전문가 등을 활용하여 부여하면 됩니다.

작성사례 ④ 종합분석

앞의 분석결과를 종합하여 분석 프레임에 투영해 보겠습니다. 이럴 때는 다음 사례처럼 우리의 가치활동별 강점과 약점을 제시해야 합니다. 가치사슬분석은 우리 기업이 속한 산업의 포지션과 내·외부 측면에서의 강점과 약점을 파악하는 데 있으니까요.

가치사슬분석 ⑤ : 종합 결과

[도형][흐름]

자사는 연구개발역량, 고객만족도, A/S 접근성 면에서 경쟁사대비 차별성을 지니고 있음
반면, 원료수급 안전성, 부품공급체계, 물류센터 접근용이성은 약점으로 작용됨

보조 활동	강점	약점	
기업구조	강점 : 수평적인 조직관리	약점 : 조직관리비용 부담	MARGIN
인적자원관리	강점 : 고경력자 비율 높음	약점 : 잦은 이직/고용불안	
연구개발	강점 : 연구개발 역량 높음	약점 : 낙후된 연구시설 장비	
조달 및 구매	강점 : 자체 조달망 보유	약점 : 소량구매로 구매 협상력 낮음	

본원적 활동	조달 (구매)	제조 (생산)	물류	마케팅	서비스	
강점	강점 : 우수한 자재 독점계약	강점 : 엄격한 품질기준 준수	강점 : 자재 구매 직접 수급	강점 : 국내 다양한 채널 보유	강점 : 다양한 고객 맞춤형 서비스 보유	MARGIN
약점	약점 : 관리 비용 높음 자재 종류 多	약점 : 신제품 지속출시로 숙련도 낮음	약점 : 배송시스템 운영효율 낮음	약점 : 중국진출을 위한 채널 부족	약점 : 서비스별 매출액 격차 높음	

출처 :저자가 임의로 작성함

[포인트] 모든 분석은 항상 종합적으로 정리하는 단계로 마무리해야 합니다.

[실전! 기획자료 만들기 2-8]

3C분석 : 우리의 차별화방향은 이렇습니다

거시환경이 기업에 '간접적인' 영향을 미치는 환경이라면, 미시환경은 기업에 '직접적인' 영향을 미치는 환경적 요인들을 의미합니다.

우리나라의 저출산율이 지속되면 신생아가 줄어들겠죠. 신생아수가 감소하면 영유아제품에 대한 고객수가 줄면서 한 아이만 제대로 키우고자 하는 고객들의 수요도 변할 것입니다. 따라서 기업 입장에서는 이러한 고객수요 변화에 따라 저마진 제품보다는 고마진 제품을 만들어야겠죠.

위와 같은 분석에서 영유아제품을 제조하는 기업에게는 저출산율, 신생아수 감소 등이 간접적인 영향을 주는 '거시적인 환경변화'가 됩니다. 이로 인해 고객수 감소, 고객수요 변화 등 기업에게 직접적인 영향을 주는 '미시적인 환경변화'가 생기는 것이죠. 이처럼 거시환경은 미시환경의 변화를 불러옴으로써 기업에 직접적인 영향을 미치게 됩니다. 이것이 우리가 거시환경에 따른 미시환경의 변화를 살펴봐야 하는 이유입니다.

미시환경을 분석하는 대표적인 분석 프레임으로는 '3C분석'이 있습니다. 기업을 둘러싸고 있는 직접적인 환경이 어떻게 움직이는지를 '고객(Customer), 경쟁사(Competitors), 자사(Company)' 관점으로 분석하는 기법이죠. 이런 분석을 통해 고객에게 경쟁기업보다 차별화된 가치를 제공함으로써 기업의 경쟁우위를 향상시키는 데 활용되곤 합니다. 또한 고객지향적인 경쟁우위전략을 실천하는 데도 도

3C분석 개념도

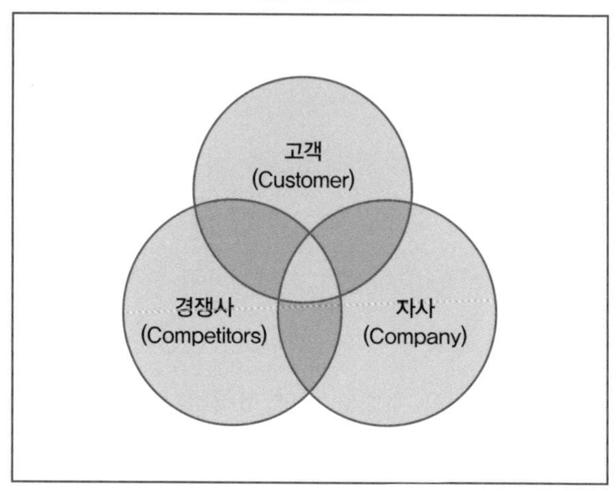

움을 줍니다.

3C분석은 마케팅 서적에 자주 등장할 뿐만 아니라 실무 마케팅에서도 많이 활용되는 분석기법입니다. 모든 기획서는 기업이 돈을 벌기 위해 작성하므로 마케팅 관점의 분석기법을 사용하는 것이 어찌 보면 당연한 일이기도 합니다.

3C분석의 목적은 돈을 지불하는 고객의 수요를 파악하고 경쟁사의 약점과 차별성을 찾아서 자사의 차별화요소를 찾아내는 데 있습니다. 이런 측면에서 3C분석은 '① 고객수요분석 → ② 경쟁사 차별성분석 → ③ 자사 내부자원과 결합한 차별화방안 도출'의 절차로 이루어집니다.

그럼 3C분석의 요인별 분석방법과 작성사례에 대해 살펴보겠습니다.

3C분석의 대상과 분석기준

구분	대상	분석기준(예시)
고객 (Customer)	• 현재 및 잠재고객 • 조직 등 이해당사자	• 타깃고객은 적절한가? • 성장 가능성은 있는가? • 잠재수요는 어느 정도인가?
경쟁사 (Competitors)	• 동종업계 경쟁사 • 전 · 후방, 대체재 산업에 속한 기업	• 현재 경쟁사, 잠재 경쟁사 진입 가능성은 어느 정도인가? • 경쟁사와의 차별성은 있는가?
자사 (Company)	• 기업 내부 자원 (조직, 재무 등) • 수행주체가 되는 제품, 서비스, 조직	• 기업 내부 조직문화는 좋은가? • 기술력은 어느 정도인가? • 시장인지도는 어느 정도인가?

작성사례 ① 고객분석

고객분석 대상에는 우리의 제품·서비스를 구매하는 직접적인 고객뿐 아니라 우리 기업과 연결된 모든 이해관계자가 포함됩니다. 예를 들어 우리의 제품이 블랙박스용 카메라라면 우리에게 카메라부품을 공급하는 기업도 고객이고, 우리가 제품을 만들어 납품하는 블랙박스 제조사도 고객이고, 블랙박스를 구매하는 운전자까지도 고객이 되는 것이죠.

이처럼 고객의 범위는 매우 넓습니다. 그렇다고 무한정 넓혀서 분석할 수는 없겠죠. 우리는 우선 타깃고객을 정의한 후 고객수요를 파악해야 합니다. 타깃고객을 정의할 때는 지역적(국내, 해외), 사업대상(제품, 서비스), 산업구조, 연령, 문화 등 여러 가지 구분이 있을 수 있습니다.

우리는 이미 앞에서 시장분석, 고객수요분석 등을 통해서 얻은 다양한 재료들이 있습니다. 여기서는 그 재료들을 활용하여 타깃고객을 중심으로 다시 한 번 정리해주면 됩니다. 다음 자료는 '적용분야' 분석결과를 좌측에 배치하고, 그 중 핵심분야의 타깃고객을 분류해서 각 고객별 수요를 1페이지로 정리한 사례입니다.

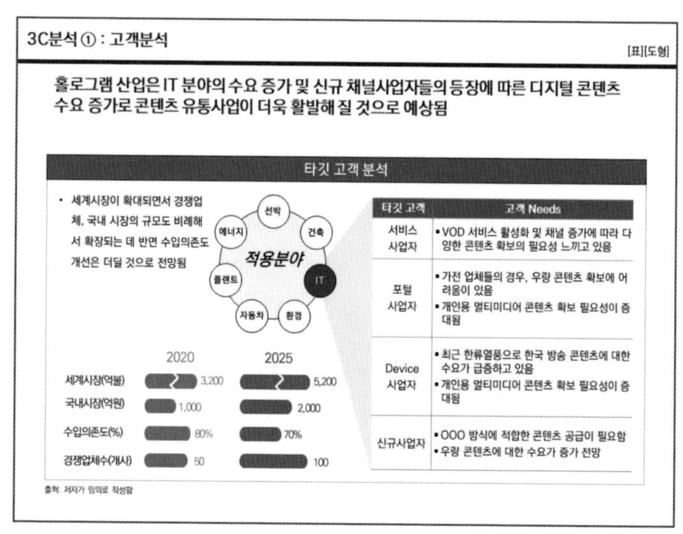

[포인트] 신사업 기획 시에는 필수적으로 타깃고객과 니즈를 파악해야 합니다.

다음 쪽 자료는 '지역적인 관점'에서 타깃고객을 국내와 해외로 나누어서 분석한 사례입니다. 고객의 생생한 목소리를 그룹핑하여 항목별로 정리했습니다.

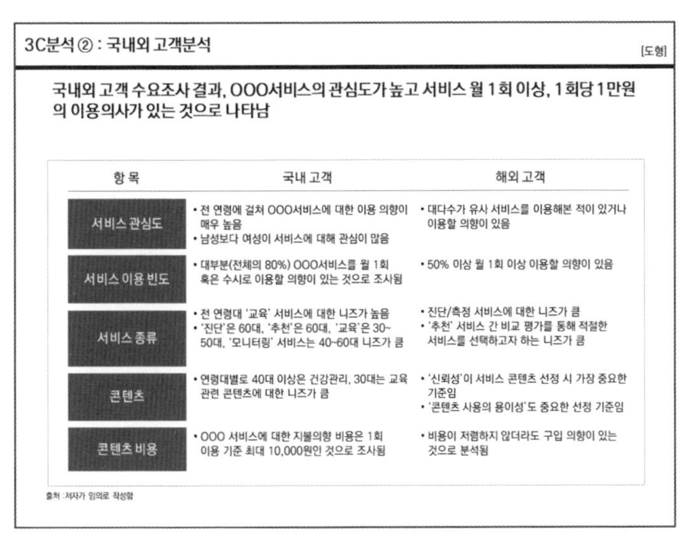

3C분석 ② : 국내외 고객분석

[도형]

국내외 고객 수요조사 결과, OOO서비스의 관심도가 높고 서비스 월 1회 이상, 1회당 1만원의 이용의사가 있는 것으로 나타남

항 목	국내 고객	해외 고객
서비스 관심도	• 전 연령에 걸쳐 OOO서비스에 대한 이용 의향이 매우 높음 • 남성보다 여성이 서비스에 대해 관심이 많음	• 대다수가 유사 서비스를 이용해본 적이 있거나 이용할 의향이 있음
서비스 이용 빈도	• 대부분(전체의 80%) OOO서비스를 월 1회 혹은 수시로 이용할 의향이 있는 것으로 조사됨	• 50% 이상 월 1회 이상 이용할 의향이 있음
서비스 종류	• 전 연령대 '교육' 서비스에 대한 니즈가 높음 • '진단'은 60대, '추천'은 60대, '교육'은 30~50대, '모니터링' 서비스는 40~60대 니즈가 큼	• 진단/측정 서비스에 대한 니즈가 큼 • '추천' 서비스 간 비교 평가를 통해 적절한 서비스를 선택하고자 하는 니즈가 큼
콘텐츠	• 연령대별로 40대 이상은 건강관리, 30대는 교육 관련 콘텐츠에 대한 니즈가 큼	• '신뢰성'이 서비스 콘텐츠 선정 시 가장 중요한 기준임 • '콘텐츠 사용의 용이성'도 중요한 선정 기준임
콘텐츠 비용	• OOO 서비스에 대한 지불의향 비용은 1회 이용 기준 최대 10,000원인 것으로 조사됨	• 비용이 저렴하지 않더라도 구입 의향이 있는 것으로 분석됨

출처 :저자가 임의로 작성함

[포인트] 글로벌 경쟁환경에서는 기본적으로 해외고객도 함께 분석해야 합니다.

작성사례 ② 경쟁사분석

경쟁사분석의 목적은 경쟁사 대비 우리 기업의 경쟁력을 찾는 데 있습니다. 이를 위해서는 경쟁사의 강점, 기존 제품(서비스)의 약점 등의 경쟁력을 파악하는 것이 중요합니다. 이런 식으로 경쟁사의 현재 위치를 알게 되면 자사의 차별성을 만드는 데 중요한 재료로 활용할 수 있기 때문이죠. 경쟁사분석 역시 추가로 분석하기보다는 앞서 작성한 경쟁구도분석 자료를 활용하면 됩니다. 지금 우리는 해당 자료에서 의미를 뽑아내려는 것이니까요.

다음 쪽 자료는 경쟁사의 제품 포지셔닝을 중심으로 분석한 사례입니다. 여기서 말하는 제품 포지셔닝은 경쟁사의 제품이 고객의 마음속에서 어떻게 자리매김하고 있는지를 의미합니다. 우리와 겹치는 포지셔닝이 있다면 우리는 차별성을 더 확보해야 할 테니까요.

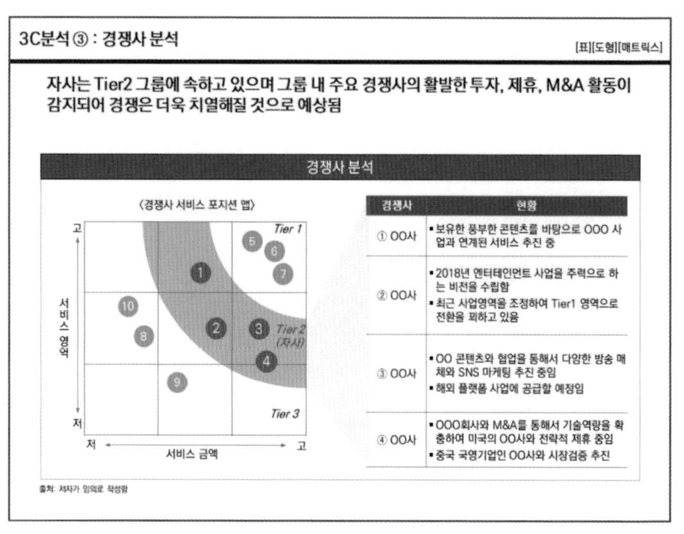

경쟁사	현황
① OO사	▪보유한 풍부한 콘텐츠를 바탕으로 OOO 사업과 연계된 서비스 추진 중
② OO사	▪2018년 엔터테인먼트 사업을 주력으로 하는 비전을 수립함 ▪최근 사업영역을 조정하여 Tier1 영역으로 전환을 꾀하고 있음
③ OO사	▪OO 콘텐츠와 협업을 통해서 다양한 방송 매체와 SNS 마케팅 추진 중임 ▪해외 플랫폼 사업에 공급할 예정임
④ OO사	▪OOO회사와 M&A를 통해서 기술역량을 확충하여 미국의 OO사와 전략적 제휴 중임 ▪중국 국영기업인 OO사와 시장검증 추진

[포인트] 경쟁에서 살아남으려면 경쟁제품분석이 매우 중요합니다.

작성사례 ③ 자사분석

자사분석의 목적은 고객에게 제공할, 경쟁사와의 차별화된 경쟁우위를 도출하는 데 있습니다. 우선 우리의 인적·물적 자원, 기술자원은 적절한지 등 기업의 내부자원분석이 선행되어야 합니다. 이를 통해 우리의 현재 상태로 새로운 제품(서비스)을 시장에 내놓을 수 있을지 없을지를 결정할 수 있고, 혼자 할 수 없다면 어느 부문을 외부와 협력해야 할지를 확인할 수 있기 때문이죠.

다음 쪽 자료는 좌측에 우리 기업이 목표시장을 얼마만큼 차지하고 있는지를 매출현황과 비교하여 정리했고, 우측에는 매출성장이 미흡한 원인을 찾기 위해 내부자원을 분석한 결과를 제시한 사례입니다. 이렇게 하면 자사의 잘하는 부문과 부족한 부문을 쉽게 파악할 수 있습니다.

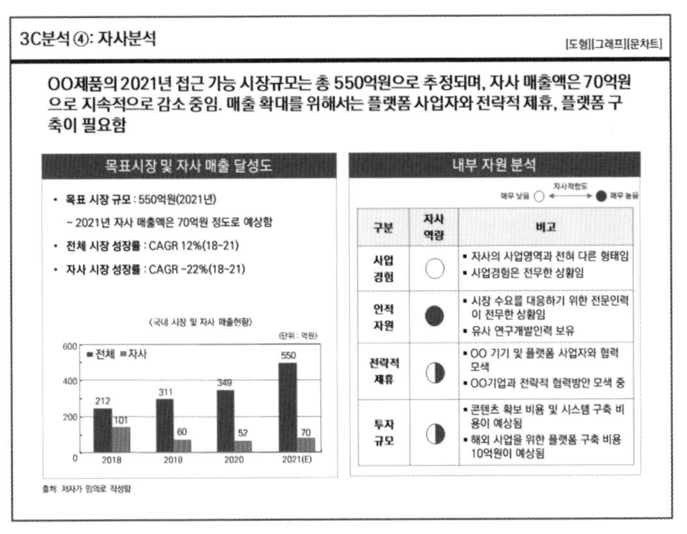

[포인트] 자사 내부역량을 분석해야 무엇을 할 수 있는지를 알 수 있습니다.

사례의 경우 내부자원분석 결과 '사업경험' 측면에서 우리 기업의 역량이 미흡하다고 나타났는데, 이런 경우 경험 있는 외부 기업과의 협업 등의 노력이 필요할 것입니다. 이처럼 분석결과 자사역량이 부족한 부문이 확인되면 이를 끌어올리기 위한 대안을 수립해야 합니다.

작성사례 ④ 종합분석

각 요인별 분석을 했으면 이제 종합정리를 해야겠죠. 다음 쪽 자료는 앞의 요인별 분석결과를 종합한 사례입니다. 이때 단순히 1페이지로 요약하는 것이 아니라 우리의 대응방안과 같은 시사점을 함께 정리해줘야 합니다.

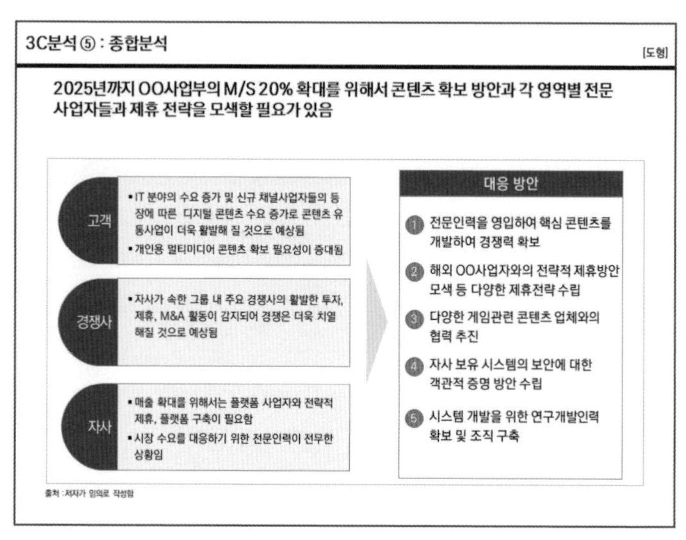

[포인트] 분석은 항상 종합분석으로 마무리해야 합니다.

작성사례 ⑤ 대응전략 도출

여기서 3C분석이 끝나면 아쉽겠죠. 또 무엇이 남았을까요? 앞서 3C분석의 목적을 고객에게 경쟁기업보다 차별화된 가치를 제공함으로써 기업의 경쟁우위를 향상시키는 데 활용하는 것이라고 했습니다. 그럼 아직 경쟁우위를 향상하기 위한 전략을 보여주지 않았네요. 참으로 분석이란 까도 까도 나오는 양파 같네요.

전략을 어떻게 보여줘야 할까요? 다음과 같이 3C분석의 3가지 요인을 겹쳐보면 기획의 목적에 맞게 기업이 취사선택할 수 있는 전략을 만들 수 있습니다.

3C분석의 교차영역별 전략적 의미

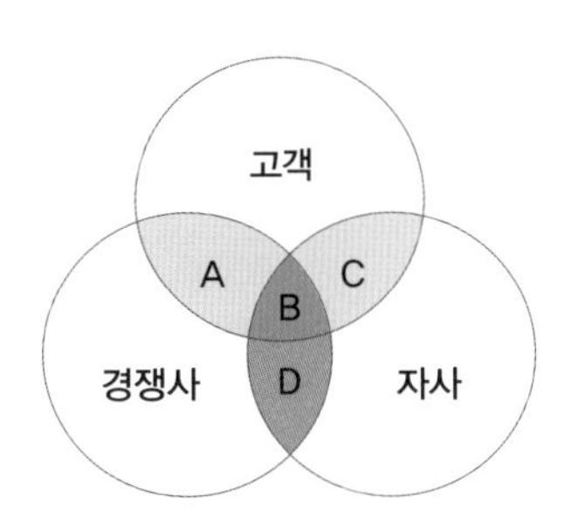

- A영역(기회영역) : 자사가 아직 진출하지 않고 경쟁사만 진입한 시장영역으로, 신규진입을 고려해 볼 영역
- B영역(경쟁영역) : 치열한 경쟁영역으로, 경쟁우위를 위한 포지셔닝이 필요한 영역
- C영역(틈새영역) : 자사만 진출하여 경쟁이 낮고 수익성을 높일 수 있는 영역
- D영역(철수영역) : 고객이 빠져나가 경쟁사와 무의미한 경쟁만 하고 있는 영역으로, 사업을 철수해야 하는 영역

다음 쪽 자료는 위와 같은 방식으로 도출한 전략을 제시하기 위해 작성한 사례입니다. 앞의 사례에서 상세한 결과를 언급했기 때문에 여기서는 도출된 전략만 제시하면 됩니다.

다만 사례에서는 이해를 돕기 위해 4가지 영역에 대한 전략을 모두 제시했지만, 실제 작성 시에는 1~2개 정도의 전략을 제시하는 것으로 충분합니다.

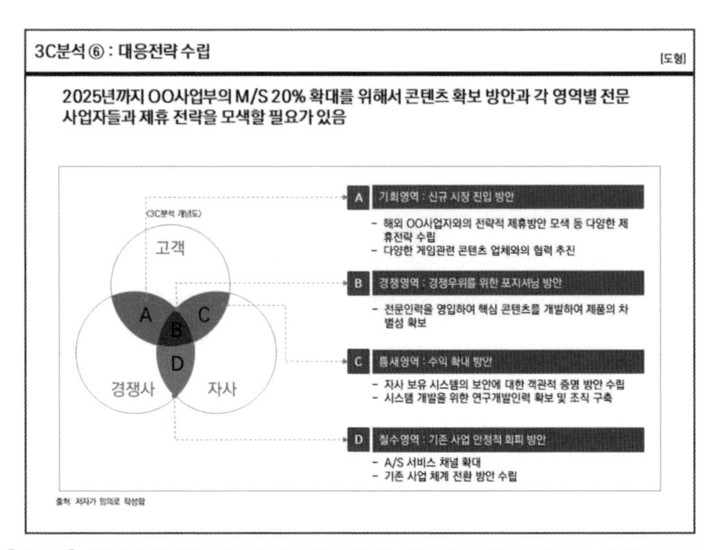

[포인트] 분석의 목적은 앞으로 우리가 무엇을 해야 하는지를 도출하는 데 있습니다.

03

그래서 무엇을 해야 하는가

김 대리 : 과장님, 현재 우리 앞에는 OO 기회와 OO 위협이 존재합니다. 따라서 우리는 차별화를 위해서 OOO을 해야 하는데, 이를 위해 우리의 강점인 OOO을 부각하고 약점인 OOO을 보완해야 합니다.

박 과장 : 그래? 그래서 우리가 무엇을 해야 하지?

우리는 앞에서 기회와 위협요인을 도출했고, 차별화방향도 도출했고, 차별화를 위한 우리의 강점과 약점도 도출했습니다. 머리를 쥐어 짜서 정리했죠. 그런데 박 과장님은 아직도 배가 고픈가 봅니다. '그래서 무엇을 해야 하지?'라니요. 이렇게 뼈 때리는 말이 또 어디에 있을까요. 기획의 목적은 기획회의 때 이미 보고했는데 말이죠. 박 과장님은 아직도 이해를 못했나? 건망증이 있나? 등 오만가지 생각이 들 수 있습니다.

우리가 상사와 식당에 갔을 때를 생각해 보죠. 상사는 뭘 먹을지 미리 정해놓고도 메뉴판을 보여주기 전에는 식사를 주문하지 않습니다. 마치 메뉴판을 통과의례라고 생각하나 봅니다. 지금까지 우리는 박 과장님께 '어제 과음을 했으니 해장할 수 있는 식당에 갑시다', '날씨가 추우니 국물 있는 음식을 먹으러 갑시다'라고 말한 것입니다. 간신히 식당에 들어가는 데만 성공한 것이죠.

이제 식당에 들어왔으니 메뉴판을 보여줘야 합니다. 그래야 음식을 고를 수 있으니까요. 박 과장님의 말은 이런 메뉴판을 보여달라는 의미입니다. 그러니 우리는 지금까지 열심히 뽑아낸 재료를 가지고 전략이 담긴 메뉴판을 만들어야 합니다.

지금까지 분석한 기회, 위협, 강점, 약점을 이용해서 전략이슈를 도출해 보겠습니다. 여기서 도출된 전략이 기획의 목적이 됩니다. 그럼 전략을 도출하는 데 적합한 분석 프레임은 뭘까요? 바로 전설적인 'SWOT분석'입니다. 먼 길을 달려와 이제야 SWOT분석을 만날 때가 되었네요. 이 책의 절반 이상이 지나고 나서야 드디어 등장했습니다. 지금까지 한 작업들은 SWOT분석을 위한 재료를 모으는 과정이었다고 해도 과언이 아닙니다. 정책, 기술, 시장 등 여러 가지 분석결과들을 SWOT분석 프레임에 투영하여 전략을 도출해 봅시다.

SWOT분석은 기업, 공공기관, 개인들의 대중적인 분석 프레임으로 자리잡았습니다. 다양한 다른 분석기법이 있지만 SWOT분석만큼 보편화되어 있지 않죠. 우리 상사도 SWOT분석에 대해서 잘 알고 있습니다. 그러기에 부가적인 개념설명을 할 필요 없이 분석 프레임에 맞춰 전략을 제시하기만 하면 박 과장님은 논리적으로 결론을 잘 끌어냈다고 생각할 것입니다. 이처럼 누구나 알고 있는 분석기법을 사용하면 작성하기도 편할 뿐 아니라 보고를 받는 상사 입장에서도 이해하기가 쉽습니다.

SWOT분석의 개념과 분석절차

지금까지 우리는 수많은 분석을 통해 SWOT분석에 필요한 많은 재료를 준비했습니다. 이제 그 재료들을 가지고 SWOT분석 프레임 레시피에 따라 작성하면 됩니다. '말이야 쉽지'라고 할 수 있지만 한 번 믿고 따라와 봅시다. 우선 개념부터 알아보겠습니다.

SWOT분석 프레임의 개념

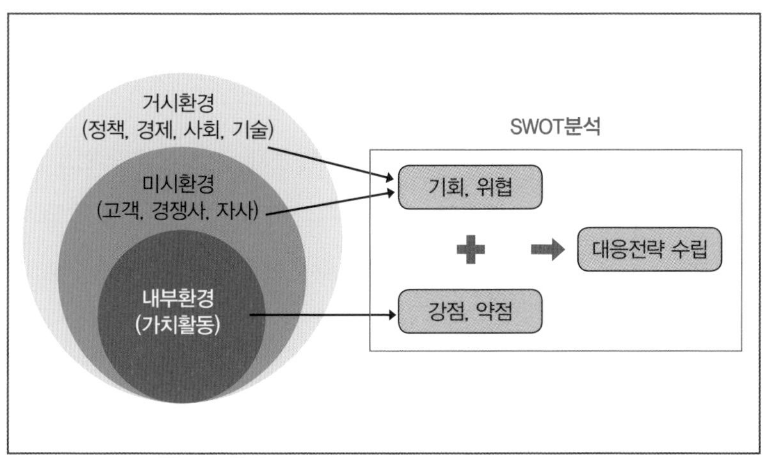

SWOT분석 3단계

구분	1단계	2단계	3단계
작성목적	내 · 외부환경 분석 결과 정리	분석결과를 바탕으로 전략 도출	전략이슈를 그룹핑하여 사업목표 도출
결과물	강점, 약점, 기회, 위협요인	SO, ST, WO, WT 전략	사업목표

SWOT분석 기법은 '강점(Strength), 약점(Weakness), 기회(Opportunity), 위협(Threat)'이라는 4가지 관점으로 이루어져 있습니다. 우리 기업이 가진 강점과 약점을 찾아내는 것을 '내부환경분석'이라고 하고, 우리가 속한 산업, 시장 등 외부적인 환경을 기준으로 기회와 위협요인을 찾아내는 것을 '외부환경분석'이라고 합니다.

SWOT분석 절차는 위의 표와 같이 3단계로 구분됩니다. '1단계'는 SWOT분석 프레임에 맞게 강점, 약점, 기회, 위협별 요인을 정리하는 것입니다. 정리로 끝나면 아무 의미가 없으므로 '2단계'에서 4가지 요인을 교차분석하여 전략이슈를 도출해야 합니다. 이를 'Cross-SWOT분석'이라고 합니다.

보통 여기에서 분석을 끝내는 경우가 많은데, 2단계 결과물인 SO, ST, WO, WT 전략은 개별적 이슈에 지나지 않습니다. 이들을 묶어서 사업목표로 만드는 '3단계'를 실행해야 합니다. 그래야만 손에 잡히는 사업으로 만들 수 있기 때문이죠.

위에서 설명한 SWOT 분석 1~3단계까지의 연계성을 도식화하면 다음과 같습니다.

SWOP분석 단계별 연계도

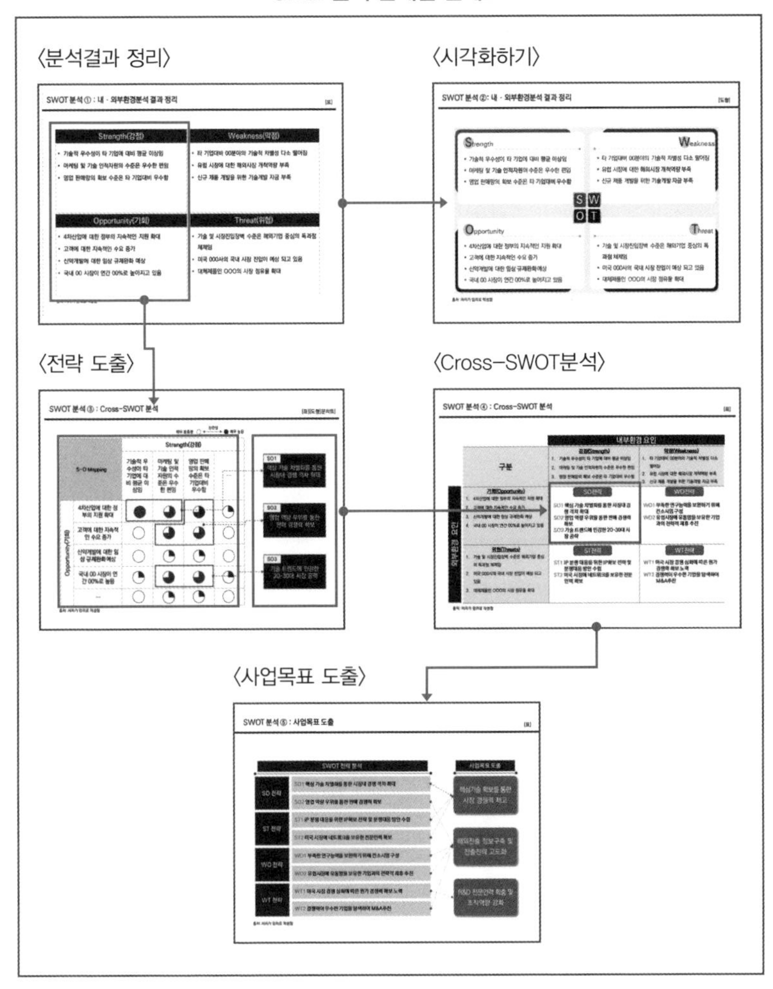

그럼 단계별 SWOT분석 방법과 관련 자료 작성사례를 하나씩 살펴보겠습니다.

[실전! 기획자료 만들기 2-9]
전략이슈 도출하기

작성사례 ① 내·외부환경분석 결과 정리

1단계에서는 SWOT분석 프레임에 맞게 내부환경분석 결과를 강점과 약점으로 분류하고, 외부환경분석 결과를 기회와 위협으로 분류합니다. 보통 다음 사례처럼 표나 도형을 이용해 작성하죠. 우리가 흔히 볼 수 있는 형태입니다.

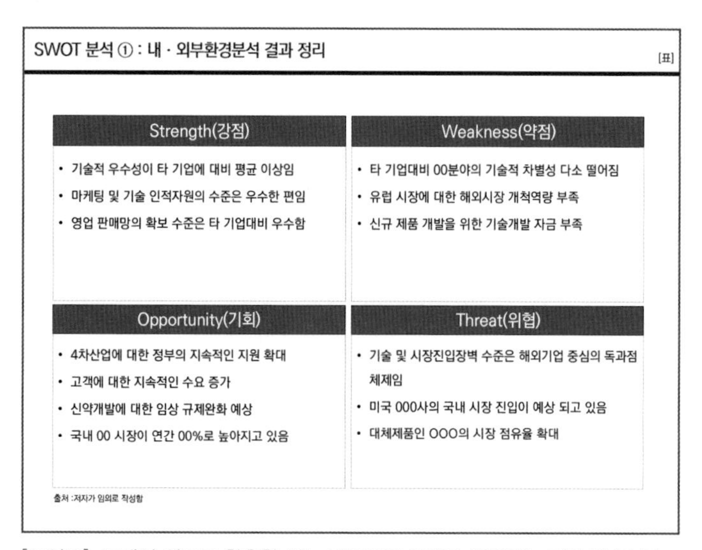

SWOT 분석 ① : 내 · 외부환경분석 결과 정리 [표]

Strength(강점)	Weakness(약점)
• 기술적 우수성이 타 기업에 대비 평균 이상임 • 마케팅 및 기술 인적자원의 수준은 우수한 편임 • 영업 판매망의 확보 수준은 타 기업대비 우수함	• 타 기업대비 00분야의 기술적 차별성 다소 떨어짐 • 유럽 시장에 대한 해외시장 개척역량 부족 • 신규 제품 개발을 위한 기술개발 자금 부족

Opportunity(기회)	Threat(위협)
• 4차산업에 대한 정부의 지속적인 지원 확대 • 고객에 대한 지속적인 수요 증가 • 신약개발에 대한 임상 규제완화 예상 • 국내 00 시장이 연간 00%로 높아지고 있음	• 기술 및 시장진입장벽 수준은 해외기업 중심의 독과점 체제임 • 미국 000사의 국내 시장 진입이 예상 되고 있음 • 대체제품인 OOO의 시장 점유율 확대

출처 :저자가 임의로 작성함

[포인트] 프레임 워크를 활용할 때는 기본적인 형태를 유지하는 것이 좋습니다.

다음 쪽 자료는 SWOT분석 프레임은 유지하면서 중요 키워드를 강조하고 색, 글꼴 등의 디자인을 부가해서 가독성을 높인 사례입니다. 위의 사례와 콘텐츠는 동일하지만 시각적인 부분이 강조되어 있

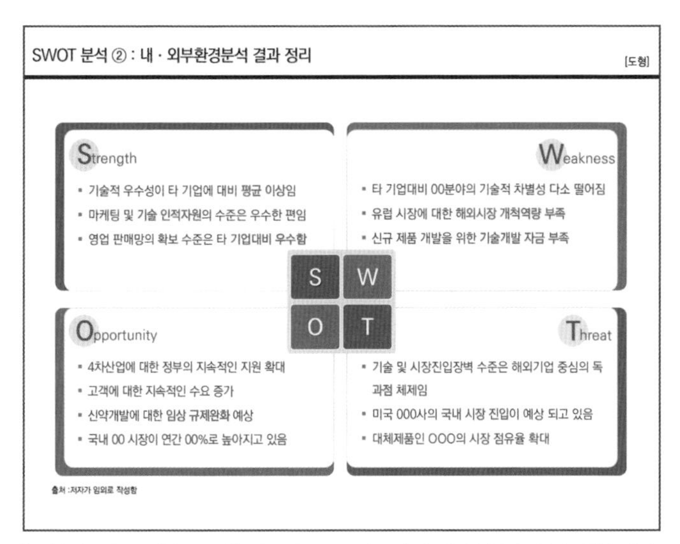

[포인트] 중요 키워드를 색, 글꼴 등으로 강조하면 가독성을 높일 수 있습니다.

습니다.

작성사례 ② Cross-SWOT분석

2단계에서는 1단계 결과를 교차분석하여 4가지 영역(SO, ST, WO, WT)에서의 전략이슈를 도출해야 합니다. 이때는 목적달성의 중요성, 실행 가능성, 차별성, 적합성 등을 고려하여 작성하게 됩니다. 참고로 SO, ST, WO, WT 영역별 전략의 개념은 다음과 같습니다.

- SO 전략 : **강점(S)을 기반으로 기회(O)요인을 적극적으로 활용하는 전략으로, 공격적인 전략**
- ST 전략 : **강점(S)을 기반으로 위협(T)요인을 극복하는 전략으로, 외부환경의 불리함을 최소화하는 전략**

SWOT분석의 영역별 전략의 특성

내부환경 / 외부환경	Strength	Weakness
Opportunity	SO 전략 내부의 강점을 통해 외부환경의 기회를 최대한 활용	WO 전략 외부환경의 기회를 살리기 위해 내부의 약점을 보완
Threat	ST 전략 내부의 강점을 통해 외부환경의 불리함을 최소화	WT 전략 외부환경의 불리함과 내부의 약점을 극복

- WO 전략 : **약점(W)을 보완하여 기회(O)요인을 활용하는 전략으로, 기회를 살리기 위해 내부의 약점을 보완하는 전략**
- WT 전략 : **약점(W)과 위협(T)요인을 회피하기 위한 전략으로, 내부의 약점을 극복하기 위한 전략**

다음은 실무에서 SWOT분석의 4가지 요인별 교차분석을 통해 연계성이 높은 이슈를 뽑아낸 예시입니다.

- 정부지원 증가(기회) – 기술경쟁력 보유(강점)
  → **핵심 기술 차별화를 통한 기술경쟁력 제고**
- 고객수요 증가(기회) – 높은 영업력 보유(강점)
  → **고객접근성 확대를 통한 시장 확대**
- 시장규제 완화(기회) – 높은 생산율 보유(강점)
  → **생산능력 우위를 통한 원가경쟁력 확보**

그럼 다음 자료를 기준으로 교차분석 요인 간 연계성을 분석하는 방법을 살펴보겠습니다. 먼저 SWOT분석 요인 간 상관관계가 어느 정도인지를 '문차트'로 표기합니다. 모두 표기했다면 그중에서 75%(◕) 이상 연계성이 있다고 생각되는 부분을 도형(□)으로 표시합니다.

그런 다음 자료의 오른쪽 부분처럼 도형으로 표시된 부분을 공통적으로 나타내는 전략이슈가 무엇인지를 표로 다시 정리합니다.

나머지 ST, WO, WT의 교차분석 결과에 대해서도 각각 이런 방식으로 정리해서 작성하면 됩니다.

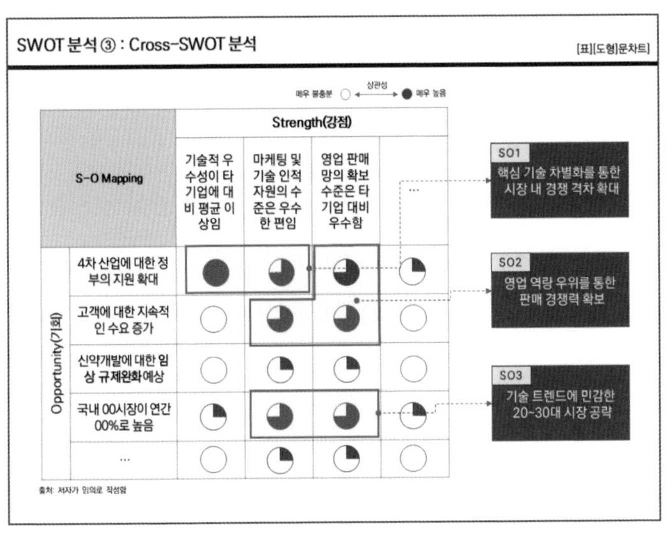

[포인트] 내부 · 외부환경을 교차한 후 분석하면 전략을 도출하기 쉽습니다.

위와 같은 방식으로 각각 정리한 4개의 전략을 1페이지로 정리하면 다음 쪽 사례와 같은 Cross-SWOT분석 결과물이 완성됩니다.

SWOT 분석 ④ : Cross-SWOT 분석

[표]

외부환경 요인	구분	내부환경 요인	
		강점(Strength) 1. 기술적 우수성이 타 기업에 대비 평균 이상임 2. 마케팅 및 기술 인적자원의 수준은 우수한 편임 3. 영업 판매망의 확보 수준은 타 기업 대비 우수함	약점(Weakness) 1. 타 기업 대비 00분야의 기술적 차별성 다소 떨어짐 2. 유럽 시장에 대한 해외시장 개척역량 부족 3. 신규 제품 개발을 위한 기술개발 자금 부족
	기회(Opportunity) 1. 4차산업에 대한 정부의 지속적인 지원 확대 2. 고객에 대한 지속적인 수요 증가 3. 신약개발에 대한 임상 규제완화 예상 4. 국내 00시장이 연간 00%로 높아지고 있음	SO전략 SO1 핵심 기술 차별화를 통한 시장 내 경쟁 격차 확대 SO2 영업 역량 우위를 통한 판매 경쟁력 확보 SO3 기술 트렌드에 민감한 20~30대 시장 공략	WO전략 WO1 부족한 연구능력을 보완하기 위해 컨소시엄 구성 WO2 유럽시장에 유통망을 보유한 기업과의 전략적 제휴 추진
	위협(Threats) 1. 기술 및 시장진입장벽 수준은 해외기업 중심의 독과점 체제임 2. 미국 000사의 국내 시장 진입이 예상 되고 있음 3. 대체제품인 OOO의 시장 점유율 확대	ST전략 ST1 IP 분쟁 대응을 위한 IP확보 전략 및 분쟁대응 방안 수립 ST2 미국 시장에 네트워크를 보유한 전문 인력 확보	WT전략 WT1 미국 시장 경쟁 심화에 따른 원가 경쟁력 확보 노력 WT2 경쟁력이 우수한 기업을 탐색하여 M&A추진

출처 : 저자가 임의로 작성함

[포인트] 전략별로 고유번호(SO1, SO2, SO3 등)를 부여하면 관리하기 편합니다.

작성사례 ③ 사업목표 도출

3단계에서는 다음 쪽 사례처럼 Cross-SWOT분석 결과물을 사업 단위로 그룹핑해야 합니다. 여기서 사업단위는 이 기획의 목표이면서 우리가 해야 할 일을 제시하는 것입니다.

사례에서는 앞서 Cross-SWOT분석을 통해 도출된 전략들을 나열하고, 해당 전략들을 조합하여 우리의 사업목표를 도출하는 과정을 나타냈습니다. 전략은 사업목표를 달성하기 위한 실행계획입니다. 하나의 전략이 하나의 사업목표가 되는 경우도 있지만, 보통 여러 개의 전략을 종합해야 하나의 사업목표가 달성되는 경우가 더 많습니다.

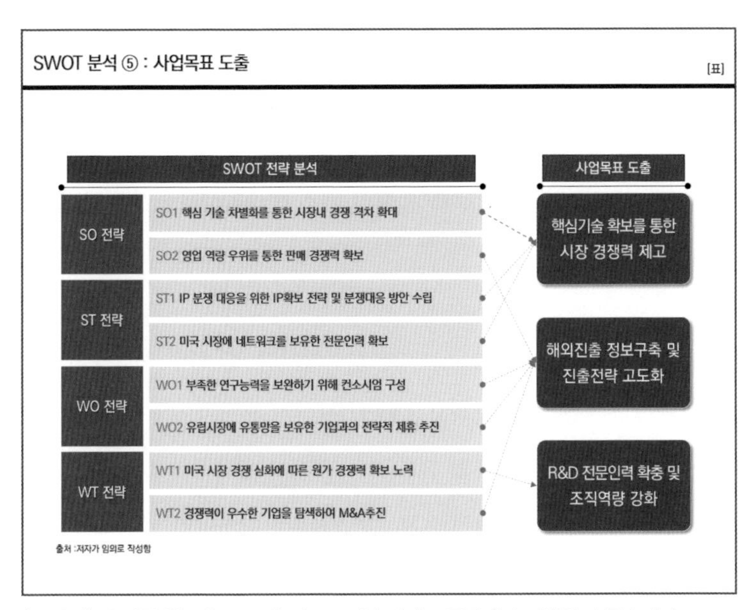

[포인트] 유사한 항목을 3~5개 정도로 단순하게 그룹핑해야 기억하기 좋습니다.

TIP 1_ 빅카인즈를 활용한 뉴스분석 : 149쪽 파워포인트 자료 참조

빅카인즈(www.bigkinds.or.kr)를 활용한 뉴스 빅데이터분석 방법을 알아보겠습니다.

01 빅카인즈(www.bigkinds.or.kr)에 접속합니다. ❶ 상단 메뉴에서 [뉴스 분석〉뉴스검색 · 분석]을 선택하고 ❷ [Step 01. 뉴스 검색] 창에서 키워드를 입력합니다. ❸ 기본적인 분석기간은 3개월로 설정되어 있는데, 필요 시 [기간] 메뉴에서 원하는 기간(6개월, 1년 등)으로 변경하면 됩니다. ❹ 옵션을 모두 설정한 다음 [적용하기]를 클릭하면 결과가 나옵니다.

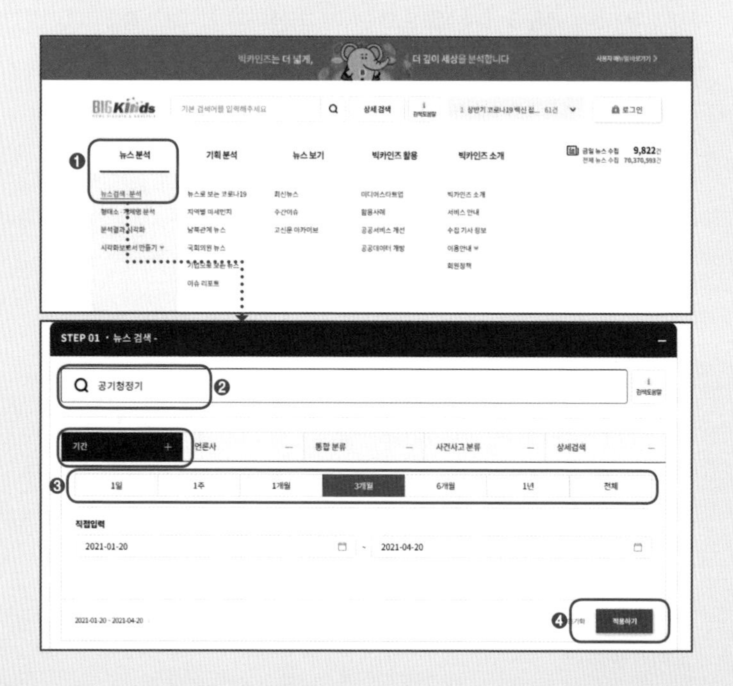

02 [적용하기]를 누르면 다음과 같은 [Step 02. 검색 결과] 창이 나옵니다.

그런데 아무리 빅데이터 분석 시스템이라고 해도 우리 입맛에 맞지 않는 뉴스가 보이기 마련입니다. 이런 경우 연관어 분석에 오류가 발생할 수 있으므로 ❶ 분석목적에 맞지 않는 기사가 있다면 [분석제외]를 클릭해서 해당 뉴스를 제외시킵니다. 다만 [분석제외] 기능은 회원가입을 해야 활용할 수 있습니다. ❷ 뉴스의 상세 내용을 파악하고 싶다면 해당 뉴스를 클릭하면 됩니다.

03 분석에 필요한 뉴스를 정비했다면 이제 분석을 해보겠습니다. [Step 03. 분석결과 및 시각화]를 클릭하면 여러 개의 분석도구가 나오는데, 우리는 '공기청정기'와 함께 언급되는 연관단어를 찾는 것이므로 ❶ [연관어 분석]을 클릭합니다.

❷ 차트 선택은 [막대그래프]를 체크하고, 데이터 유형은 [기사건수]를 체크하면 다음 쪽 그림과 같은 그래프가 나옵니다. ❸ 데이터를 다운받고 싶다면 그래프 우측 상단에 있는 다운로드 아이콘에 커서를 가져가 나온 메뉴에서 [Save as〉원하는 파일형태]를 선택하면 됩니다. ❹ 그래프 하단에서

연관어 분석에 사용된 상세 뉴스를 살펴볼 수도 있습니다.

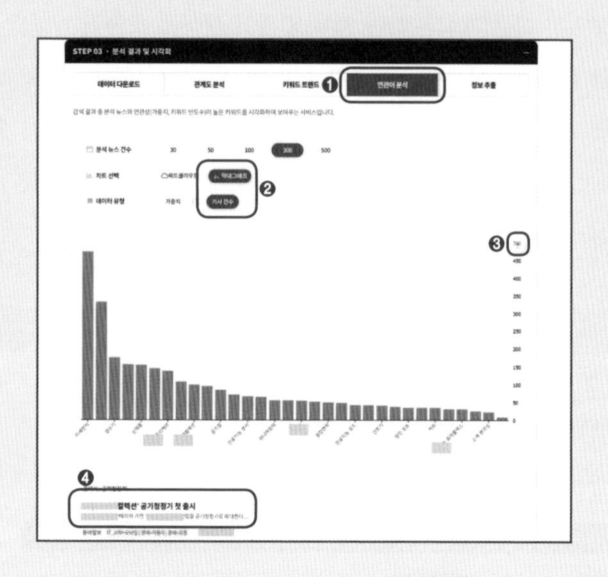

TIP 2_ 구글 트렌드 활용하기 : 151쪽 파워포인트 자료 참조

01 구글 트렌드(trends.google.com)에 접속해서 ❶ 검색키워드를 입력합니다. 이때 키워드가 2개 이상이면 사례(공기청정기, 식기세척기)처럼 키워드 사이에 ',(쉼표)'를 넣어주면 됩니다.

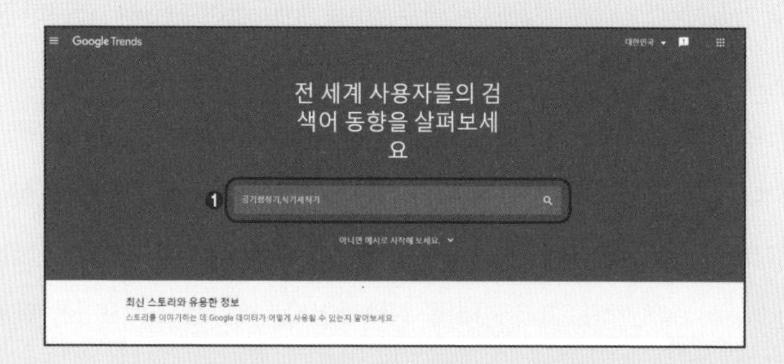

02 분석결과가 나오면 ❶ 분석대상 국가를 선택할 수 있습니다. ❷ 분석기간은 '최근 12개월'로 기본 설정되어 있는데, 필요 시 원하는 분석기간을 별도로 지정하면 됩니다.

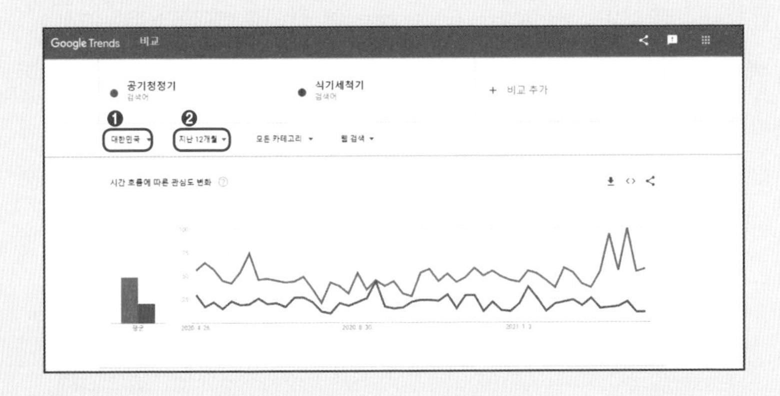

03 분석 데이터도 변경해 볼까요? 기본적인 데이터베이스(DB)는 [웹 검색(www.google.co.kr)]으로 되어 있습니다. 구글은 구글쇼핑, 구글뉴스, 유튜브 등 다양한 서비스를 운영하고 있는데, ❶ 필요 시 유튜브(www.youtube.com) 검색키워드만 별도로 분석할 수도 있습니다. 고객층에 따라서 검색 DB가 다르기 때문에 필요에 따라 DB를 변경하면 됩니다. ❷ 다운로드 아이콘을 클릭하면 데이터를 엑셀파일(CSV)로 내려받을 수 있습니다. 내려받은 데이터를 표, 그래프 등 다양한 작업에 활용하면 되겠네요.

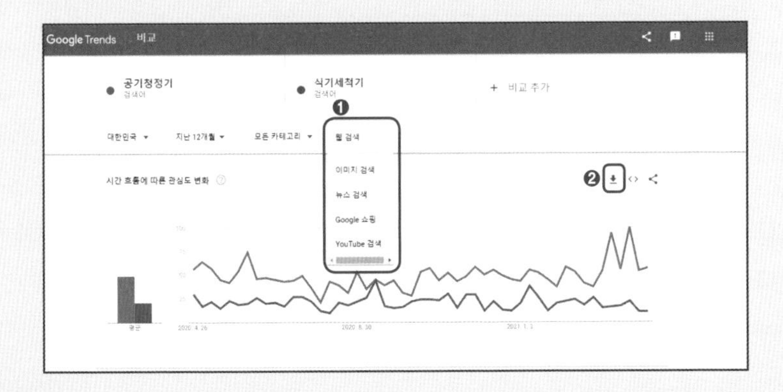

TIP 3_ 네이버 데이터랩 활용하기 : 151쪽 파워포인트 자료 참조

01 네이버 데이터랩(datalab.naver.com)에 접속해 ❶ 상단 메뉴에서 [검색어 트렌드]를 선택하고 검색키워드를 입력합니다. 키워드가 2개 이상이라면 [주제어1], [주제어2]에 각각 넣어주면 됩니다. ❷ 분석기간은 '1년'으로 기본 설정되어 있는데 필요 시 별도의 분석기간을 설정하면 됩니다. ❸ 하단 카테고리에서 분석조건을 검색기기별, 성별, 연령별 등으로 설정할 수도 있습니다.

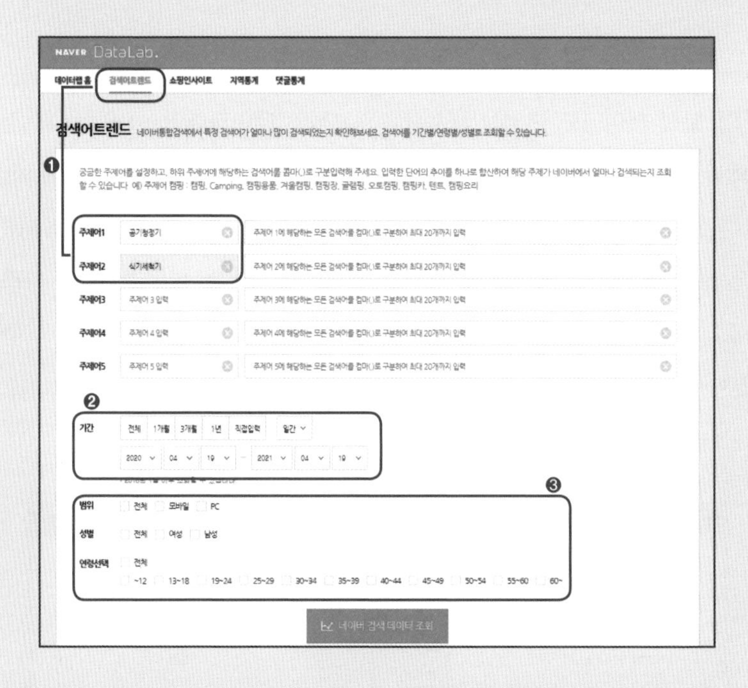

02 다음 쪽 그림과 같이 분석결과가 나왔는데, 그래프가 이쁘지 않습니다. ❶ 다행히 엑셀파일(xlsx)로 다운로드가 가능합니다. 내려받아서 표, 그래프 등 다양한 작업에 활용하면 되겠네요.

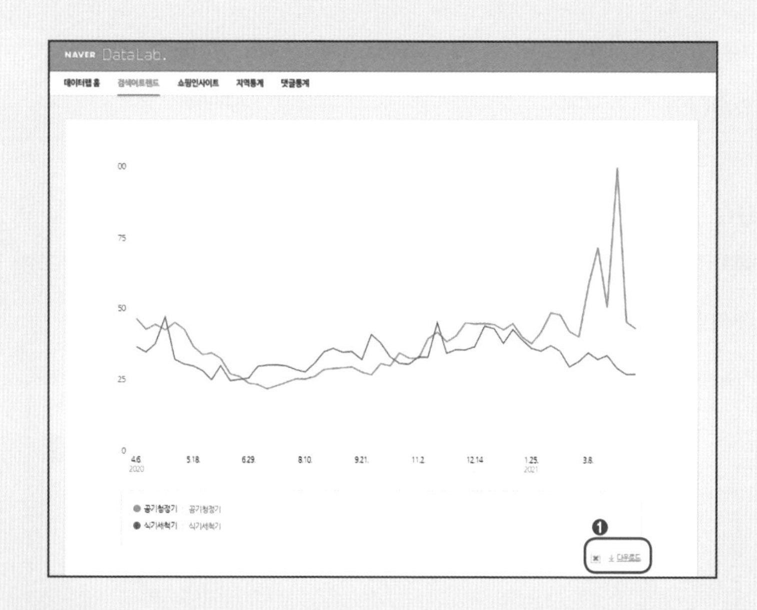

03 이제 쇼핑키워드를 분석하는 방법을 알아보겠습니다. ❶ 데이터랩(datalab.naver.com) 초기화면 상단 메뉴에서 [쇼핑인사이트]를 선택합니다. ❷ 우리는 검색어로 검색할 것이므로 [검색어 통계]를 선택합니다. ❸ 검색키워드를 넣기 전에 [분야]에서 쇼핑제품 분야를 선택해야 합니다. 공기청정기의 제품분야인 [디지털/가전]을 선택했습니다. ❹ 이제 검색어 입력창에서 비교키워드인 '공기청정기, 식기세척기'를 입력합니다. 이때 하단

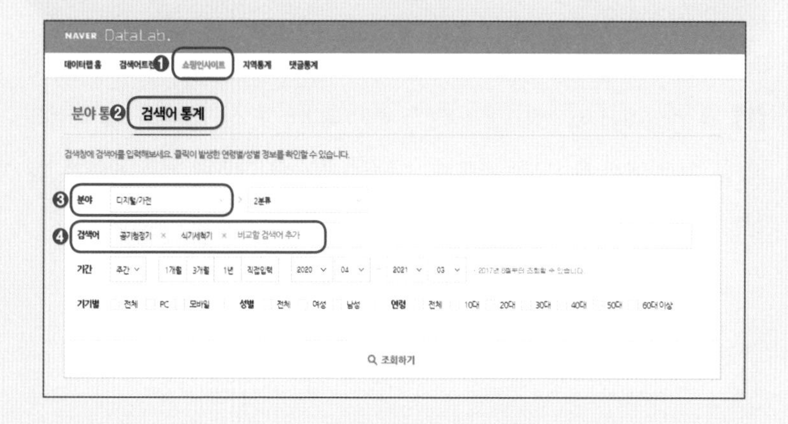

카테고리에서 분석기간, 조건을 검색기기별, 성별, 연령별로 설정할 수도 있습니다.

04 [조회하기]를 눌러서 아래와 같이 분석결과가 나왔는데, 그래프가 이쁘지 않습니다. ❶ 다행히 여기서도 엑셀파일(xlsx) 다운로드가 가능하네요. 내려받아서 표, 그래프 등 다양한 작업에 활용하면 되겠죠.

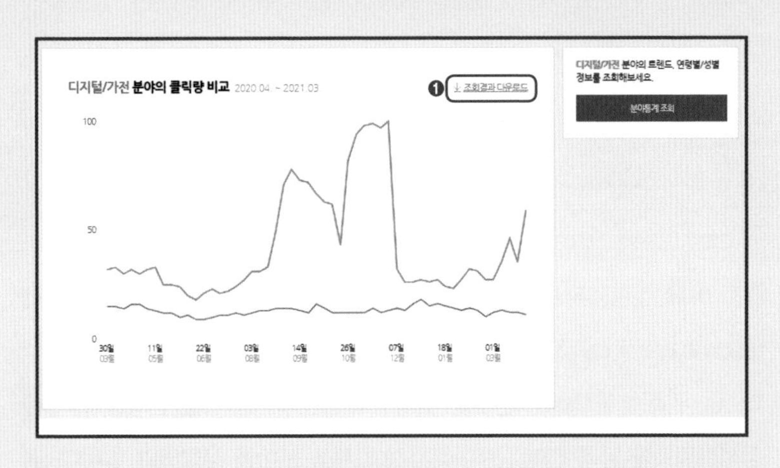

TIP 4_ 매트릭스 활용하기 : 166쪽 파워포인트 자료 참조

01 ❶ 엑셀에서 매트릭스를 만들기 위한 데이터를 선택합니다. ❷ 메뉴의 [삽입〉차트]에서 ❸ [모든 차트]를 선택합니다. ❹ 다양한 차트 중에서 [분산형 차트]를 선택합니다.

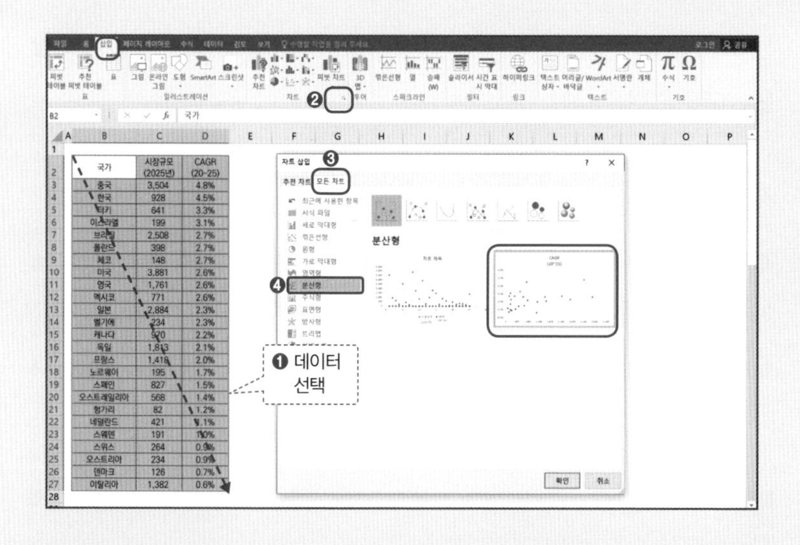

02 이제 만들어진 그래프를 보기 좋게 편집해 보겠습니다. ❶ 먼저 '제목'을 선택해 Delete 키를 눌러 제거합니다. 이제 그래프를 보기 좋게 만들기 위해 축 옵션을 조정해 보겠습니다. ❷ 먼저 X축을 선택하고 마우스 오른쪽 버튼을 클릭해서 [축 서식]을 선택합니다. ❸ [축 서식]의 [축 옵션〉경계]에서 [최대값]을 조정합니다. Y축도 같은 방식으로 [최대값]을 조정합니다. 이때 모든 데이터가 그래프에서 벗어나지 않도록 [최대값]을 설정해야 한다

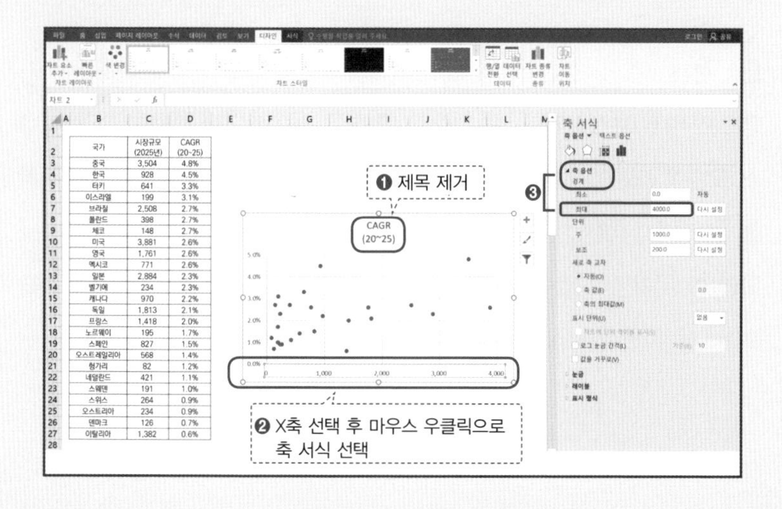

는 데 주의해야 합니다. 사례에서는 X축의 최대값을 4,000, Y축의 최대값을 5%로 설정했습니다.

03 이제 그래프 안의 각 좌표에 이름표(레이블)를 달아 보겠습니다. ❶ 그래프 안의 아무 점이나 선택하고 마우스 오른쪽 버튼을 클릭합니다. ❷ [데이터 레이블 추가〉데이터 레이블 추가]를 클릭하면 좌표마다 레이블(이름표)이 표시됩니다. 사례의 경우 기능을 실행하면 좌표의 레이블이 CAGR의 % 값으로 설정됩니다.

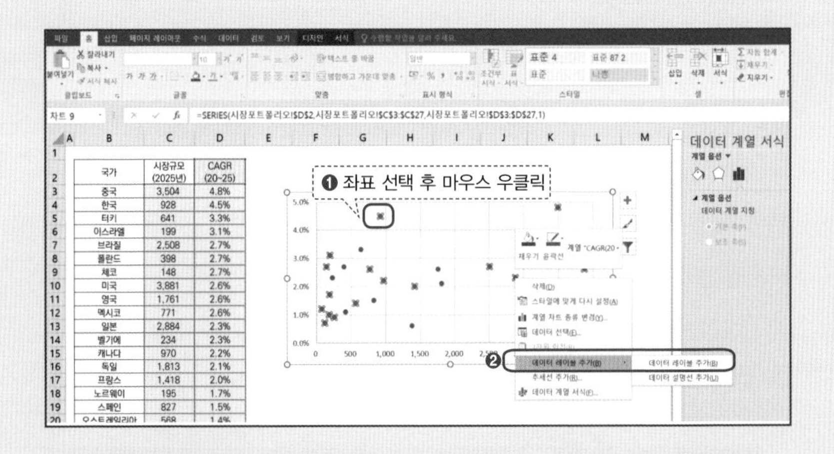

04 현재 Y축의 CAGR의 % 값으로 나타난 레이블을 우리가 원하는 국가명으로 바꿔 보겠습니다. ❶ 그래프 내 아무 레이블이나 선택한 다음 마우스 오른쪽 버튼을 클릭하고 [데이터 레이블 서식]을 선택합니다. ❷ [레이블 옵션]에서 [셀 값]을 선택합니다. ❸ [데이터 레이블 범위] 입력 창이 나오면 ❹ 국가명이 있는 데이터를 선택합니다. 이때 표 제목은 제외하고 순수한 데이터만 선택해야 합니다.

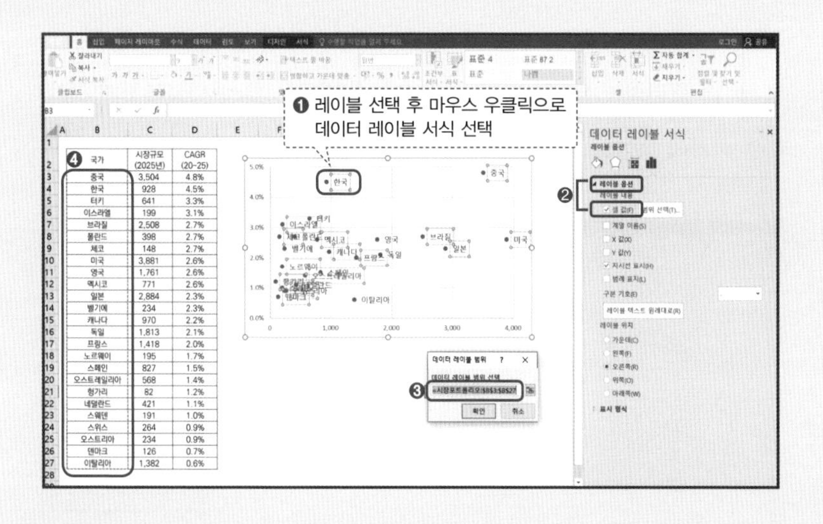

05 이제 좌표를 기본 색상으로 바꿔보겠습니다. ❶ 그래프 내 아무 좌표나 선택하고 마우스 오른쪽 버튼을 클릭해 [데이터 계열 서식]을 선택합니다. ❷ [채우기〉표식]에서 [채우기 : 회색], [테두리 : 선 없음]을 선택하면 모든 좌표가 회색으로 바뀝니다.

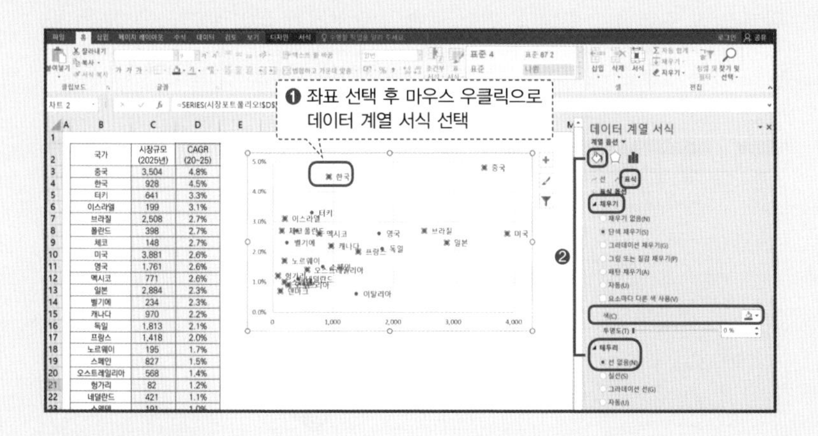

06 그래프에서 국가명이 겹쳐지는 상황을 조정해 보겠습니다. ❶ 겹쳐져 있는 국가명을 선택해서 마우스 드래그로 위치를 조정합니다. 이제 우리의

주요 타깃국가의 색상을 바꿔서 강조해 보겠습니다. ❷ 해당 국가의 좌표를 두 번 클릭한 다음 ❸ 06의 색 채우기 방법을 이용해 색상을 바꿉니다. 다른 국가의 색상도 같은 방식으로 바꾸면 됩니다.

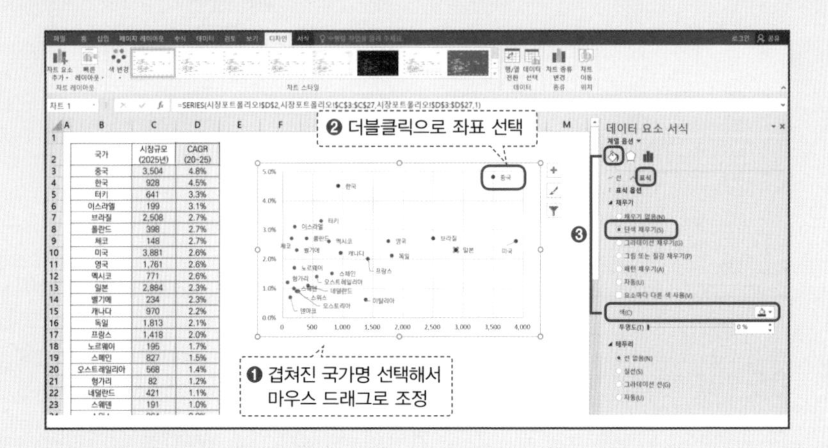

07 166쪽의 매트릭스 작성사례처럼 도형을 이용해 영역을 표시해 보겠습니다. ❶ [도형〉선]에서 [자유형 : 도형]을 선택하고 ❷ 마우스로 원하는 범위에 맞춰 도형을 그립니다. 이때 도형의 모서리가 꺾이는 지점을 한 번 클릭한 다음 다음번 꺾이는 지점을 다시 클릭하는 방식으로 그리면 됩니다.

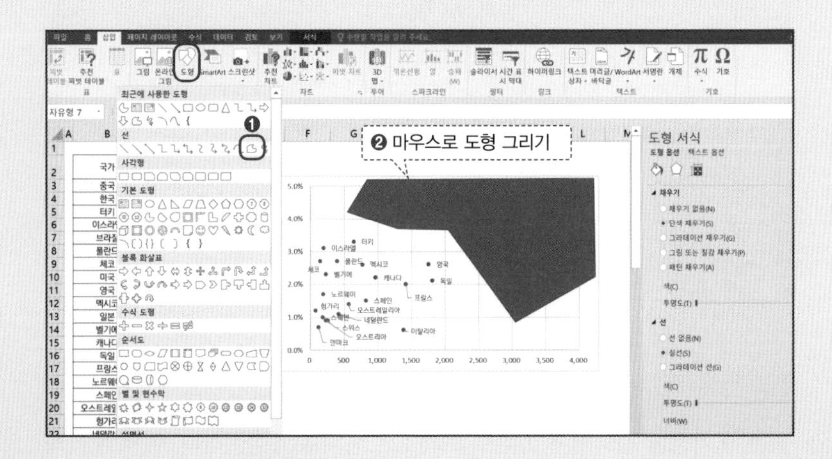

08 딱딱해 보이는 도형을 부드럽게 만들어 보겠습니다. ❶ 도형을 선택하고 마우스 오른쪽 버튼을 클릭합니다. ❷ 선택 메뉴 중에서 [점 편집]을 선택하면 도형의 각 모서리를 선택할 수 있게 됩니다.

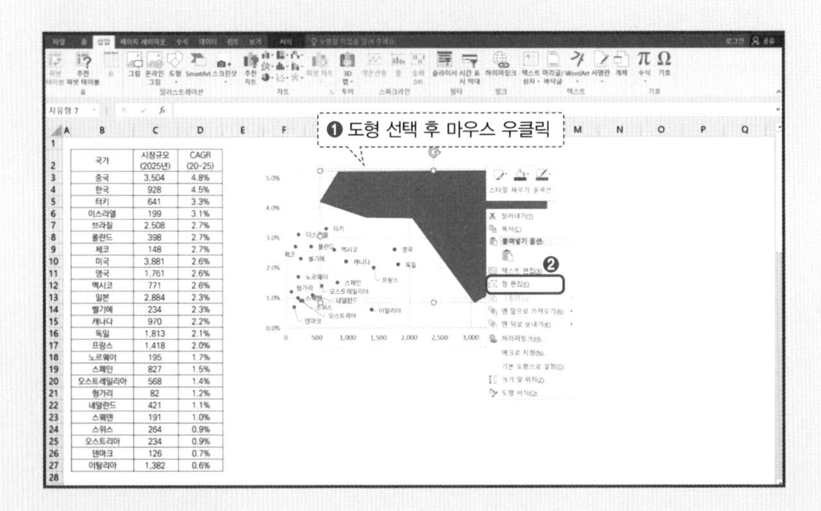

09 ❶ 다시 도형 모서리의 ■ 모양을 선택하고 ❷ 마우스 오른쪽 버튼을 클릭해서 나온 선택 창에서 [부드러운 선]을 선택합니다. 부드럽게 조정된 모서리의 ■ 모양을 선택해서 드래그하면 좀 더 부드럽게 다듬을 수 있습니다.

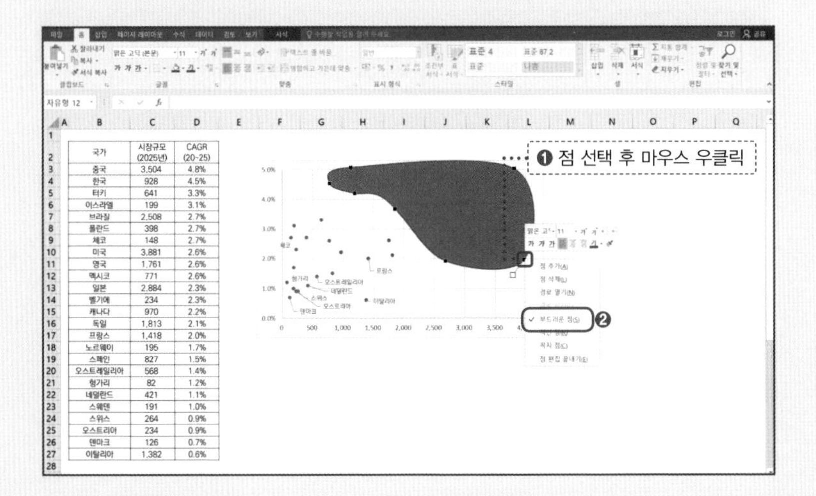

10 이제 국가명이 잘 보이도록 도형의 색상을 연하게 바꿔 보겠습니다. ❶ 만들어진 도형을 선택한 다음 마우스 오른쪽 버튼을 클릭해 [도형 서식]을 선택합니다. ❷ [단색 채우기]를 선택하고 [색 : 원하는 색], [투명도 : 70%]로 설정합니다. 이제 매트릭스가 완성되었습니다. 필요에 따라 아래 완성형태에서 글자 크기 조정, 축 범례 제거, 축 눈금선 제거 등의 편집을 추가해서 작성하려는 자료에 적합하게 활용하면 됩니다.

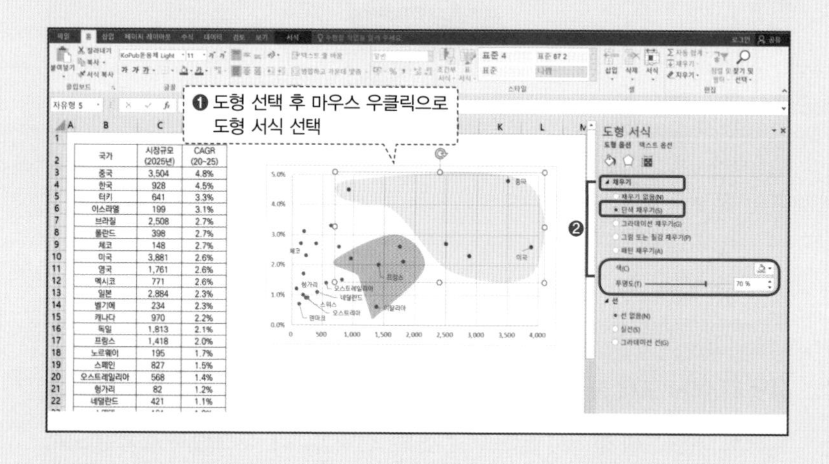

TIP 5_ 무료 이미지 활용하기 : 167쪽 파워포인트 자료 참조

기획서를 작성하다 보면 자료에 대한 이해를 돕기 위해 이미지를 활용해 시각화하는 경우가 종종 있습니다. 발표용 자료라면 '그림'을 자주 사용하죠. 이럴 때는 사용저작권의 제약이 없는 이미지를 활용하는 것이 좋습니다. 여기서는 가장 대표적인 무료 이미지 제공 사이트인 '픽사베이' 활용법에 대해 알아보겠습니다.

01 ❶ 픽사베이(pixabay.com)에 접속해 키워드를 입력합니다. ❷ 입력창 우측에서 이미지 종류를 '벡터 그래픽'으로 선택하고 이미지를 검색합니다. 참고로 벡터 그래픽은 색상변경이 자유롭고, 확대해도 깨짐현상이 없으며, 파워포인트에서 개체분해와 점 편집, 도형 편집 등이 가능하다는 장점이 있습니다.

02 검색결과에서 원하는 이미지를 찾아서 선택합니다.

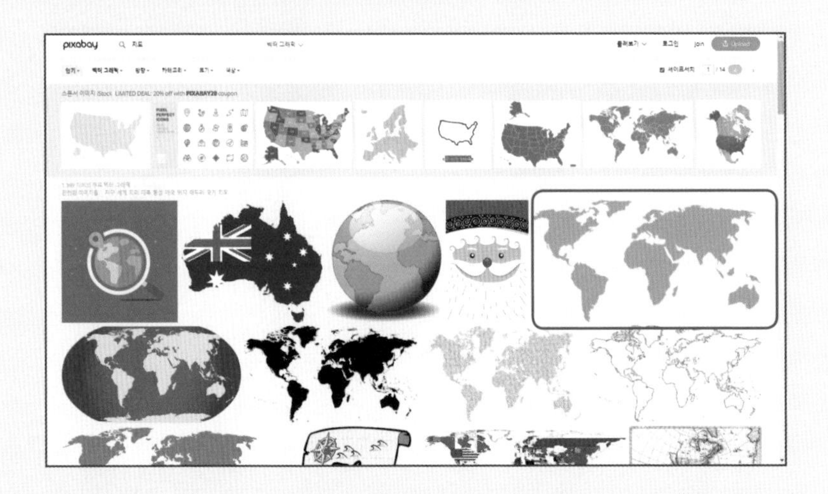

03 ❶ 이미지를 선택하면 첫 번째로 저작권 활용정보를 반드시 확인해야 합니다. 픽사베이에서 제공하는 이미지는 대부분 상업적 이용에 제한이 없지만 그래도 모르니까 항상 이미지 사용권한을 확인할 필요가 있습니다. ❷ [무료 다운로드] 버튼을 클릭해 이미지를 다운로드받습니다.

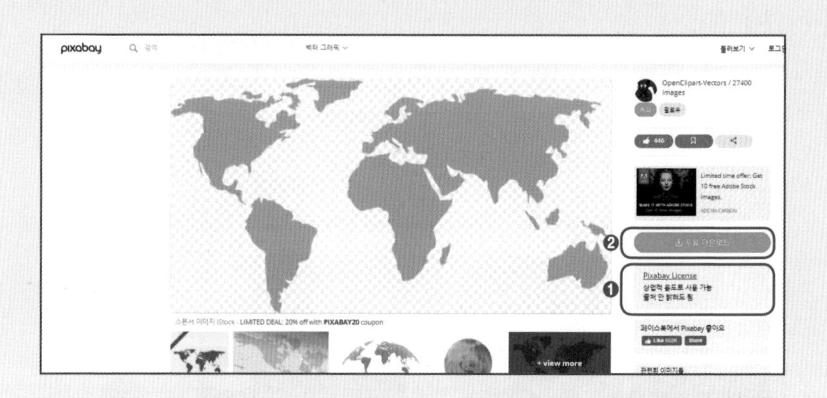

04 내려받은 세계지도 이미지를 파워포인트에 삽입해 보겠습니다. ❶ 메뉴에서 [삽입〉그림]을 클릭해 ❷ 내려받은 이미지를 선택합니다. 크기를 조정해서 원하는 위치에 배치합니다.

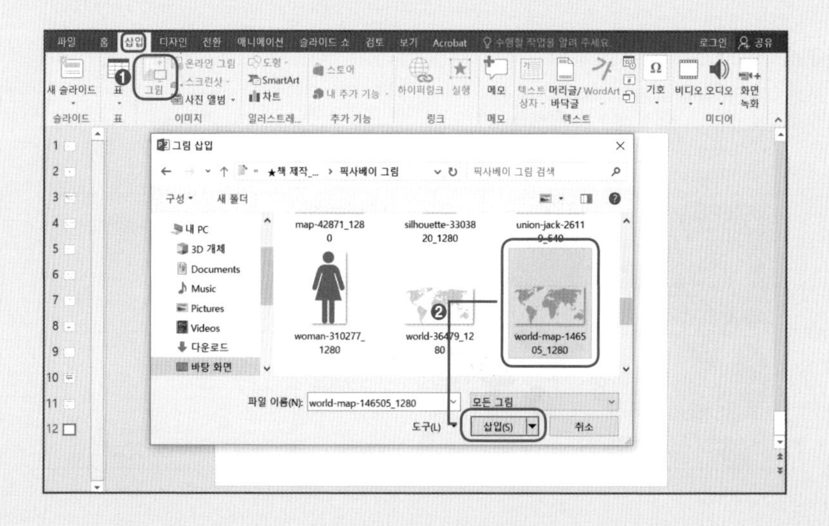

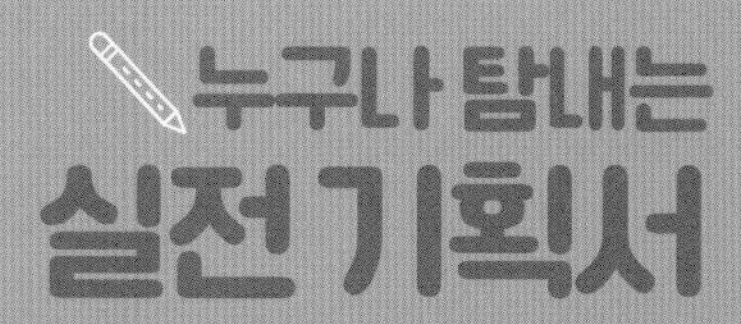
누구나 탐내는
실전기획서

4장

우선 목차를 작성해 보고 다시 회의합시다

01

기획서 종류 이해하기

김 대리 : 과장님, 이제 기획서를 작성하면 될까요?
박 과장 : 아니, 그 전에 기획서 목적에 맞춰서 목차부터 작성해 봐야 지!
김 대리 : 네? 기획서별로 목차를 작성하는 방법이 따로 있나요?
박 과장 : …
(음, 아직 기획서별 특징도 이해하지 못하고 있군…)

이제 드디어 기획서를 작성하는 단계에 접어들었습니다. 그런데 바로 기획서를 작성하면 될 듯한데 박 과장님은 목차부터 작성해 오라고 합니다. 왜 박 과장님은 목차에 집착할까요? 목차는 맛있는 기획서를 만들기 위한 레시피에 해당하기 때문입니다. 제대로 된 레시피 없이 요리한다면 맛없는 요리가 나올 수밖에 없을 테니까요.

우선 목차를 작성하기 전에 기획서의 종류부터 알아보겠습니다. 기획서의 종류는 매우 다양하고 각각의 목적도 다르니까요. 목적을 이해해야 상대방이 원하는 바를 알 수 있고, 원하는 바에 따라서 목차를 작성할 수 있습니다. 여기서는 정책기획서, 사업제안서, 사업기획서, 투자유치제안서, 마케팅전략보고서 등 다양한 기획서 각각의 특징을 간단히 살펴보겠습니다.

1) 정책기획서

정책기획서는 주로 국가나 정부기관에서 새로운 정책을 입안하기 위해 작성합니다. 기획대상은 국가 산업을 육성하기 위한 정책, 국내 기업의 기술개발지원을 위한 R&D 정책, 정부기관의 운영을 위한 정책 등 매우 다양합니다.

참고로 정책기획서는 외부의 전문기관에 의뢰하여 작성할 경우 국민 세금으로 기획비용을 지불하기 때문에, 특별히 보안이 필요한 경우를 제외하고는 '온-나라 정책연구(www.prism.go.kr)' 사이트를 통해 국민 누구나 기획결과물을 확인할 수 있도록 하고 있습니다.

2) 사업제안서

사업제안서는 기업 내부보다는 주로 외부 발주기관을 설득하기 위해 작성합니다. 일반적으로 '제안서'라고 부릅니다. 사업제안서는 특정 프로젝트사업을 수행하는 주체로서 우리 기업을 선정해 달라는 목적으로 작성합니다. 프로젝트 형태로 일하는 기업들은 1년에 몇 번씩 작성할 정도로 작성빈도가 높습니다. 필자가 근무하는 회사도 컨설팅기업이기 때문에 많이 작성합니다. 우리만 작성하는 것이 아니라 많은 기업과 경쟁해야 하기 때문에 자사의 역량을 최대한 살리면서 타사와의 차별성을 보여주는 데 중점을 둬야 합니다.

3) 사업기획서

사업기획서는 주로 기업 내부에서 신사업 추진에 대해 경영진을 설득하기 위해 작성합니다. 일반 직장인들이 가장 많이 작성하는 기획서 유형입니다. 기업 내부에서 사용되는 기획서이다 보니 기업의 역량보다는 기획 아이디어의 차별성을 강조하는 데 초점을 둬야 합니다. 이 책의 내용과 구성도 사업기획서에 맞춰져 있으니 긴 설명은 하지 않겠습니다.

4) 마케팅계획서

마케팅계획서는 기업 내부에서 돈을 어떻게 벌겠다 라는 계획을 제시하기 위해 작성합니다. 사업기획서와 다른 점은 시장 변화에 따라 수시로 내용을 수정한다는 데 있습니다. 작성빈도로만 본다면 사업기획서는 신사업을 추진할 때 한 번 작성하는 반면, 마케팅계획서는 기대 이상의 마케팅 성과가 나올 때까지 무수히 반복해서 작성하게 됩니다.

사업기획서에도 마케팅전략이 포함되지만 해당 전략은 사업추진 전에 도출한 가설일 뿐입니다. 따라서 본격적으로 사업을 론칭할 때나, 사업을 진행하는 중간에도 가설이 맞지 않는 경우 시장상황에 맞춰 수시로 마케팅계획서를 수정해야 합니다. 모든 기획의 끝은 결국 돈을 버는 데 있으니까요.

5) 투자유치제안서

투자유치제안서는 외부 투자자에게 우리 기업에 투자해 달라고 하기 위해 작성합니다. 주요 목적이 '당신이 우리에게 얼마를 투자하면 얼마를 벌게 해주겠다'라는 데 있는 것이죠. 따라서 투자유치제안서는 금액적인 수치에 중점을 둬야 합니다.

이때 가장 중요한 사항은 정확한 수치를 제시하는 데 있습니다. 회사 내부라면 수치가 일부 틀리더라도 인정하고 넘어갈 수도 있겠지만, 투자유치제안서는 수치가 정확하지 않으면 기획서 전체의 신뢰성을 의심받게 됩니다. 우리가 친구에게 돈을 빌려줄 때도 고민의 핵심은 '이자를 얼마나 받을 수 있느냐'가 아니라 '친구를 얼마나 신뢰하느냐'에 있을 테니까요. 기업과 투자자 간의 관계도 이와 같은 이치라고 생각하면 됩니다.

6) 연구개발계획서

연구개발계획서는 주로 정부에서 정책자금을 지원 받기 위해 작성합니다. 우리나라 중소기업 중 대부분이 이런 정책자금을 받고 있으니 기업의 기획팀에서는 매년 여러 개의 기획서를 작성해야 합니다.

정부가 정책자금을 일반기업에 지원하는 목적은 개별기업의 성장을 원해서가 아니라 국가 차원에서의 이점을 원하기 때문입니다. 정책자금의 원천은 대부분 세금이므로 개별기업보다는 국가 차원에서의 이득을 중요하게 생각하는 것이죠. 이를 줄여 말하면 '사회적 파

주요 기획서의 작성목적과 설득대상

구분	작성목적	설득대상
정책기획서	국가 측면에서 정부예산을 확보하기 위해서 산업정책, 기술정책 등 정책적으로 추진사업을 수립하는 기획서	정책입안자
사업제안서	신규 프로젝트를 수주하기 위해서 발주기관에 제출하는 용도의 기획서	발주기관
사업기획서	신규사업 추진이나 기존 사업의 개선을 목적으로 경영진에서 제출하는 용도의 기획서	상사, 경영진
마케팅계획서	성공적인 마케팅활동을 위해서 경영진에게 마케팅전략을 수립하여 보고하는 용도의 기획서	상사, 경영진
투자유치 제안서	외부 투자자에게 우리 기업의 현황, 사업방향 등을 전달하여 투자를 받기 위한 용도의 기획서	투자기관
연구개발계획서	신규 연구개발 추진을 위해 기업 내부 및 정부에서 연구개발자금을 받기 위한 용도의 기획서	과제 평가위원

급효과'라고 합니다.

따라서 연구개발계획서를 작성할 때는 우리 기업의 매출성장도 중요하지만, 우리 기업의 성장이 사회적으로 어떤 파급효과를 줄 수 있는지에 중점을 둬야 합니다.

지금까지 기획서의 종류별 특징을 살펴봤습니다. 참 종류도 쓰임새도 다양하죠? 하지만 우리는 이 모든 기획서의 공통점이 상대방을 '설득'하는 데 있다는 점만 이해하면 됩니다.

02

목차 만들기

'목차가 반이다'라고 주장하는 사람도 있을 만큼 목차를 잡는 작업은 중요합니다. 하지만 목차를 잡는 데 많은 고민을 할 필요는 없습니다. 목차는 기획서가 마무리될 때까지 많은 수정을 거치게 되니까요. 이 책의 목차도 얼마나 많이 바뀌었는지 기억도 안 날 정도입니다. 책 목차도 이런데 하물며 많은 투자비용이 소요되는 기획서는 말할 필요도 없겠죠. 그러니 처음부터 정확한 목차를 작성해야 한다는 강박관념에 사로잡힐 필요는 없습니다.

목차에 정답은 없습니다. 필자도 15년간 제안서, 기획서 등 500건 이상의 크고 작은 보고서를 작성해 봤지만 아직도 정답을 찾지 못했습니다. 그 이유를 생각해보니 목차의 큰 뼈대는 동일할 수 있지만 내용이 같은 기획서는 존재하지 않더라고요. 목차는 기획서의 큰 뼈대만 제대로 잡고 있으면 됩니다. 다시 말해 기획목적에 맞는 스토리만 제대로 담고 있으면 됩니다.

그럼 목차에 스토리는 어떻게 담을까요? 점점 미궁에 빠지죠? 이럴 때 수많은 책에서는 MECE, 로직트리 등 논리적 사고개념을 설명합니다. 물론 이런 논리적 사고개념은 매우 중요합니다. 실제 기획서를 작성할 때도 이런 개념이 암묵적으로 쓰이니까요.

하지만 이 책은 실용서이기 때문에 이런 이론은 다루지 않겠습니다. 특히 초급기획자라면 들어도 어떻게 적용할지 모릅니다. 최소 몇 개의 기획서를 만들어 본 기획자라야 이런 논리적 사고개념이 머릿속에 각인될 테니까요. 우리 같은 초급자들은 단순하면서 쉽게 따라 할 수 있는 방법을 활용해야 합니다. 절대 독자 여러분을 무시해서가 아닙니다. 필자의 경험상 그렇다는 것이니 오해 없기 바랍니다.

'상사의 업무지시를 질문으로 쪼개고 스토리로 재배열한다.'

이 한 문장만 기억합시다.

1) 상사의 업무지시를 질문으로 쪼개기

기획의 초기로 돌아가 보면 기획이 '상사의 업무지시'에서 시작되었음을 알 수 있습니다. 여기에 답이 있습니다. 즉, 상사의 업무지시에 맞는 콘텐츠를 먼저 파악해야 합니다. 콘텐츠를 스토리로 바꾸면 목차가 되니까요.

상사의 업무지시 내용을 펼쳐서 질문으로 쪼개봅니다. 그러고 나서 질문으로 단어를 쪼개봅니다. 이때 질문은 한 번으로 끝내는 것이 아니라 꼬리에 꼬리를 물듯 질문해야 합니다. 그럼 어떻게 질문으로 쪼갤까요? 질문으로 쪼갤 때도 원칙이 있어야 합니다. 이때 우리가 일기를 쓰기 시작할 때부터 무수히 들었던 글쓰기 원칙인 '육하원칙'을 활용할 수 있습니다. 지겹게 들었지만 지겹게 활용되는 글쓰기 기본 개념이죠. 다음과 같이 육하원칙(누가, 언제, 어디서, 무엇을, 어떻게, 왜)에 따라 질문을 던져볼 수 있습니다.

누구와 하지? / 언제 출시하지? / 어디에 팔지? / 어떤 아이템을 추진하지? / 어떻게 돈을 벌지? / 왜 기획을 하지?

이런 식으로 질문은 한 번 하고 두 번 하고 필요에 따라 n번 해야 합니다. 그러다 보면 단순한 업무지시 한 문장이 10개, 20개의 질문으로 쪼개집니다. 이 과정을 설명하기 위해 다음 쪽 그림과 같이 도형으로 구성해 봤는데 약간 복잡해 보이네요.

하지만 다음 쪽의 사례는 우리 뇌에서 이미 수십 번 하고 있는 질문 쪼개기를 도형으로 표현한 것일 뿐입니다. 박 과장님이 수시로 멍하니 창문만 쳐다보는 데는 다 이런 이유가 있었네요. 과장님이 멍 때리고 나면 항상 김 대리의 업무가 늘어나지만요. 이를 확대해석하면 누가 멍을 많이 때리느냐가 목차의 질을 판가름한다고도 볼 수 있습니다. 이제 기획업무를 지시받았을 때 먼저 키보드를 잡기보다는 멍을 때려 봅시다.

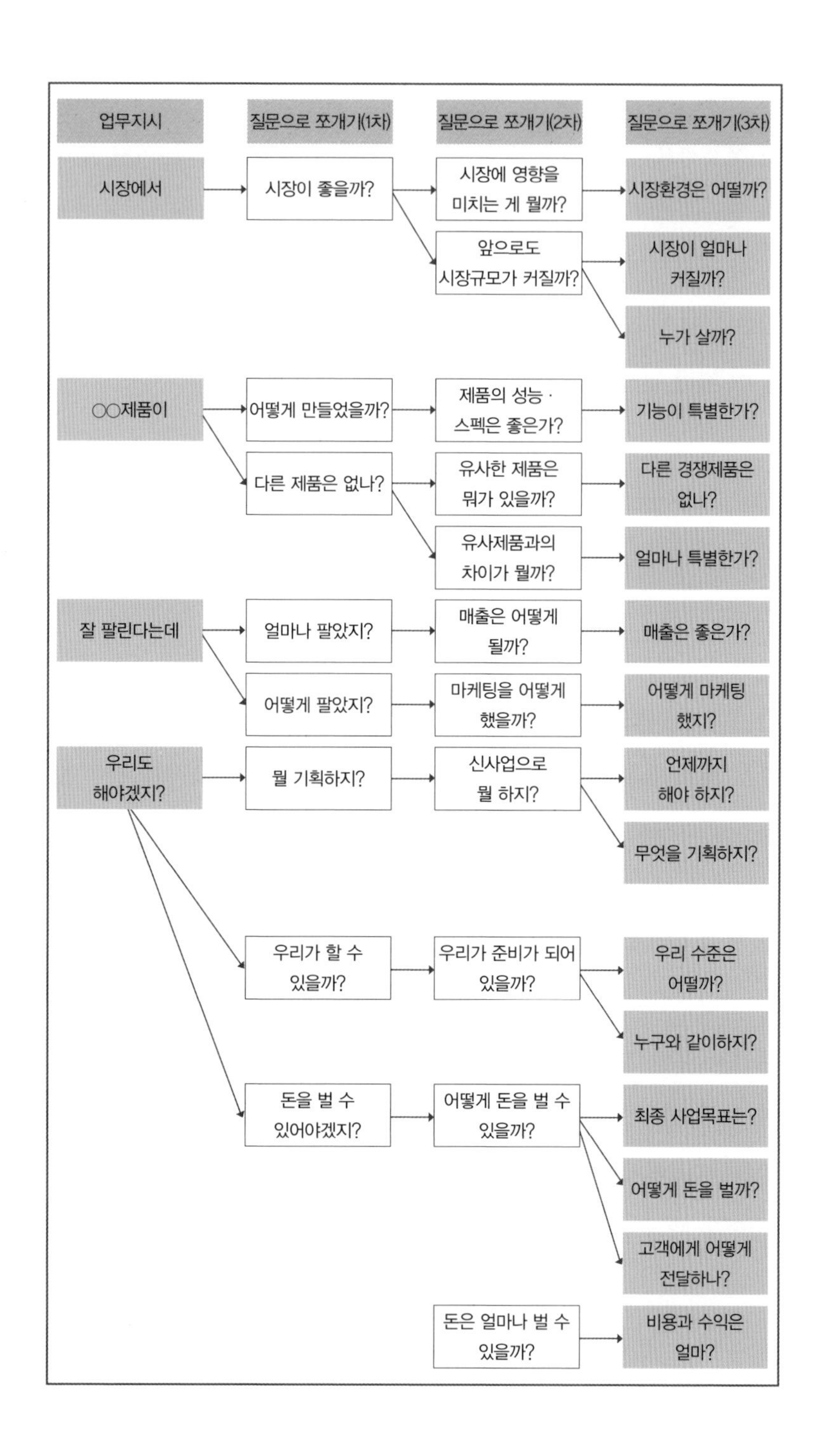
업무지시
질문으로 쪼개기(1차)
질문으로 쪼개기(2차)
질문으로 쪼개기(3차)
시장에서
시장이 좋을까?
시장에 영향을 미치는 게 뭘까?
시장환경은 어떨까?
앞으로도 시장규모가 커질까?
시장이 얼마나 커질까?
누가 살까?
○○제품이
어떻게 만들었을까?
제품의 성능 · 스펙은 좋은가?
기능이 특별한가?
다른 제품은 없나?
유사한 제품은 뭐가 있을까?
다른 경쟁제품은 없나?
유사제품과의 차이가 뭘까?
얼마나 특별한가?
잘 팔린다는데
얼마나 팔았지?
매출은 어떻게 될까?
매출은 좋은가?
어떻게 팔았지?
마케팅을 어떻게 했을까?
어떻게 마케팅 했지?
우리도 해야겠지?
뭘 기획하지?
신사업으로 뭘 하지?
언제까지 해야 하지?
무엇을 기획하지?
우리가 할 수 있을까?
우리가 준비가 되어 있을까?
우리 수준은 어떨까?
누구와 같이하지?
돈을 벌 수 있어야겠지?
어떻게 돈을 벌 수 있을까?
최종 사업목표는?
어떻게 돈을 벌까?
고객에게 어떻게 전달하나?
돈은 얼마나 벌 수 있을까?
비용과 수익은 얼마?

2) 질문을 다 쪼개 후 재배열하기

위와 같은 방식으로 질문 쪼개기가 끝났다면 이제 유사한 질문은 그룹핑하고 복합적인 질문은 분리해 봅니다. 쪼갠 질문을 분류하다 보면 어떤 질문은 3개가 1개로 합쳐지기도 하고, 1개가 3개로 분리되기도 합니다. 상관없습니다. 그렇게 그룹핑된 결과물은 기획서에 담겨야 할 정보(콘텐츠)면서 세부 목차(소제목)가 됩니다.

기획서에 어떤 정보(콘텐츠)를 담아야 할지 정리되었다면 본격적으로 목차를 만들어야겠죠. 목차는 정보(콘텐츠)라는 재료를 스토리 라인에 맞게 보여주는 것입니다. 우린 이미 스토리 라인을 어떻게 만드는지 알고 있습니다. 무슨 말인지 모르겠다면 이 책의 목차를 보십시오. 이 책의 목차가 바로 스토리 라인입니다. '뭔 소리야?'라고 할 수 있을 듯해서 다시 설명하겠습니다.

처음에 우리는 기획회의를 준비하면서 박 과장님에게 이 기획이 왜 필요한지, 기획의 목적이 무엇인지를 상세하게 보여주었습니다. 비록 약식이지만 시장환경, 경쟁환경, 내부환경 등을 분석해서 논리적인 자료를 작성했죠. 이미 우리는 상사에게 이런 자료들로 '기획을 해야 하는 필요성과 목적'을 설득시켰습니다.

다음은 무엇을 했죠? 정말 사업이 될 수 있는지 구체적으로 검증하고, 분석 프레임에 따라 분석하고 시사점을 도출했습니다. 그 결과 어떤 아이템을 추진해야 하는지, 어떻게 경쟁해야 하는지, 어떻게 신사업을 추진해야 할지 등을 보여주었습니다. 이뿐인가요. 실질적으로 어떤 전략을 실행하면 돈을 벌 수 있는지까지 제시했지요. 즉, 이미 우리는 상사에게 '기획의 목표와 전략'을 설득시켰습니다.

그럼 무엇이 남았을까요? 목표와 전략을 달성하기 위해 어떻게 실행하고, 어떤 성과가 나올지를 보여주면 되는 것입니다. 기획을 어떤 체계로 추진할지와 언제까지 하겠다는 추진일정도 포함해서요. 즉, 상사에게 '기획의 구체적인 실행계획과 기대효과'를 설득시키면 됩니다. 이에 대한 자세한 내용은 다음 장에서 설명하겠습니다.

어떤가요? '필요성·목적→목표·전략→실행계획·기대효과'라는 흐름의 스토리 라인이 보이나요? 이대로 목차를 구성하면 무리가 없겠죠? 다음 쪽 사례처럼 위에서 설명한 방식으로 도출한 콘텐츠를 가지고 스토리 라인에 맞게 재배열해 볼까요. 이렇게 재배열하면서 그룹핑하면 됩니다. 대제목을 달아주는 것이죠.

그리고 맨 앞에는 요약페이지를 넣어줘야 합니다. 우리 상사들은 요약해서 말해주는 걸 좋아하니까요. 어떻게 요약해야 하는지는 5장에서 자세히 설명하겠습니다.

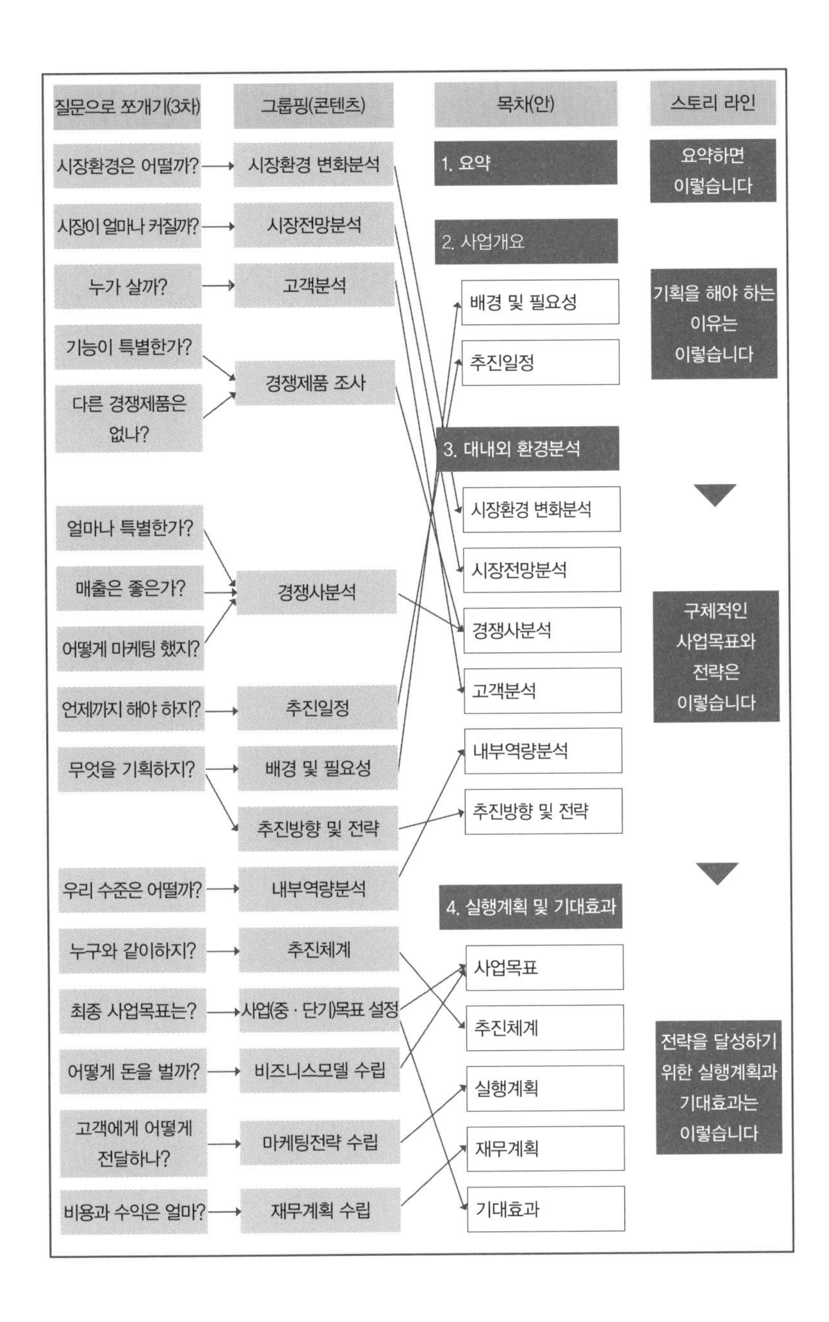
질문으로 쪼개기(3차)
그룹핑(콘텐츠)
목차(안)
스토리 라인
시장환경은 어떨까?
시장환경 변화분석
1. 요약
요약하면 이렇습니다
시장이 얼마나 커질까?
시장전망분석
2. 사업개요
누가 살까?
고객분석
배경 및 필요성
기획을 해야 하는 이유는 이렇습니다
기능이 특별한가?
추진일정
다른 경쟁제품은 없나?
경쟁제품 조사
3. 대내외 환경분석
시장환경 변화분석
얼마나 특별한가?
시장전망분석
매출은 좋은가?
경쟁사분석
경쟁사분석
어떻게 마케팅 했지?
구체적인 사업목표와 전략은 이렇습니다
언제까지 해야 하지?
추진일정
고객분석
무엇을 기획하지?
배경 및 필요성
내부역량분석
추진방향 및 전략
추진방향 및 전략
우리 수준은 어떨까?
내부역량분석
4. 실행계획 및 기대효과
누구와 같이하지?
추진체계
사업목표
최종 사업목표는?
사업(중 · 단기)목표 설정
추진체계
어떻게 돈을 벌까?
비즈니스모델 수립
실행계획
전략을 달성하기 위한 실행계획과 기대효과는 이렇습니다
고객에게 어떻게 전달하나?
마케팅전략 수립
재무계획
비용과 수익은 얼마?
재무계획 수립
기대효과

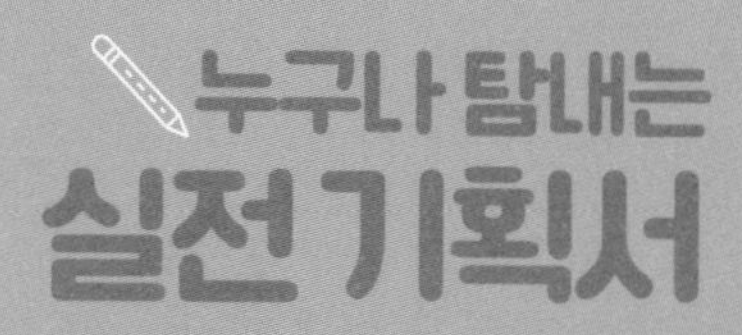
누구나 탐내는
실전기획서

5장

이제 기획서를 작성해 봅시다

01

'진짜 기획서'의 의미

이제 거의 다 왔습니다. 조금만 힘을 냅시다. 드디어 기획서를 작성하라는 지시를 받았으니까요. 이미 우린 목차라는 훌륭한 레시피를 갖고 있으니 두려울 게 없습니다.

기획서를 어떻게 써야 할까요? 이를 알아보기 위해 우선 1장에서 이야기한 기획서의 의미를 다시 한 번 되짚어 보겠습니다. 앞서 언급했듯이 필자는 기획서가 '혼자 야근을 하거나 밤새워서 나오는 문서'라고 생각하지 않습니다. 그렇게 나온 문서는 기업의 생존을 좌우할 수 있는 '진짜 기획서'가 아닙니다. 그런 생각을 갖고 있다면 '진짜 기획서'를 70% 정도만 이해한 것입니다. 나머지 30%는 이해관계자와의 소통으로 채워야 합니다.

소통의 사전적 의미는 '막히지 아니하고 잘 통함', '뜻이 서로 통하여 오해가 없음'이라고 합니다. 아무리 우리가 박 과장님, 사장님에

빙의되어 기획서를 작성하더라도 가치관까지 같아질 수는 없습니다. 가치관이 같아지려면 설득하거나 공감으로 소통해야 합니다. 즉, '진짜 기획서'란 문서와 소통이 결합된 결과물입니다.

이제 기획서를 마무리할 단계입니다. 우린 지금까지 박 과장님, 사장님과 많은 소통을 해왔습니다. 기획회의때 기획을 해야 하는 필요성과 목적을 가지고 소통했고, 기획목적에 대해서 구체적으로 검증하고 분석하여 도출된 목표와 전략을 가지고 소통했습니다.

이제 우리에게는 기획목표를 달성하면 이룰 수 있는 '기대효과'와, 전략을 달성하기 위한 구체적인 '실행계획'으로 소통하는 일이 남았습니다. 그러니 지금부터 기획서를 작성해야 한다는 사실에 스트레스를 받을 필요가 없습니다. 그동안 박 과장님, 사장님과 소통한 결과들을 4장에서 작성한 목차에 따라 엮어서 '진짜 기획서'라는 결과물로 만들면 되니까요.

그럼 먼저 기획서의 큰 뼈대가 되는 3가지 구성요소에 대해 간단히 살펴보겠습니다.

1) 기대효과

기대효과를 성과와 혼용해서 쓰는 경우가 있으나 주로 기대효과라고 표현합니다. 기획을 통해 얻을 수 있는 성과는 매출액, 수익률 등과 같이 수치로 표현되는 '정량적 기대효과'가 있고, 기업인지도, 만족도 등과 같이 수치로 표현되지 않는 '정성적 기대효과'가 있습니다. 이 2가지 요소를 종합하여 작성하는 것이 '기대효과'입니다.

2) 실행계획

다음은 이 기획서를 어떻게 돈으로 연결할지를 나타내는 실행계획이 필요합니다. 실행계획에는 어떻게 시장에 뛰어들고, 어떻게 판매하고, 어떤 체계로 진행하고, 어떤 일정으로 추진할지가 담겨 있어야 합니다. 궁극적인 기획 결과물은 돈이 되겠지만 돈을 벌기 위해서는 실행이 전제되어야 하니까요. 그만큼 실행계획을 잘 작성해야만 돈이 보입니다.

3) 요약자료

마지막으로 '요약자료'를 만드는 작업이 남았습니다. 우리의 기획서를 검토하는 상사들은 늘 바쁩니다. 100페이지나 되는 기획서 전체를 검토할 시간도 없죠. 그래서 요약자료가 필요합니다. 바쁜 상사를 배려하기 위해 우린 상사가 원하는 핵심적인 답을 요약해서 제공해야 합니다.

02

기획서 요약하기

앞에서는 요약자료를 가장 마지막에 설명했지만, 기획서에서 가장 먼저 제시하는 페이지라는 점에서 첫 번째로 살펴보겠습니다. 요약의 목적은 상사가 기획서에 흥미를 갖게 하는 데 있습니다. 항상 바쁘고 시간이 없는 상사들이 흥미를 갖게 해야만 기획서를 자세히 보고 싶은 마음이 생길 테니까요. 만약 요약자료가 없다면 공들여 작성한 기획서가 휴지통에 들어갈 수도 있습니다.

그런데 상사가 흥미를 갖게 하는 요인을 찾기란 여간 어렵지 않습니다. 여러분도 알고 있듯이 변덕스러운 상사의 내면을 이해하기는 불가능에 가까우니까요. 그렇다고 요약자료를 포기할 수는 없습니다. 여기서는 필자의 경험상 십중팔구 먹히는 요약자료 작성유형 3가지를 살펴보겠습니다.

1) Q&A형

스토리 라인에 따라서 상사의 궁금증을 질문으로 만들고 답을 제시하는 형태입니다. 가장 쉽고 짧은 시간에 흥미를 유도할 수 있는 형태입니다. 다만 질문을 얼마나 정확히 뽑아내느냐가 중요하겠죠. 이 책의 스토리 라인과 같이 '기획을 해야 하는 이유, 사업목표와 전략, 실행계획과 효과'로 정리하는 것도 하나의 방법입니다.

2) 목차형

전체 기획서를 함축하여 간단하게 정리하는 형태입니다. 기획서의 목차에 따라서 중요한 사항만 정리하는 방식으로 작성합니다. 4장에서 작성한 목차를 예로 들면 '기획의 추진배경, 대내외 환경분석, 실행계획 및 기대효과'가 될 수 있겠죠(237쪽 내용 참조).

3) 성과제시형

맨 처음에 기획서의 성과를 보여줌으로써 상사의 관심을 유도하는 형태입니다. 이렇게 하면 상사의 머릿속에 기획의 성과를 그림처럼 각인시킬 수 있습니다. 그러면 상사가 자신의 머릿속에 그려진 그림을 토대로 퍼즐을 풀어가듯 정말 성과를 달성할 수 있을지를 생각하면서 우리의 기획서를 검토하게 할 수 있습니다.

그럼 위의 각 형태별 요약자료 작성방법과 작성사례를 살펴보겠습니다.

[실전! 기획자료 만들기 3-1]
요약자료 만들기

작성사례 ① Q&A형

상사가 궁금해하는 사항을 질문으로 정확히 뽑아내려면 상사의 입장이 되어서 생각해 봐야 합니다. 이를 위해서는 '생각의 틀'이 필요한데, 그것이 바로 다음과 같은 'Why, What, How'의 관점입니다.

'Why'는 '왜 이 기획서가 필요한지'를 말해주는 것입니다. 기획을 해야 하는 이유를 설명하는 것이죠. 이런 경우 우리가 기획회의 때 작성한 내용 중에서 핵심적인 내용을 정리하면 됩니다.

'What'은 '기획을 통해 달성하고자 하는 사업목표와 어떤 성과를 낼 수 있는지'를 말해주는 것입니다. 예를 들어 신사업 추진을 위한 기획서라면 신사업 아이템과 같이 명확한 대상과 매출액 달성목표를 정리하면 됩니다.

'How'는 '사업목표를 달성하기 위해 어떻게 실행할 것인지'를 말해주는 것입니다. 구체적인 내용은 본문에서 나오기 때문에 여기서는 제품개발 완료시점, 서비스 오픈시점 등과 같이 가급적 일정 중심으로 작성해주는 것이 좋습니다.

위와 같은 관점으로 요약자료 작성유형을 정했다면 다음은 작성방식을 고려해야 합니다. 상사가 관심 있는 방식으로 내용을 담아야 하는데, 우리 상사들이 좋아하는 방식은 '숫자'와 '비교'입니다.

'숫자'에 대해서는 따로 언급하지 않아도 기획서를 작성하는 사람이라면 그 중요성을 알고 있을 것입니다. 이 책에서도 많이 언급했죠. 이때 '돈을 많이 벌 수 있습니다'보다는 '○○○억 원을 벌 수 있습니다', '○○○억 원을 아낄 수 있습니다' 등과 같이 구체적인 숫자로 나타내는 방식이 좋습니다.

또한 우리 상사들은 경쟁기업과 '비교'하는 방식으로 보여주면 내용이 긍정적이든 부정적이든 절대 잊어버리지 않습니다. 예를 들면 '우리는 경쟁기업 대비 시장점유율이 ○○% 낮다', '우리보다 경쟁사 매출액이 ○○% 높다' 등과 같이 경쟁기업과 비교하는 방식이 가장 좋습니다.

다음 자료는 Why, What, How에 해당되는 질문과 답변을 '도형' 형태로 작성한 사례입니다. 사례처럼 '항목은 세로'로 구성하고 '내용은 가로'로 구성하면 글을 읽을 때 편안함을 줄 수 있습니다. 보통 사람의 시선이 '좌→우'로 이동하기 때문이죠. 또한 이렇게 작성하면 문장이 길어져도 '줄바꿈'을 최소화할 수 있습니다.

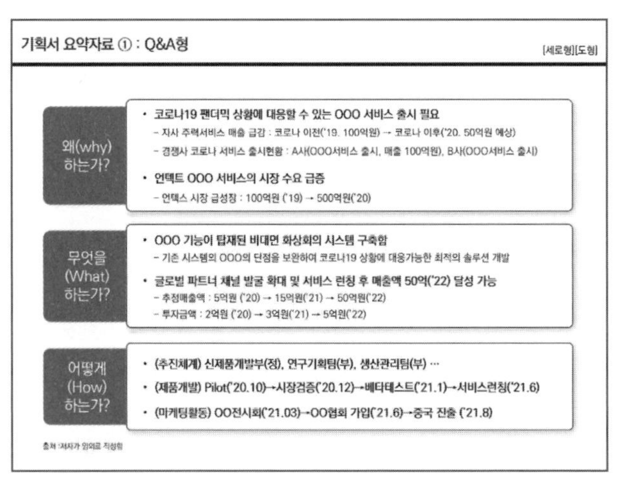

[포인트] 제시할 내용이 길다면 가로형태로 작성하여 문장이 끊기지 않게 해야 합니다.

작성사례 ② 목차형

목차형은 말 그대로 기획서 목차에 따라서 요약자료를 정리하는 방법입니다. Q&A형의 경우 상사가 각 이슈에 대한 세부 내용을 찾아보려면 기획서의 전체 구조를 이해하고 있어야 하거나, 작성자에게서 설명을 들어야 하는 불편함이 있습니다.

반면에 목차형 요약자료는 상사들이 목차에 따라 세부 내용을 쉽게 찾아볼 수 있다는 장점이 있습니다. 요약자료를 목차형으로 작성할 때는 본문 내용을 그대로 가져오는 것이 아니라 핵심만 함축해서 제시해야 한다는 점에 주의해야 합니다.

다음 자료는 '도형'을 이용해서 목차형 요약자료를 작성한 사례입니다. 세부 내용을 작성할 때는 결론을 먼저 제시하고 이유나 근거를 아래쪽에 제시하는 방식이 좋습니다.

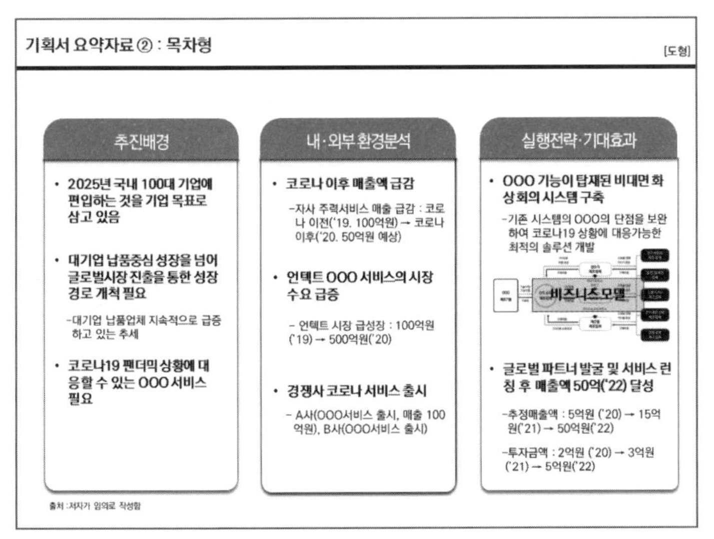

[포인트] 소제목을 음영, 글꼴을 이용해 눈에 띄게 만들면 구분이 명확해집니다.

작성사례 ③ 성과제시형

기획을 통해 얻을 수 있는 결과를 먼저 제시하는 방법입니다. 그렇다고 단순히 '사업을 추진하면 얼마를 벌 수 있습니다'라고만 제시하면 상사의 흥미를 유발하기 어렵습니다. 이때도 '비교'를 이용해야 합니다. 마케팅 문구에서 흔히 '국내 최초' 또는 '업계 최고수준' 등을 강조하는 경우를 많이 봤을 것입니다. 경쟁기업과의 비교를 통해서 '우리 기업이 가장 우수하다'라는 점을 강조하기 위해서죠. 우리는 이러한 마케팅원리를 이용해야 합니다.

다음 자료는 성과를 중심으로 '업계 최고수준은 ○○%인데 우리는 ○○% 부족하다. 기획사업을 실행하면 ○○% 만큼 올릴 수 있다'라는 메시지를 주기 위해 작성한 사례입니다. 그렇게 보이나요?

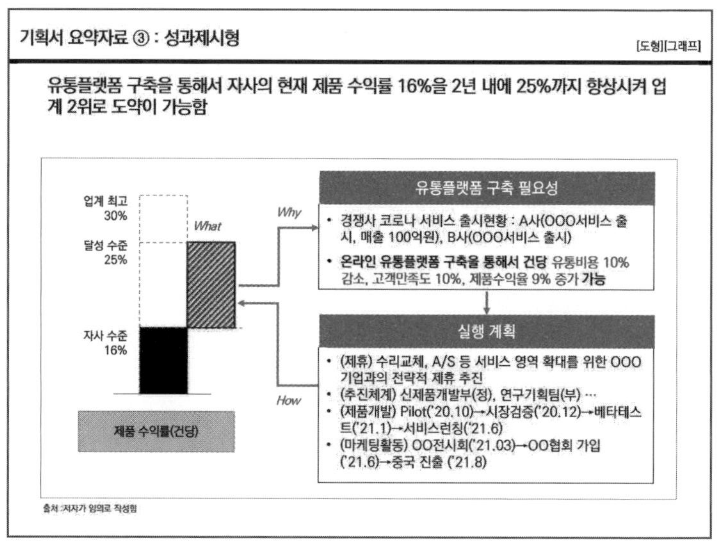

[포인트] 우리 기업의 수준을 경쟁기업과 비교하여 제시해야 흥미를 유발할 수 있습니다.

사례에서는 '좌측'에 업계 최고수준을 제시하고 '현재 우리는 ○○% 만큼 부족하다', '본 기획을 통해서 ○○% 만큼 달성할 수 있다' 등을 나타냄으로써 현재 우리 기업의 수준과 기대효과를 한눈에 볼 수 있게 했습니다. 기획의 이유와 달성 가능한 성과를 한 번에 표현한 것이죠. '우측'에는 성과를 달성하기 위한 방안으로써 기획의 목적과 실행계획을 제시했습니다.

사례에서 제시하는 전체적인 메시지는 '업계 최고수준은 ○○%인데 우리는 ○○% 부족하다. ○○○사업을 통해 우리는 ○○% 만큼의 성과를 달성할 수 있다'가 됩니다.

03

그래서 결론이 무엇인가

기획을 통해 실현할 수 있는 성과를 보여주는 단계입니다. 기획서에서 가장 중요한 자료에 해당하죠. 성과의 다른 말은 '기대효과'입니다. 기대효과의 사전적인 의미는 '어떤 일의 결과로 인해 기대할 수 있는 효과'입니다. 기업에서 우리가 하는 모든 행동은 이런 기대효과를 바라고 하는 것이죠. 즉, 기대효과는 실행을 통해서 발생할 수 있는 결과를 미리 예상하는 것입니다. 예상된 결과물이 상사의 기준에 미치지 못하거나 없다면 굳이 기획을 할 필요도 없을 테니까요. 그렇다고 기대효과를 너무 과장하거나 축소하지는 말아야 합니다.

기대효과는 숫자로 표현할 수 있느냐 없느냐에 따라 2가지로 구분됩니다. 수치적으로 표현할 수 있다면 '정량적 기대효과', 수치적으로 표현할 수 없다면 '정성적 기대효과'라고 합니다. 이 2가지 표현 방식은 따로 사용하기도 하지만 혼합해서 사용하는 경우가 더 많습니다. 다만 우리 상사들은 정성적인 기대효과보다는 정량적인 기대효과를 더 선호한다는 사실을 유념해야 합니다. 따라서 우리는 정량적인 기대효과와 정성적 기대효과를 균형 있게 활용할 필요가 있습니다.

1) 정량적 기대효과

정량적 기대효과는 매출액, 수익률, 시장점유율 등과 같이 숫자나 금액으로 표현합니다. 당연히 이런 수치는 상사가 납득할 수 있어야 합니다. 무턱대고 근거 없는 수치를 제시한다면 상사에게 기획서에 대한 신뢰를 줄 수 없습니다. 따라서 정량적 기대효과로서 제시하는 수치는 명확한 근거를 기반으로 해야 합니다.

2) 정성적 기대효과

정성적 기대효과는 기업의 이미지, 인지도 등과 같이 수치가 아닌 글이나 말로 표현합니다. '최고의 기업이 되겠다', '기업인지도를 제고하겠다' 하는 식으로 표현하는 방식이죠. 수치로 나타내지 않기 때문에 근거를 제시하기가 매우 어렵습니다. 근거를 제시하기 어렵다고 해서 정성적인 기대효과를 너무 많이 제시하면 오히려 상사에게서 신뢰를 잃을 수 있습니다.

기대효과는 정량적이든 정성적이든 상사의 피부에 와닿는 주제로 제시해야 합니다. 우리 기업과 상관없는 주제라면 상사의 관심이 떨어질 테니까요. 예를 들어 기업 내부 기획서에서 '이 기획을 통해 대일무역적자 해소에 기여할 수 있습니다'라는 기대효과를 제시한다면 상사가 관심을 보일까요? '대일무역적자 해소'가 나쁘다는 의미가 아닙니다. 기업은 자신의 영리를 위해 운영되는 조직이기 때문에 자신의 매출이 늘어나는 데 관심을 집중한다는 의미입니다. '대일무역적자 해소'와 같은 기대효과는 정부지원사업을 신청할 때나 제시하는 내용입니다. 정부지원사업은 세금으로 운영되는 만큼 국가적인 입장에서의 기대효과를 원하니까요.

이처럼 기대효과는 누구를 대상으로 하느냐에 따라 주제가 달라집니다. 그럼 기업의 신사업을 위한 기획서라면 기대효과를 어떻게 작성해야 할까요? 바로 기업에 직접적인 영향을 주는 자사, 경쟁사, 고객 측면에서 작성해야 합니다. 자사, 경쟁사, 고객 측면이라면 생각나는 것이 있지 않나요? 바로 기업의 미시환경을 분석하는 3C분석에서의 자사, 경쟁사, 고객입니다.

'고객 측면'에서는 고객이 느끼는 개선효과를 제시합니다. 이에 대한 '정량적 기대효과'로는 신규고객 유입 증가, 기존고객 이탈률 감소 등이, '정성적 기대효과'로는 고객만족도 증가, 고객서비스 질 향상 등이 있습니다.

'경쟁사 측면'에서는 경쟁사와의 상대적인 우위효과를 제시합니다. 이에 대한 '정량적 기대효과'로는 시장점유율 증가, 자사의 시장 인지도 증가 등이, '정성적 기대효과'로는 차별성, 시장 포지셔닝 정도, 인지도 등이 있습니다.

'자사 측면'에서는 기업 내부의 개선효과를 제시합니다. 이에 대한 '정량적 기대효과'로는 매출액, 수익률, 업무처리속도 향상 등이, '정

고객 · 경쟁사 · 자사 측면에서의 정량적 · 정성적 기대효과

구분	정량적 기대효과	정성적 기대효과
고객 측면	• 신규고객 확보수 향상 • 기존고객 이탈율 감소 등	• 고객만족도, 인지도 향상 • 고객서비스 질 향상 등
경쟁사 측면	• 시장점유율 등 시장인지도 향상 • 경쟁기업 대비 기술수준, 경쟁력 향상 등	• 차별성, 시장포지셔닝 정도 • 경쟁기업 대비 자사 인지도 등
자사 측면	• 매출액, 수익률, 원가절감 향상 • 업무처리속도, 생산성 향상 • R&D, 기술력 향상 등	• 내부직원의 회사만족도 향상 • 고객대응 매뉴얼, 업무프로세스 개선 등

성적 기대효과'로는 직원만족도 향상, 업무 프로세스 개선 등이 있습니다.

그럼 몇 가지 작성사례를 통해 정량적 · 정성적 기대효과를 효과적으로 표현하는 방법에 대해 알아보겠습니다.

[실전! 기획자료 만들기 3-2]

정성적 기대효과와 정량적 기대효과 제시하기 : 기대효과

작성사례 ① 정성적 기대효과(잘못된 사례)

다음 자료는 정성적 기대효과만으로 기대효과를 나타낸 사례입니다. 어떤가요? 이 기획서가 통과될까요? 아마 아닐 겁니다. 사례처럼 정성적인 기대효과만 나열하면 우리가 열심히 작성한 기획서가 쓰레기통으로 던져질 수 있습니다.

정성적인 기대효과가 나쁘다는 의미가 아닙니다. 우리 상사들의 주요 관심사항이 바로 '숫자'이기 때문입니다. 막대한 비용이 수반되는 신사업을 추진하는데 얼마를 벌 수 있는지, 얼마나 절약할 수 있는지 등을 확인할 수 없는 기획서는 재활용도 안 됩니다. 그러므로 정량적인 기대효과를 혼합하여 다시 작성해야 합니다.

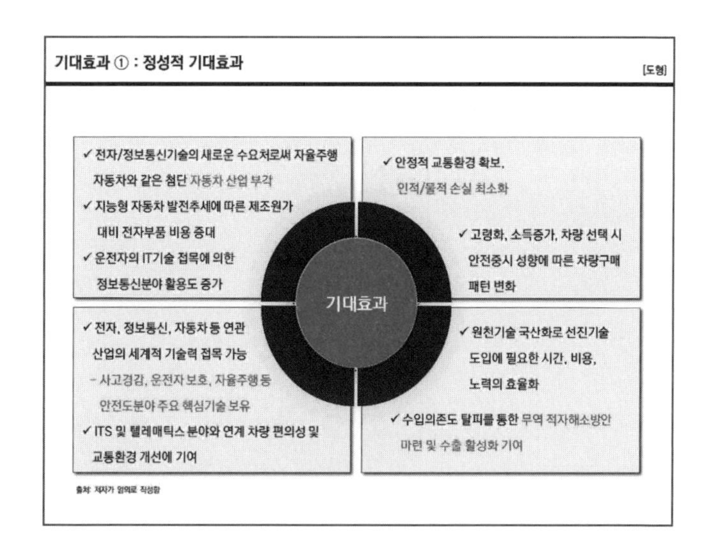

작성사례 ② 정성+정량적 기대효과 혼합

다음 자료는 정성적, 정량적 기대효과를 혼합하여 작성한 사례입니다. 여기에 추가적으로 기대효과를 상사의 관심사항인 경제적, 기술적, 기업브랜드 측면에서의 3가지 관점으로 구분했습니다. 실무에서는 이런 구조로 많이 작성합니다.

사례의 경우 3가지 관점으로 구분했지만 4가지 관점으로 구분해도 되며, 사례처럼 경제적, 기술적, 기업브랜드 측면이 아닌 다른 항목을 사용해도 됩니다. 우리의 목적은 박 과장님을 설득하는 데 있으므로 과장님의 관심항목을 사용하는 것이 중요합니다.

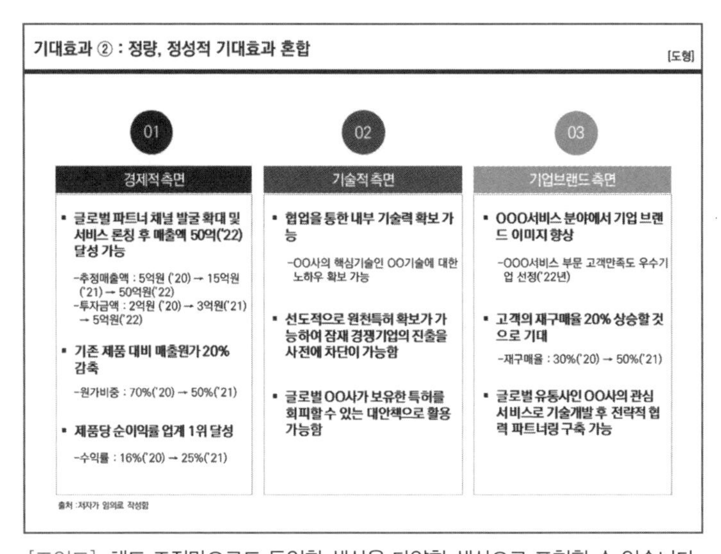

[포인트] 채도 조정만으로도 동일한 색상을 다양한 색상으로 표현할 수 있습니다.

작성사례 ③ 3C 관점에서의 정성+정량적 기대효과

다음 쪽 자료는 기대효과를 정량적, 정성적으로 분류하고 3C 관

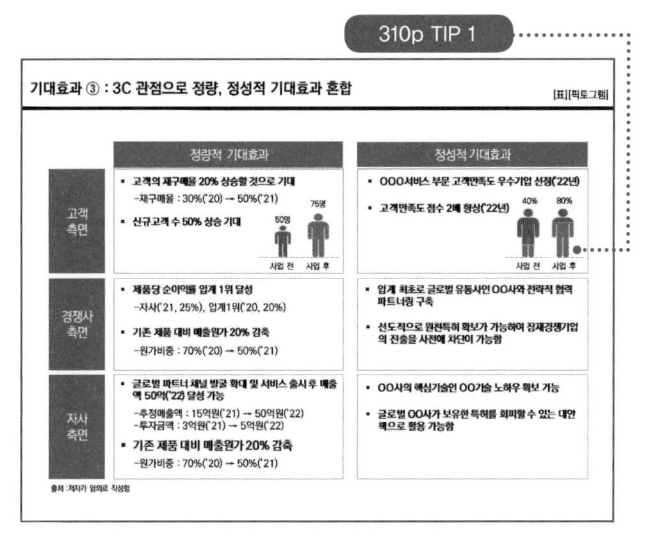

310p TIP 1

기대효과 ③ : 3C 관점으로 정량, 정성적 기대효과 혼합 [표][픽토그램]

	정량적 기대효과	정성적 기대효과
고객 측면	▪ 고객의 재구매율 20% 상승할 것으로 기대 -재구매율 : 30%('20) → 50%('21) ▪ 신규고객 수 50% 상승 기대 50명 사업 전 / 75명 사업 후	▪ OOO서비스 부문 고객만족도 우수기업 선정('22년) ▪ 고객만족도 점수 2배 향상('22년) 40% 사업 전 / 80% 사업 후
경쟁사 측면	▪ 제품당 순이익률 업계 1위 달성 -자사('21, 25%), 업계1위('20, 20%) ▪ 기존 제품 대비 매출원가 20% 감축 -원가비중 : 70%('20) → 50%('21)	▪ 업계 최초로 글로벌 유통사인 OO사와 전략적 협력 파트너링 구축 ▪ 선도적으로 원천특허 확보가 가능하여 잠재경쟁기업의 진출을 사전에 차단이 가능함
자사 측면	▪ 글로벌 파트너 채널 발굴 확대 및 서비스 출시 후 매출액 50억('22) 달성 가능 -추정매출액 : 15억원('21) → 50억원('22) -투자금액 : 3억원('21) → 5억원('22) ▪ 기존 제품 대비 매출원가 20% 감축 -원가비중 : 70%('20) → 50%('21)	▪ OO사의 핵심기술인 OO기술 노하우 확보 가능 ▪ 글로벌 OO사가 보유한 특허를 회피할 수 있는 대안책으로 활용 가능함

출처 :저자가 임의로 작성함

[포인트] 픽토그램을 이용하면 의미를 쉽게 전달할 수 있습니다.

점을 적용해 작성한 사례입니다. 3C분석에서 3C는 고객, 경쟁사, 자사를 의미하는데, 이는 기업에 '직접적인' 영향을 미치는 환경요인에 해당합니다. 따라서 3C 관점으로 기대효과를 정리해주면 상사가 관심을 갖고 자료를 검토할 것입니다.

참고로 여기서는 3C 관점으로 구분해 작성했지만 다른 관점으로 작성해도 됩니다. 기획서의 목적, 상사의 관심사 등에 따라 얼마든지 변경이 가능합니다. 다만 정성적·정량적 기대효과를 관점 없이 작성하기보다는 몇 개의 관점으로 나누어 작성하는 방식이 상사의 관심을 더 끌 수 있다는 점만 이해하면 됩니다. 위의 사례에서는 표와 도형을 이용했고, 중요한 내용은 '픽토그램'을 활용해 좀 더 눈에 띄게 만들었습니다.

04

그래서 무엇을 하려는 것인가

이제 기획을 통해 달성하려는 추진목표를 제시하는 단계입니다. 이때는 우리가 기획회의 때 제시한 '사업목적'에 맞게 '사업목표'를 제시해야 합니다. 즉, 목적에 맞는 목표를 제시하는 것이죠.

목적은 어떤 일을 통해 이루려고 하는 방향이고, 목표는 목적을 이루기 위한 구체적이고 실제적인 대상이라고 할 수 있습니다. 하지만 실무에서는 목적과 목표를 혼동하는 경우가 많아서 주의해 사용해야 합니다.

'목적'이란 기획의 이념적 기본 틀을 의미합니다. 주로 추상적, 관념적, 철학, 이상적으로 제시합니다. 예를 들면 '나는 작가가 되고 싶다'처럼 말이죠. 이처럼 우리가 이루려는 지향점을 목적이라고 할 수 있습니다.

'목표'란 목적을 좀 더 구체적으로 표현한 것입니다. 그러면서 '대상'이 있어야 하죠. 예를 들어 목적이 '작가'라면 '책을 쓰겠다'가 목표가 됩니다. 작가가 되려면 책을 써야 하니까요. 신사업을 추진하기 위한 기획서라면 사업계획, 비즈니스모델(BM) 등이 목표라고 할 수 있겠죠.

즉, 목표는 목적을 달성해가는 과정이라고 볼 수 있습니다. 다만 과정은 생략될 수도 있습니다. 구체적인 목적이라면 목적이 곧 목표라고 할 수 있으니까요. 예를 들어 '마라톤을 완주하겠다'라는 목적이 있을 때 한 번에 풀코스를 완주한다면 목표와 목적이 같아지게 됩니다. 반면에 우선 10km 코스를 완주한 다음 하프코스(21.1km)를 완주하고, 그다음에 풀코스(42.195km)에 도전할 수도 있습니다. 이럴 때는 10km 코스가 단기목표, 하프코스(21.1km)가 중기목표, 풀코스(42.195km)가 장기목표가 됩니다. 이처럼 목적과 목표가 혼동될 수 있지만 '목표를 통해서 목적을 이루어나가는 것'이라는 점만 기억하면 됩니다.

우리가 지금까지 많은 시간을 들여서 수많은 분석을 한 이유가 바로 이 '사업목표'를 만들기 위해서였습니다. 이제 우리는 상사에게 '○○○사업(서비스)을 하겠습니다'라고 구체적이고 실제적인 대상을 제시해야 합니다.

필자의 경험상 사업목표를 제시할 때의 표현형태는 전체 구조 형태, 로드맵 형태, 사업단위 형태 등 3가지 정도입니다. 그럼 이 3가지 표현형태별로 관련 자료 작성방법과 작성사례를 살펴보겠습니다.

[실전! 기획자료 만들기 3-3]

사업목표 제시하기

작성사례 ① 전체 구조 형태

사업목적과 사업목표, 추진전략이 연결되는 모습을 한눈에 볼 수 있게 작성하는 형태입니다. 상사들이 흔히 '큰 그림이 안 보여'라고 했을 때 제시하는 형태입니다. 사업구조를 한눈에 볼 수 있어야 하므로 1페이지로 작성하는 경우가 많습니다.

이 형태의 장점은 전체 사업구조를 한눈에 파악하기 쉽다는 데 있습니다. 이렇게 상사가 사업구조 전체를 한눈에 파악하게 되면 세부적인 내용을 말할 때 편안함을 줄 수 있습니다.

단점은 세부적인 절차나 단계를 파악하기 어렵다는 데 있습니다. 사업을 추진할 때는 먼저 해야 할 일이 있고 나중에 해야 할 일이 있기 마련인데, 구조적인 모습만 강조하다 보면 업무의 우선순위를 파악하기 힘듭니다.

전체 구조 형태를 활용할 때는 사업목적과 추진목표를 함께 작성하게 되는데, 이때 추진목표를 달성하기 위한 주요 추진전략을 함께 제시해주는 것이 좋습니다. 그래야 구체적인 느낌을 줄 수 있기 때문이죠. 여기에 한 번에 각인시킬 수 있는 아이디어를 덧붙이면 상사나 사장님의 머릿속에 해당 아이디어가 오랫동안 자리하게 할 수 있습니다.

이를 위해 컨설턴트들이 자주 쓰는 방식이 '기획의 핵심 키워드를 이용해 네이밍하는 방법'입니다. 네이밍은 쉽게 기억된다는 점뿐만 아니라, 사업목표를 전사적으로 공유하기도 쉽다는 장점이 있습니다. 이런 장점 때문에 네이밍이 프로젝트명, 서비스명, 제품명 등으로 발전되는 경우도 있습니다.

예를 들어 최근 정부에서 자주 거론하는 용어인 '한국판 뉴딜'은 이해하기 쉽고, 쉽게 읽히고, 기억하기 편합니다. 그런데 이 안에는 '추격형 경제에서 선도형 경제로, 탄소의존경제에서 저탄소경제로, 불평등사회에서 포용사회로 대한민국을 근본적으로 바꾸겠다는 정부의 강력한 의지를 담은 담대한 구상과 계획(knewdeal.go.kr)'이라는 뜻이 들어있다고 합니다. 이렇게 많은 내용을 '한국판 뉴딜'이라는 간단한 단어로 네이밍한 것이죠. 이런 식으로 네이밍은 우리 생활 전반에서 활용되고 있습니다.

다음 자료는 네이밍을 이용하여 작성한 사례입니다. 추진목표가 가진 핵심 키워드를 5가지로 구분 짓고 각각의 의미를 담을 수 있는

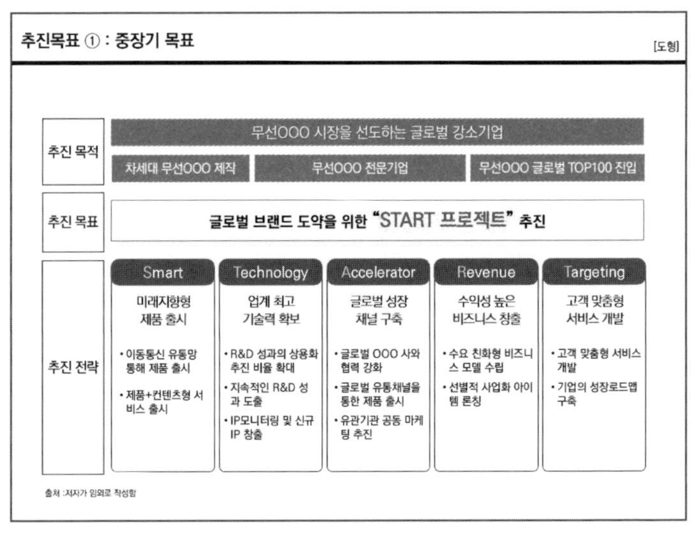

[포인트] 네이밍 기법을 활용하면 쉽게 이해되고, 쉽게 불리고, 기억하기 편해집니다.

네이밍 사례 : START의 의미

이니셜	영문 키워드	의미
S	Smart	미래지향형 신제품 출시
T	Technology	업계 최고의 기술력 확보
A	Accelerator	글로벌 성장을 위한 채널 구축
R	Revenue	부가가치가 높은 비즈니스 창출
T	Targeting	고객맞춤형 서비스 개발

영어단어의 이니셜을 따서 'START'라고 네이밍했습니다. 또한 네이밍 결과를 이용해 'START 프로젝트'라고 본 기획서를 브랜드화시켰습니다. 이렇게 하면 100페이지가 넘는 기획서가 쉽게 이해되고, 쉽게 불리고, 기억하기 편해집니다.

작성사례 ② 로드맵 형태

사업목적을 달성하기 위한 사업목표와 실행전략을 시계열로 작성하는 형태입니다. 전체 구조 형태보다 복잡해 보일 수는 있지만 목표를 연도별로 제시하기 때문에 '목표의 구체성'을 갖게 됩니다.

로드맵 형태의 장점은 세부적인 절차나 단계를 파악하기 쉽다는 데 있습니다. 또한 실행업무들의 선후관계와 사업의 단계적 성장모습도 쉽게 확인할 수 있습니다.

단점은 복잡한 구조로 인해 전체 구조를 한눈에 파악하기 어렵다는 데 있습니다. 그래서 구조가 너무 복잡한 경우 종종 상사들이 A3 용지로 출력하여 책상 옆에 붙여놓기도 합니다.

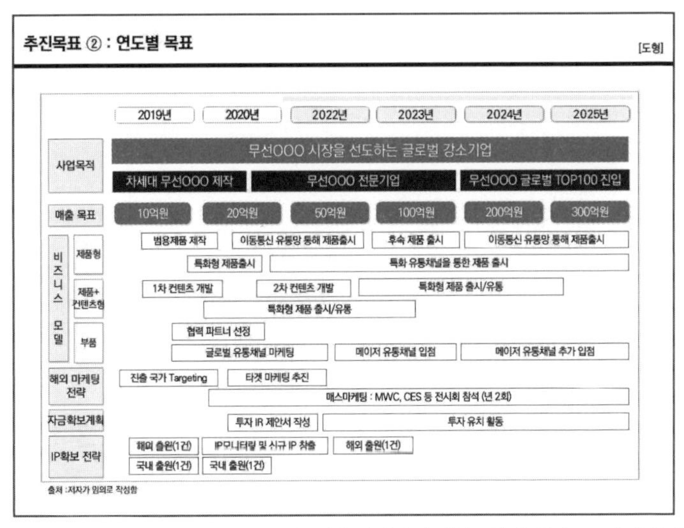

[포인트] 시간적 흐름에 따라 목표와 할 일을 정리하면 자연스럽게 성장로드맵이 됩니다.

위의 자료는 연도별 추진목표와 실행전략을 시계열로 작성한 사례입니다. 사업목적을 달성하기 위한 연차별 매출목표와 이를 달성하기 위한 실행전략을 조합하여 1페이지로 구성했습니다.

작성사례 ③ 비즈니스모델 우선순위 도출

신사업 기획에서는 어떻게 돈을 벌 것인지를 설계하는 작업이 매우 중요합니다. 이를 '비즈니스모델'이라고 합니다. 그런데 기업이 돈을 벌게 해주는 비즈니스모델은 매우 다양할 수 있습니다. 예를 들어 음식물처리기를 제조하는 기업이라면 음식물처리기를 직접 판매하는 방법이 있을 수 있고, 렌탈 서비스로 월사용료를 받을 수도 있습니다. 아니면 건설업체와 협력하여 새로 짓는 아파트에 기본옵션 상품으로 납품할 수도 있습니다. 이처럼 하나의 제품에도 여러 개의 비즈니스모델이 존재합니다.

하지만 위와 같은 모든 비즈니스모델을 한 번에 추진하기는 어렵습니다. 따라서 비즈니스모델별로 우선순위를 정해 순차적으로 추진하거나, 사업성이 떨어지는 비즈니스모델은 제외해야 합니다. 이를 편의상 '비즈니스모델 우선순위 도출'이라고 부르겠습니다.

다음 자료는 복수의 사업을 간략하게 설명하고 우선순위 도출결과를 요약한 사례입니다. 사례에서는 사업성(시장성, 경쟁강도, 자사역량, 시장진입 용이성), 비즈니스 방식(B2B, B2C, B2G), 추정매출액 등을 종합검토하여 우선순위를 도출했습니다.

추진목표 ③ : 비즈니스모델 우선순위 도출 [표][문차트]

선정된 5개의 사업을 구체화 시키고, 시장규모와 자사역량을 포함한 사업성 분석을 통하여 신규사업 모델들을 비교 분석하였음

매우 낮음 ○ ← 매력도 → ● 매우 높음

검토 사업분야	사업성				비즈니스 방식			추정 매출액 (억원)	진출 우선순위
	시장성	경쟁 강도	자사 역량	시장진입 용이성	B2B	B2C	B2G		
원격의료진단 서비스	●	●	●	◑	◔	◕	◑	180	1순위 (4.5) ●
OO 소자 개발	◕	◔	◑	○	◕	◔	◕	200	5순위 (2.5) ◔
비대면 화상시스템	◔	◑	●	◑	◔	◕	◑	50	3순위 (4.1) ◑
자동 첨삭시스템	○	◑	●	○	◑	◕	◔	100	2순위 (3.1) ◕
LED 마스크	○	◔	○	◑	◕	◔	◔	220	4순위 (2.8) ◔

출처 :저자가 임의로 작성함

1점 ○ 2점 ◔ 3점 ◑ 4점 ◕ 5점 ●

[포인트] 글보다 문차트로 표현했을 때 한눈에 분석결과라는 느낌을 줄 수 있습니다.

기획을 하다 보면 다수의 비즈니스모델을 검토해야 하는 경우가 많습니다. 기업의 자원은 한정되어 있으므로 당장 추진할 사업과 차

후에 추진할 사업을 구분해서 선정해야 하기 때문이죠. 이럴 때는 '추진 가능한 비즈니스모델의 우선순위는 이렇습니다'라는 결론만 제시하기보다는 사례처럼 검토내용과 결과를 함께 제시하는 방식이 좋습니다. 이럴 때 컨설턴트들은 '문차트'를 주로 사용합니다. 길게 글로 표현하는 방식보다 전달력이 빠르기 때문이죠. 또한 정성적인 평가 결과를 정량적으로 표현하는 가장 좋은 방법이기도 합니다.

작성사례 ④ 비즈니스모델 (1)

비즈니스모델을 제시할 때는 원료공급부터 최종 수요자까지의 재화흐름뿐만 아니라 돈의 흐름까지 나타내야 합니다. 이런 경우 사업의 모든 주체를 표현하고 화살표로 흐름을 표현해주면 됩니다.

다음 자료는 외부기업과의 협력을 통한 신사업 추진구조와 업무흐

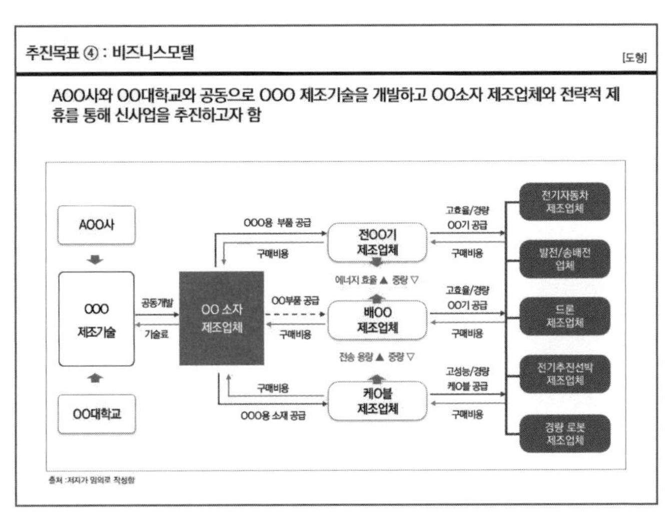

[포인트] 비즈니스모델을 제시할 때는 원료공급부터 최종 수요자까지의 재화 · 돈의 흐름만 나타내도 충분합니다.

름을 중점으로 작성한 사례입니다. 간단한 도형으로 작성했지만 사업구조를 한눈에 파악하는 데 있어서 이만한 방법이 없습니다. 비즈니스모델이라고 해서 반드시 복잡할 필요는 없으니까요. 수많은 책에서 비즈니스모델을 복잡하게 묘사하고 있지만, 실무에서는 재화의 흐름과 돈의 흐름만 명확하게 제시하면 됩니다.

작성사례 ⑤ 비즈니스모델 (2)

다음 자료는 앞의 사례와는 다른 버전으로, 단계별 시장진출전략과 매출목표를 함께 표현하고 있습니다. 이렇게 구성했을 때의 장점은 비즈니스모델에 따른 시장진입시점과 예상매출액을 한눈에 파악할 수 있다는 데 있습니다.

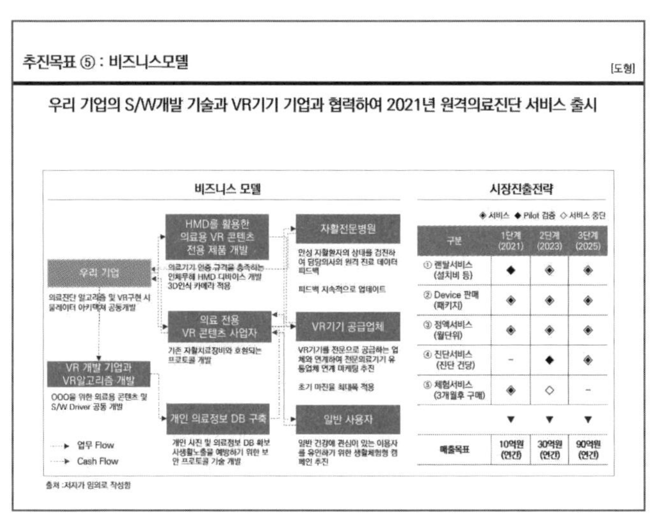

추진목표 ⑤ : 비즈니스모델 [도형]

우리 기업의 S/W개발 기술과 VR기기 기업과 협력하여 2021년 원격의료진단 서비스 출시

비즈니스 모델

시장진출전략

◈ 서비스 ◆ Pilot 검증 ◇ 서비스 중단

구분	1단계 (2021)	2단계 (2023)	3단계 (2025)
① 렌탈서비스 (설치비 등)	◆	◈	◈
② Device 판매 (패키지)	◈	◈	◈
③ 정액서비스 (월단위)	◈	◈	◈
④ 진단서비스 (진단 건당)	-	◆	◈
⑤ 체험서비스 (3개월후 구매)	◈	◇	-
	▼	▼	▼
매출목표	10억원 (연간)	30억원 (연간)	90억원 (연간)

출처 :저자가 임의로 작성함

[포인트] 비즈니스모델에 따른 시장진입시점과 예상매출액을 같이 보여주면 구체적인 느낌을 줍니다.

05

어떻게 시장에 진입할 것인가

이제 기획의 구체적인 목표를 달성하기 위한 실행계획을 만들어야 합니다. 제품을 만드는 데는 기술개발, 생산, 품질 등 다양한 실행계획이 필요하지만, 최종적으로 시장에 우리 제품을 내놓아서 돈을 벌게 해주는 실행계획은 '마케팅계획'입니다. 따라서 이 단계에서는 어떻게 시장에 진출해야 하는지에 초점을 맞춰 설명하겠습니다.

아무리 좋은 제품이라도 팔리지 않으면 무용지물입니다. 돈을 벌어야 수익도 내고 우리의 월급도 나올 테니까요. 그만큼 시장에 우리 제품 또는 서비스를 어떻게 내놓느냐가 중요합니다. 시장에 우리의 제품을 내놓기는 쉽습니다. 많이 팔리든 말든 신경 쓰지 않는다면 그냥 제품을 만들고 사진을 찍어서 온라인 쇼핑몰이나 회사 홈페이지에 올려놓으면 되니까요. 하지만 우리가 열심히 기획서를 작성해서 힘들게 만들어낸 제품이라면 많이 팔려야 합니다. 그래야 기쁨도 누리고 월급도 올라갈 테니까요. 이를 위해서는 당연히 우리 제품을 어떤 전략으로 시장에 내놓아야 하는지를 고민해야 합니다.

STP전략의 기본 개념과 분석기준

그럼 어떻게 하면 상사에게서 '고민을 잘했네'라는 말을 들을 수 있을까요? '어떻게 하면 시장에 잘 내놓을지'를 고민하는 것을 기획서에서는 '마케팅전략'이라고 합니다. 마케팅전략을 어떻게 작성해야 할지 잘 모르겠다면 그냥 잘 되어 있는 프레임 워크를 따라하면 됩니다. 새로운 기법을 창조하는 일은 우리가 기획의 달인이 됐을 때 해도 됩니다.

가장 대표적인 프레임 워크로는 'STP전략'이 있습니다. 경영학 전공자라면 한 번은 들어봤을 기법이죠. 이때 STP전략과 4P전략의 선후관계를 혼동하는 경우가 많아서 간단하게 차이를 알아보겠습니다.

'STP전략'은 우리 제품의 고유 색깔을 만드는 것입니다. 경쟁제품과 차별화된 색깔을 만드는 것이죠. 반면에 '4P전략'은 우리 고유의 색이 입혀진 제품에 대해 고객이 원하는 가격을 정하고, 판촉하고, 유통함으로써 실제 어떻게 판매해야 하는지를 결정하는 것입니다. 따라서 STP전략을 먼저 수립하고 4P전략을 수립하는 순서가 맞습니다. 여기서는 SPT전략에 대해 구체적으로 알아보고, 4P전략에 대해서는 뒤에서 좀 더 자세히 살펴보겠습니다(278쪽 내용 참조).

STP전략에서 STP는 'Segmentation(시장세분화), Targeting(표적

시장 설정), Positioning(포지셔닝)'의 약자이자 전략의 실행순서이기도 합니다. 즉, 우리 기업이 속한 시장을 세분화하고, 표적시장을 설정한 후, 어떻게 우리 제품을 위치시킬 것인지를 순차대로 정리하는 것이죠. STP 각각의 의미는 다음과 같습니다.

- Segmentation(시장세분화) : **우리 제품을 구매할 고객을 특성별로 분류하는 것**
- Targeting(표적시장 설정) : **특성별로 분류한 다양한 고객 중에서 우리가 집중해야 할 주고객을 결정하는 것**
- Positioning(포지셔닝) : **주고객에게 우리 제품을 어떤 이미지로 접근해야 하는지를 결정하는 것**

STP전략의 분석기준과 단계별 연계성을 도식화한 형태는 각각 다음과 같습니다.

STP전략의 분석기준

구분	목적 및 대상	관점
시장세분화	• 동일한 제품(서비스)에 대해 유사한 욕구를 갖는 그룹	• 시장세분화를 위한 차원을 식별함 • 세분화된 시장의 특성을 도출함
표적시장 설정	• 세분화된 시장에서 기업의 주력 시장 분야 • 고객을 정의하는 과정	• 세분화된 시장의 매력도 측정 • 시장의 매력도와 자사의 경쟁력(강점)을 종합적으로 고려하여 선정
포지셔닝	• 고객의 인식 체계 속에서의 기업 이미지	• 표적시장 포지셔닝분석 및 전략 도출

STP전략의 단계별 연계도

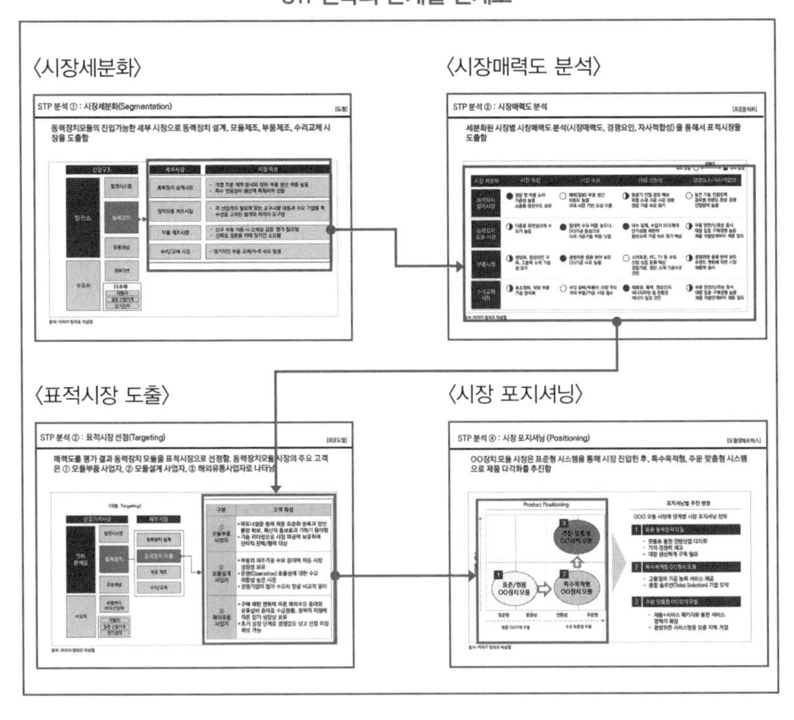

[실전! 기획자료 만들기 3-4]

이렇게 시장에 진입하겠습니다

작성사례 ① 시장세분화(Segmentation)

시장세분화의 의미를 가장 보편적인 제품인 양말을 예로 들어 살펴보겠습니다. 양말의 사용대상층을 성별로 구분하면 남성용과 여성용이 됩니다. 우리가 남녀공용 양말을 만들 수도 있겠지만, 이런 양말은 많이 판매되지 않습니다. 남성이 원하는 스타일과 여성이 원하는 스타일이 따로 있기 때문이죠.

이처럼 양말이라는 시장 하나만 보더라도 성별, 직업, 연령에 따라 특성이 달라집니다. 따라서 우리는 어느 집단을 중점으로 양말을 만들어야 할지를 정해야 합니다. 그래야 차별화된 양말을 만들 수 있을 테니까요. 영유아 양말만 생산하는 기업도 있겠죠.

시장세분화, 즉 시장을 쪼개는 기준은 인구통계적 특성(연령, 성별, 직업, 수익 등), 구매행동 특성(사용량, 빈도 등), 지리적 특성(국가규모, 인구밀도, 기후 등), 심리적 특성(성격, 생활양식, 종교관 등) 등 매우 다양하기 때문에 그중에서 우리 제품에 맞는 기준을 활용하면 됩니다.

시장세분화는 STP전략을 수립하는 데 있어서 첫 단추를 끼우는 절차입니다. 첫 단추부터 잘못 끼우면 다음 단계인 표적시장 설정, 포지셔닝이 제대로 작동되지 않으므로 철저한 조사분석이 뒤따르고 고민을 많이 해야 합니다. 다만 조사분석은 우리가 지금까지 해온 결과물이면 충분하니, 시장을 어떻게 우리에게 맞게 분류할까에 고민을 집중하면 됩니다.

다음 자료는 우리 기업이 진입할 수 있는 시장의 종류를 나열하고, 각 시장별 특성을 요약하여 정리한 사례입니다. 이런 자료는 굳이 복잡하게 구성할 필요 없이 사례처럼 '도형'이나 '표' 형태로 간단하게 표현해주면 됩니다. 내용이 중요하지 화려한 디자인이 중요하지는 않으니까요.

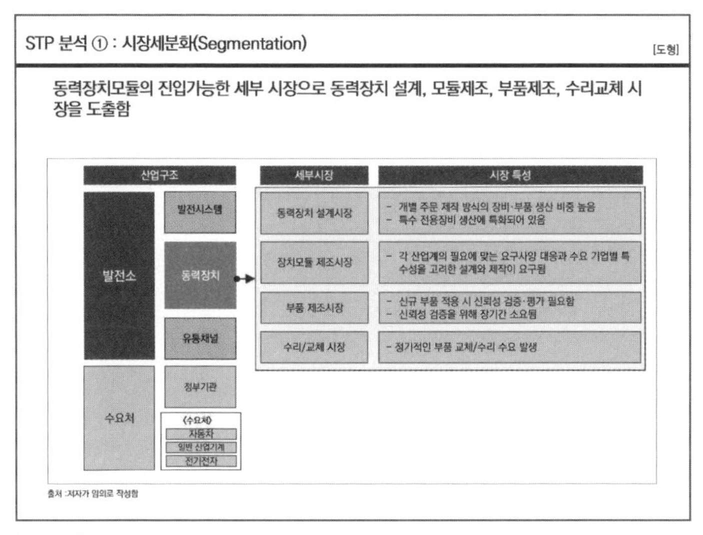

[포인트] 도형과 표를 조합해 간단하게 표현해주는 방식이 좋습니다.

작성사례 ② 표적시장 선정(Targeting)

Targeting은 우리말로 표적시장, 표적고객, 타깃고객 등 여러 이름으로 불리지만, 그 의미는 모두 같으므로 어떤 용어를 사용해도 무방합니다. 여기서는 편의상 '표적시장'이라고 하겠습니다.

앞서 우리가 진입할 시장을 세분화했는데 굳이 왜 표적시장을 선정해야 할까요? 바로 기업은 항상 자원이 한정되어 있기 때문입니다. 모든 시장을 한 번에 진입하기에는 충분한 자원이 없기도 하지만 노력도 분산됩니다. 하나의 시장을 집중 공략해도 경쟁에서 살아남기 힘든데 노력이 분산되면 더더욱 성공하기 어려울 수밖에 없겠죠.

시장규모가 크다고 해서 표적시장이 되지도 않습니다. 시장규모만으로 표적시장을 선정한다면 자칫 우리 기업에 적합하지 않아 진입하지 못할 수도 있고, 경쟁에 치여 도태될 수도 있습니다. 따라서 처음에는 가장 진입하기 수월한 시장을 표적시장으로 선정하고, 해당 시장을 장악한 후에 주변 시장으로 확장해나가는 것이 바람직합니다.

위와 같은 측면에서 표적시장을 선정하려면 우선 '시장매력도'를 평가해야 합니다. 시장매력도를 평가할 때는 일반적으로 시장요인, 경쟁요인, 자사적합성의 각 요소를 종합적으로 검토해야 합니다. 정답은 아니지만, 일반적으로 다음과 같은 요소들이 최소한의 기준이라고 생각하면 무리가 없습니다.

1) 시장요인

- 시장규모 : **현재의 시장크기로, 얼마나 시장이 큰지 작은지를 판단**
- 시장성장성 : **미래의 시장크기로, 앞으로 시장이 커질지 작아질지를 판단**
- 수익성 : **투자 대비 수익이 높은 시장인지 낮은 시장인지를 판단**

2) 경쟁요인

- 현재의 경쟁현황 : **현재 시장에서 경쟁이 치열한지 아닌지를 판단**
- 미래의 경쟁현황 : **앞으로 시장에서 경쟁이 치열해질지 아닐지를 판단**

3) 자사적합성

- 기업목표 : **우리 기업의 목표와 부합되는 시장인지를 판단**
- 자원 : **현재와 미래에 우리가 가진 자원이 충분한지 아닌지를 판단**

다음 자료는 위과 같은 기준에 따라 표적시장 선정을 위한 시장매력도를 평가한 사례입니다. 사례처럼 '문차트'를 활용하면 내용을 깔끔하게 정리할 수 있습니다.

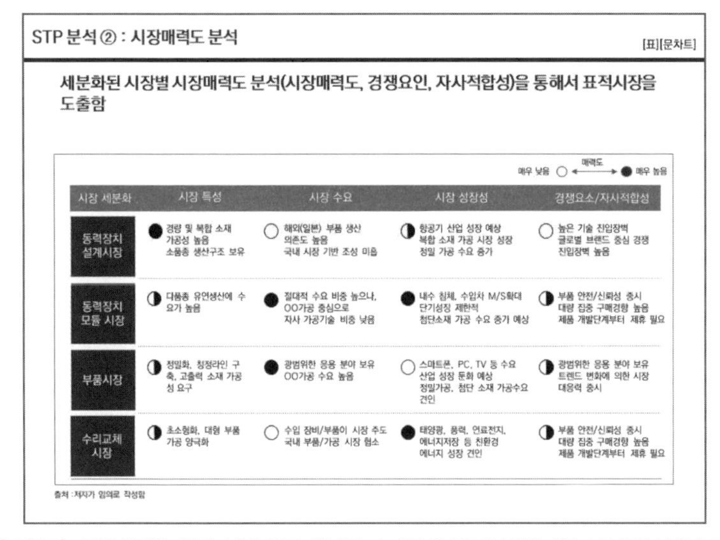
STP 분석 ② : 시장매력도 분석

[표][문차트]

세분화된 시장별 시장매력도 분석(시장매력도, 경쟁요인, 자사적합성)을 통해서 표적시장을 도출함

매력도: 매우 낮음 ○ ←→ ● 매우 높음

시장 세분화	시장 특성	시장 수요	시장 성장성	경쟁요소/자사적합성
동력장치 설계시장	● 경량 및 복합 소재 가공성 높음 소품종 생산구조 보유	○ 해외(일본) 부품 생산 의존도 높음 국내 시장 기반 조성 미흡	◑ 항공기 산업 성장 예상 복합 소재 가공 시장 성장 정밀 가공 수요 증가	○ 높은 기술 진입장벽 글로벌 브랜드 중심 경쟁 진입장벽 높음
동력장치 모듈 시장	◑ 다품종 유연생산에 수요가 높음	● 절대적 수요 비중 높으나, OO가공 중심으로 자사 가공기술 비중 낮음	● 내수 침체, 수입차 M/S확대 단기성장 제한적 첨단소재 가공 수요 증가 예상	◑ 부품 안전/신뢰성 중시 대량 집중 구매경향 높음 제품 개발단계부터 제휴 필요
부품시장	◑ 정밀화, 청정라인 구축, 고출력 소재 가공성 요구	● 광범위한 응용 분야 보유 OO가공 수요 높음	○ 스마트폰, PC, TV 등 수요 산업 성장 둔화 예상 정밀가공, 첨단 소재 가공수요 견인	◑ 광범위한 응용 분야 보유 트렌드 변화에 의한 시장 대응력 중시
수리교체 시장	◑ 초소형화, 대형 부품 가공 양극화	○ 수입 장비/부품이 시장 주도 국내 부품/가공 시장 협소	● 태양광, 풍력, 연료전지, 에너지저장 등 친환경 에너지 성장 견인	◑ 부품 안전/신뢰성 중시 대량 집중 구매경향 높음 제품 개발단계부터 제휴 필요

출처 : 저자가 임의로 작성함

[포인트] 표적시장은 여러 시장 중에 하나이기 때문에 비교분석결과를 보여줘야 합니다.

시장매력도를 평가해서 표적시장을 선정했다면 이를 다시 한 번 정리할 필요가 있습니다. 상사에게 표적시장을 소개한다는 생각으로 정리하면 됩니다. 이때 표적시장은 하나일 수도 있고 여러 개일 수도 있으니 하나만 고집할 필요는 없습니다.

다음 사례와 같이 정리하면 무리가 없습니다. 시장세분화를 통해 도출한 여러 개의 시장을 보여주고, 선정된 표적시장이 산업 내 어디쯤 있는지 표시하는 것이죠. 여기에 추가로 표적시장의 특성을 요약해서 정리해주면 됩니다.

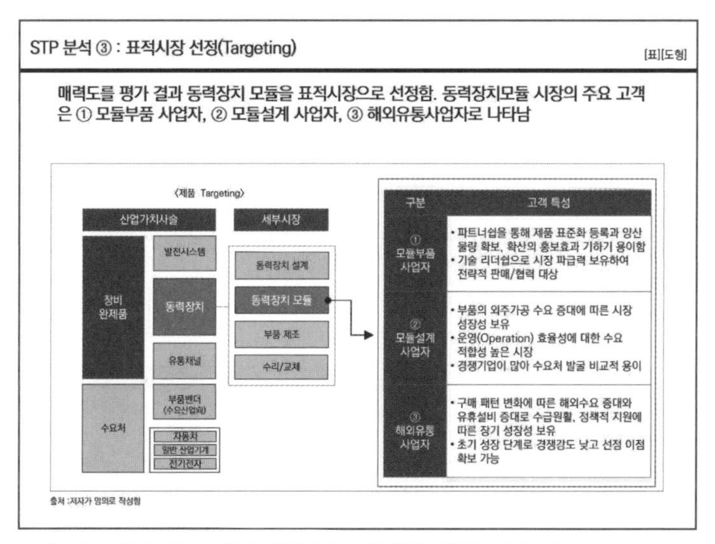

구분	고객 특성
① 모듈부품 사업자	• 파트너쉽을 통해 제품 표준화 등록과 양산 물량 확보, 확산의 홍보효과 기하기 용이함 • 기술 리더쉽으로 시장 파급력 보유하여 전략적 판매/협력 대상
② 모듈설계 사업자	• 부품의 외주가공 수요 증대에 따른 시장 성장성 보유 • 운영(Operation) 효율성에 대한 수요 적합성 높은 시장 • 경쟁기업이 많아 수요처 발굴 비교적 용이
③ 해외유통 사업자	• 구매 패턴 변화에 따른 해외수요 증대와 유휴설비 증대로 수급원활, 정책적 지원에 따른 장기 성장성 보유 • 초기 성장 단계로 경쟁강도 낮고 선점 이점 확보 가능

[포인트] 도형과 표를 조합해 간단하게 표현해주는 방식이 좋습니다.

작성사례 ③ 포지셔닝(Positioning)

표적시장을 결정했다면 이제 우리 제품을 어떤 이미지로 설정해서 시장에 진입할지를 결정해야 합니다. 이미지는 우리 제품의 차별성을 나타내기도 합니다. 수많은 라면 중에서 매운 라면을 먹고 싶을 때 신라면을 떠올리듯이 말이죠. 신라면은 매운 라면이라는 이미지를 만들기 위해 노력했고 실제 그런 이미지로 만들어졌기 때문에 매운 라면 하면 신라면을 떠올리게 되는 것입니다. 이처럼 우리 제품의 고유 색깔을 만드는 것을 '포지셔닝'이라고 합니다.

포지셔닝을 통해서 고객에게 우리 제품의 차별성을 느끼도록 각인시켜야 합니다. 포지셔닝전략은 다음과 같이 제품속성, 이미지, 사용상황, 제품사용자, 재포지셔닝 유형으로 분류할 수 있습니다.

1) 제품속성에 따른 포지셔닝

고객에게 매력적으로 인식되는 제품의 특성을 강조하는 전략

예) 저렴한 제품, 안전성이 높은 제품, 가벼운 제품 등

2) 이미지에 따른 포지셔닝

제품속성이 경쟁기업과 차별성이 없을 때 제품의 이미지를 만드는 전략

예) 착한 기업, 착한 제품, 착한 식당 등

3) 사용상황에 따른 포지셔닝

제품이 특정 상황에 사용된다는 점을 고객에게 각인시키는 전략

예) 갈증(숙취)해소 음료, 위급 시 거는 전화번호 등

4) 제품사용자에 따른 포지셔닝

제품속성과 별개의 제품 이미지를 고객집단에게 각인시키는 전략

예) 아이들이 먹는 치즈, 청소년이 쓰는 립스틱 등

5) 재포지셔닝

시장이나 고객의 변화에 따라서 기존의 포지셔닝전략이 더이상 효과가 없을 때 기업의 포지셔닝을 바꾸는 전략

포지셔닝 자료는 글로 설명하는 방식보다는 이미지가 떠오르게 하는 방식으로 작성해야 합니다. 이런 경우 다음 자료처럼 '매트릭스 구조'로 작성하는 방법이 가장 적합합니다. 이때 제품의 특성을 잘 나타낼 수 있는 요인을 X축, Y축으로 설정하면 됩니다. 사례에서는 우리나라의 대표적인 라면 브랜드를 가지고 포지셔닝분석을 했습니다. 다만 필자의 주관적인 분석이 반영되어 있으므로 정확한 결과가 아님을 감안해서 보기 바랍니다.

사례에서는 X축에는 '맛(매운맛, 순한맛)'을 두고 Y축에는 '가격'을 두었습니다. 사례를 기준으로 보면, '신라면'의 경우 부담 없는 가격과 매운 라면으로 포지셔닝했고, '생면식감 돈코츠라멘'은 생면을 써

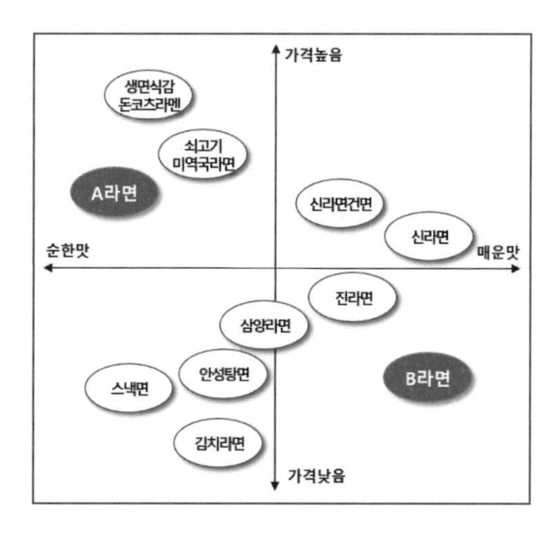

서 가격을 높이고 순한맛으로 포지셔닝했음을 알 수 있죠.

만약 우리가 라면을 만드는 기업이라면 A라면과 같이 생면을 적용해 가격을 높이면서 스낵면보다 순한 라면으로 포지셔닝할 수도 있고, B라면과 같이 신라면만큼 맵지만 가격을 낮춘 라면으로 포지셔닝할 수도 있습니다. 이처럼 매트릭스를 활용하면 주저리주저리 말로 설명하는 방식보다 상사를 이해시키기 쉽습니다.

다음 자료는 시장성장성과 제품구성을 고려하여 포지셔닝한 사례입니다. 우선 ❶로 포지셔닝하고 이후 ❷, ❸으로 확장하는 모습을 보여주고 있습니다. 이렇게 작성하면 포지셔닝 변화 방향까지 1페이지에 담을 수 있습니다.

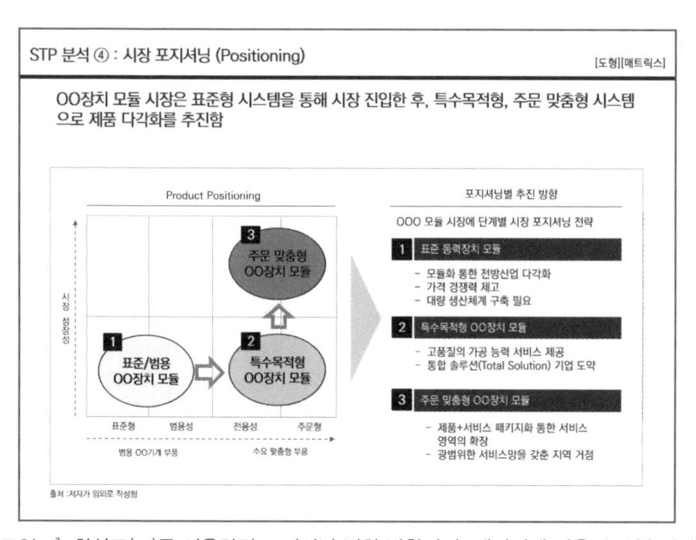

[포인트] 화살표(→)를 이용하면 포지셔닝 변화 방향까지 1페이지에 담을 수 있습니다.

[실전! 기획자료 만들기 3-5]

이렇게 마케팅하겠습니다

이제 우리의 제품을 어떻게 구성하고, 가격을 얼마로 정하고, 어떤 방법으로 유통하고 판매를 촉진할지 등 전반적인 마케팅계획을 수립해야 합니다. 이런 마케팅계획을 수립할 때는 프레임 워크로서 '4P전략'을 많이 활용합니다. '4P전략'을 '4P전술'이라고 부르기도 하는데, 여기서는 4P전략이라고 하겠습니다.

앞서 살펴본 STP전략은 한 번 정하면 바꾸기 어렵지만 4P전략은 상황에 따라 바꿀 수도 있습니다. 즉, 4P전략은 한번 수립했다고 끝나는 것이 아니라 지속적으로 변경해줘야 한다는 것입니다.

4P전략에서 4P는 '① 제품(Product), ② 가격(Price), ③ 유통(Place), ④ 촉진(Promotion)'이라는 4가지 구성요소를 의미합니다. 작성순서가 정해진 STP전략과 달리 4P전략은 정해진 작성순서가 없습니다.

4P전략은 다음 쪽 그림과 같이 4가지 구성요소를 유기적으로 연계한다는 의미에서 '마케팅믹스전략'이라고 불리기도 합니다.

4P전략의 개념도

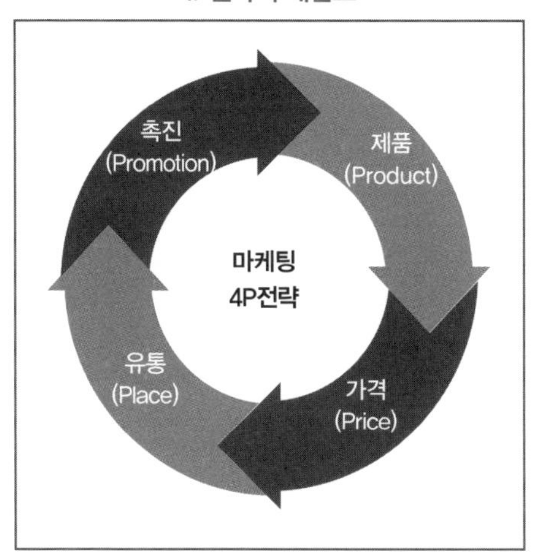

4P전략의 구성요소

구분	내용
제품 (Product)	• 물질적인 재화 외에도 서비스, 인적 네트워크, 아이디어 등이 포함된 개념 • 고객수요를 충족시키는 데 최적화된 제품(서비스) • 종류, 특징, 품질 · 품질보증, 디자인, 브랜드 네임, 포장, 크기 · 규격, 서비스, A/S, 보증기간 등
가격 (Price)	• 소비자들이 제품(서비스)을 구매할 때 치르는 대가 • 제품의 가치, 가격, 가격할인, 가격유연성, 지급방법 등
유통 (Place)	• 제품이 생산자에서 최종 소비자에게로 이동하는 경로 • 유통경로(장소, 접근성) 마케팅채널, 지역 · 범위, 유통 · 배송, 물류 등
촉진 (Promotion)	• 제품판매를 위해 활용되는 기업(제품)과 소비자 간의 커뮤니케이션활동 • 광고, 홍보, PR, 판매촉진, POP, 인적 판매, DM, 웹 프로모션, 입소문 등

4P전략의 단계별 연계성을 도식화하면 다음 쪽 그림과 같습니다.

4P전략의 단계별 연계성

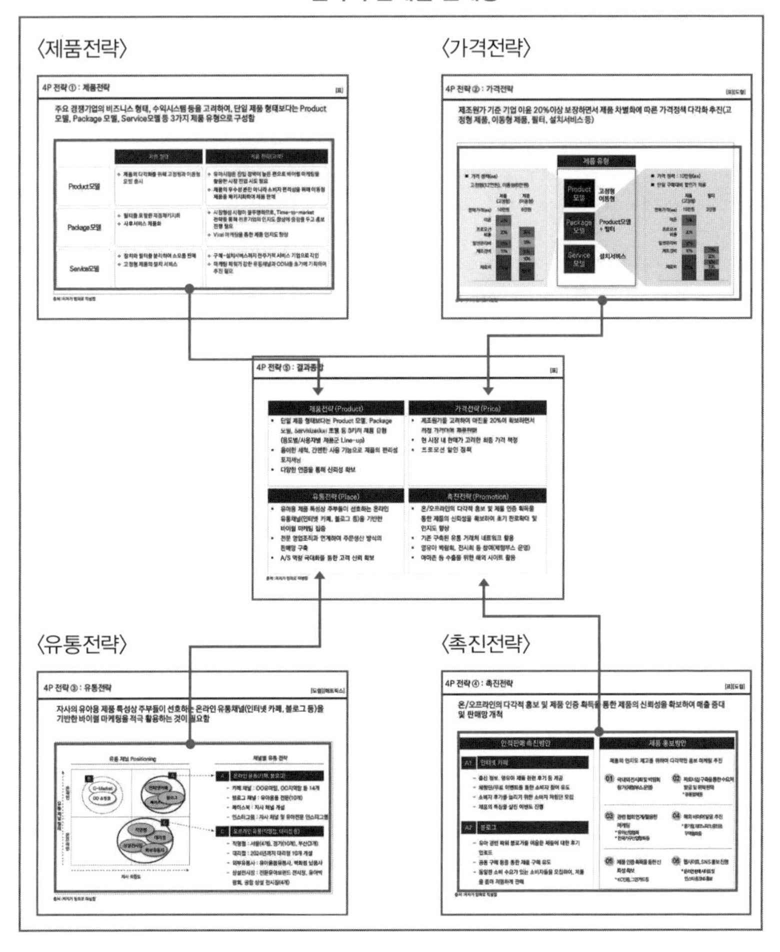

작성사례 ① 제품(Product)전략

제품전략을 수립할 때는 매우 다양한 요소들을 고려해야 하지만, 여기서는 대표적으로 제품수명주기를 고려한 전략과 제품구성에 따른 전략에 대해 살펴보겠습니다.

1) 제품수명주기에 따른 제품전략

제품수명주기에 따른 제품전략은 다음과 같이 구분됩니다.

① 도입기

이제 막 떠오른 시장이라면 진입한 기업이 몇 개 안 되기 때문에 우리는 경쟁력 있는 하나의 제품에 집중하여 시장을 선점하는 것이 중요합니다. 경쟁기업이 없다고 좋아할 일은 아닙니다. 그만큼 시장이 안정적이지 않다는 의미이니까요. 시장이 지속적으로 성장할지 반짝 성장에 그칠지는 아무도 모를 일입니다.

② 성장기

우리 기업이 어느 정도 시장을 선점하면 우리의 성공을 보고 많은 기업이 시장에 진입하게 되는데, 이를 성장기라고 합니다. 이렇게 시장이 성장기에 들어서서 경쟁이 심화되면 우리는 제품을 다각화해서 시장 안에서의 인지도를 넓혀야 합니다.

③ 성숙기

이후 경쟁이 더욱 치열해지는 성숙기에 접어들면 우리는 제품 다각화보다는 품질, 수익률 등 내실을 다짐으로써 후발기업이 따라오지 못하도록 시장에 뿌리를 내려야 합니다. 이 시기에는 소수의 기업만 살아남기 때문에 차별화된 제품으로 승부하는 것이 중요합니다.

제품수명주기별 특징

구분	도입기	성장기	성숙기	쇠퇴기
특성	경쟁 낮음	경쟁 심화	경쟁 치열	시장 축소
매출규모	매출 낮음	매출 급성장	매출 극대화	매출 감소
이윤	이윤 낮음	이윤 증가	이윤 극대	이윤 감소
고객	혁신 고객	선구자적 고객	일반 고객	후발 고객
경쟁자수	극소수	많음	보통	소수
제품전략	하나	다수	제품 개선	신제품 검토

④ 쇠퇴기

성숙기가 지나면 새로운 제품이 등장합니다. 그러면 자연스럽게 시장에서 더 이상 기존 제품을 찾지 않게 됩니다. 기존 제품이 시장에서 서서히 사라지는 것이죠. 휴대전화가 등장하고 나서 삐삐(무선호출기)가 사라진 것처럼요. 이런 시기에 들어섰다면 과거의 제품을 고집하지 말고 새로운 제품을 출시하여 시장에 뛰어들어야 합니다.

2) 제품구성에 따른 제품전략

제품전략에서의 제품이 반드시 단일제품만을 의미하지는 않습니다. 여기서의 제품은 고객수요를 충족시키는 데 필요한 모든 요소의 합이어야 합니다. 커피숍을 예로 들면 당연히 커피가 핵심 제품이 되겠지만, 커피를 먹기 위한 장소, 테이블, 의자, 컵, 인테리어 등 커피를 마시기 위해 필요한 소모품과 환경이 복합적으로 구성되어 있어야 커피 판매 서비스를 제공할 수 있습니다. 따라서 제품에는 단순히 핵심 제품뿐만 아니라 핵심 제품을 사용하는 데 필요한 모든 요소들이 포함되어야 하는 것이죠. 이를 제품구성 측면에서는 핵심 제품, 유형제품, 확장제품 3가지로 구분할 수 있는데 각각의 의미는 다음과 같습니다.

① 핵심 제품

핵심 제품은 제품 본래의 목적을 가진 제품으로, 실제로 고객의 기본 욕구가 충족된 상품이라고 할 수 있습니다. 자동차라면 '안전한 이동수단'이라는 욕구가 충족된 상품을, 음료수라면 '갈증해소'나 '숙취해소' 등의 기본 욕구가 충족된 상품이 되겠죠.

② 유형제품

유형제품은 고객의 기본 욕구가 충족된 상태에서 고객의 구매욕구를 자극시키는 상품이라고 할 수 있습니다. 자동차라면 '세련된 디자인, 속도감, 편안함' 등이 적용된 상품이, 음료수라면 '건강에 좋은 재료, 먹고 싶게 만드는 디자인, 상표' 등이 적용된 상품이 되겠죠.

③ 확장제품

확장제품은 유형제품의 부가적인 서비스라고 할 수 있습니다. 에어컨을 주문할 때 설치, 배달, 무상 A/S 기간 등을 부가적으로 제공하는 식이죠. 최근에는 고객들이 구매결정을 할 때 유형제품으로서의 조건뿐만 아니라 이런 부가서비스에 대해서도 점차 많은 관심을 보이고 있습니다.

핵심 · 유형 · 확장제품의 특징

구분	내용	예시
핵심 제품	• 제품 본래의 편익 · 혜택 • 고객이 구매를 통해 충족하기를 원하는 것	자동차(안전한 수송), 음료(갈증 해소, 숙취 해소 등)
유형제품	• 핵심 제품의 구체적인 형태 • 편익이나 혜택을 유형화한 것	자동차(디자인, 엔진, 타이어 등), 음료(상표, 캔, 내용물 등)
확장제품	• 유형제품에 대한 부가서비스	에어컨(설치, 배달, 대금결재 방식, A/S 등)

다음 자료는 핵심 제품을 Product 모델로, 유형제품을 Package 모델로, 확장제품을 Service 모델로 설정하고 각 모델별 제품전략을 도출한 사례입니다. 각각의 제품형태과 제품별로 어떤 전략이 필요한지를 표를 활용해 정리했습니다.

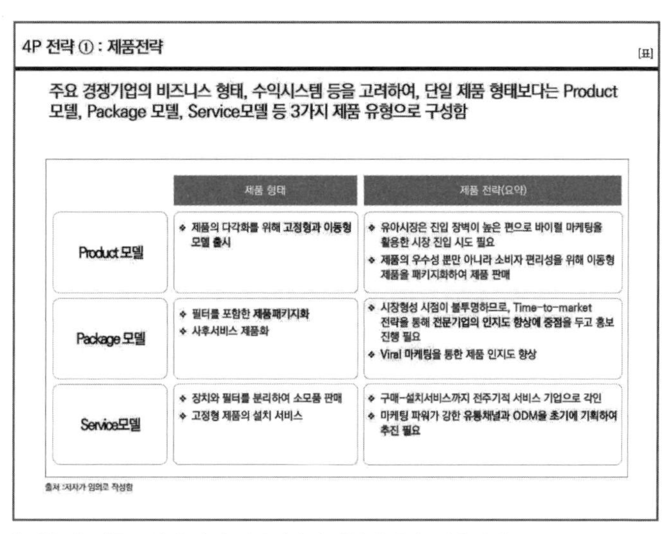

4P 전략 ① : 제품전략 [표]

주요 경쟁기업의 비즈니스 형태, 수익시스템 등을 고려하여, 단일 제품 형태보다는 Product 모델, Package 모델, Service모델 등 3가지 제품 유형으로 구성함

	제품 형태	제품 전략(요약)
Product 모델	❖ 제품의 다각화를 위해 고정형과 이동형 모델 출시	❖ 유아시장은 진입 장벽이 높은 편으로 바이럴 마케팅을 활용한 시장 진입 시도 필요 ❖ 제품의 우수성 뿐만 아니라 소비자 편리성을 위해 이동형 제품을 패키지화하여 제품 판매
Package 모델	❖ 필터를 포함한 제품패키지화 ❖ 사후서비스 제품화	❖ 시장형성 시점이 불투명하므로, Time-to-market 전략을 통해 전문기업의 인지도 향상에 중점을 두고 홍보 진행 필요 ❖ Viral 마케팅을 통한 제품 인지도 향상
Service모델	❖ 장치와 필터를 분리하여 소모품 판매 ❖ 고정형 제품의 설치 서비스	❖ 구매-설치서비스까지 전주기적 서비스 기업으로 각인 ❖ 마케팅 파워가 강한 유통채널과 ODM을 초기에 기획하여 추진 필요

출처 :저자가 임의로 작성함

[포인트] 제품구성에 따라 제품전략이 다양해질 수 있습니다.

작성사례 ② 가격(Price)전략

가격은 제품이나 서비스를 제공할 때 고객이 지불하는 금액입니다. 제품에 대한 대가죠. 우리는 이 대가를 바라고 제품을 만드는 만큼 고객 입장에서 매력적으로 느낄 수 있는 가격을 정해야 하는데, 이를 '가격전략'이라고 합니다. 가격전략을 수립할 때는 제품을 고객에게 제공하는 데 소요되는 비용(유통, 프로모션 등)을 함께 고려해야 합니다. 또한 가격은 고객이 지불할 수 있는 수준에 맞아야 합니다. 가격은 우리가 결정하지만 그보다는 고객이 우리가 결정한 가격을 지불할 의사가 있느냐가 더 중요합니다. 그래야 고객이 실제로 우리 제품을 구매할 테니까요.

가격을 결정할 때는 첫째, 소비자가 가격에 대해 어떻게 반응할지를 고려해야 합니다. 둘째, 원가를 정확히 산출하여 원가를 하한선으로 해서 여기에 이윤을 덧붙여 가격을 결정해야 합니다. 셋째, 경쟁제품의 가격전략을 고려하여 우리 기업의 포지셔닝(고가, 저가 등)에 따라 가격을 결정해야 합니다. 넷째, 유통채널을 고려하여 유통채널 구성원과 같이 상생할 수 있도록 가격을 결정해야 합니다.

또한 획일적인 가격을 고수하기보다는 제품, 시간, 지역, 구매특성 등을 고려하여 다양한 가격전략을 구사해야 합니다. 예를 들어 제품을 단품으로만 팔 수도 있지만, 패키지로 구성해서 더 높은 가격을 받을 수도 있습니다. 또 시간적으로는 유휴시간을 활용해서 조조·심야시간대에 가격을 할인해 고객수를 늘릴 수도 있고, 지역적으로는 국내와 해외에 판매되는 제품가격을 다르게 책정할 수 있으며, 구매특성에 따라서는 온라인과 오프라인에 다른 가격을 책정할 수 있는

가격 다변화 고려요소

구분	내용
제품	• 제품유형 : 표준형, 맞춤형 등 • 제품구성 : 단품, 패키지 등 • 서비스 : 일반 서비스, 프리미엄 서비스 등 • 디자인 : 일반 디자인, 캐릭터 디자인 등
시간	• 이용시간 : 조조 · 심야할인 • 구매시간 : 조기예매, 평일 · 주말요금 등
지역	• 국가 : 국내, 동남아, 유럽 등
구매특성	• 인구특성 : 성별, 연령 등 • 전문성 : 일반인, 전문가 등 • 주문형태 : 온라인, 오프라인 등

것이죠. 이런 식으로 가격을 다변화하는 전략도 필요합니다.

다음 쪽 자료는 정확한 원가를 산출하고 여기에 이윤을 덧붙여 가격전략을 수립한 사례입니다. 여기서 원가는 재료비, 제조경비 등 제조원가뿐만 아니라 지원부서의 인건비(일반관리비), 마케팅비용, 홍보비 등을 포함한 것입니다.

이처럼 원가에는 생산공장에서 제품을 만들 때 드는 비용뿐만 아니라 고객이 제품을 만질 때까지 들어가는 모든 비용이 포함됩니다. 어떤 제품은 제조원가는 얼마 안 되지만 유통비용이 원가의 대부분을 차지하기도 합니다.

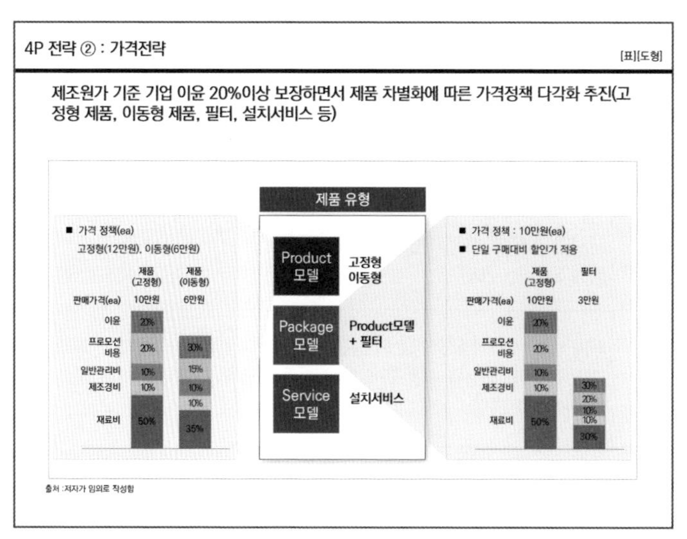

[포인트] 도형을 이용하면 숫자가 많은 재무정보를 보기 쉽게 정리할 수 있습니다.

작성사례 ③ 유통(Place)전략

유통전략은 마케팅활동의 일환으로, 자사의 제품이나 서비스를 어떤 유통경로를 통해 표적시장이나 고객에게 제공할지를 결정하는 것입니다. 온라인 쇼핑몰, 마트, 대리점 등 고객이 우리 제품을 구매할 수 있게 하는 장소라고 생각하면 이해하기 쉽습니다. 유통전략은 일반적으로 다음과 같이 개방적 유통전략, 배타적 유통전략, 선택적 유통전략 등 3가지로 구분할 수 있습니다.

1) 개방적 유통전략

개방적 유통전략은 누구든 우리 기업의 제품을 유통할 수 있도록 하는 전략입니다. 대형 마트나 온라인 쇼핑몰처럼 같은 경로에 많은 제품이 참여하지만 많은 고객에게 유통될 수 있다는 장점이 있습니다.

유통전략의 유통경로별 특성

구분	내용	특성
개방적 유통전략	자사의 제품을 누구든 취급할 수 있도록 개방하는 형태	• 장점 : 제품 노출 극대화 등 • 단점 : 유통비용 증가 등
배타적 유통전략	자사의 제품만 취급하는 판매처를 지정(보유)하는 형태	• 장점 : 유통비용 감소 등 • 단점 : 한정된 판매처수 등
선택적 유통전략	개방적과 배타적 유통경로의 중간으로 일정 자격조건을 갖춘 판매처에게 개방하는 형태	개방적 유통경로보다 판매처 감소하고 배타적 유통경로보다 노출이 잘됨

2) 배타적 유통전략

배타적 유통전략은 우리 기업의 제품만을 유통하게 하는 전략입니다. 직영점, 대리점, 자사의 온라인 쇼핑몰과 같이 우리 제품만 취급하는 유통점을 갖는 것이죠. 이런 경우 관리는 쉽지만 많은 유통점을 확보하기 어렵다는 한계가 있습니다.

3) 선택적 유통전략

선택적 유통전략은 개방적 유통전략과 배타적 유통전략의 중간 형태로 일정 판매자격을 갖춘 소수의 판매처를 활용하는 전략입니다. 하이마트, 전자랜드처럼 전자제품만 전문적으로 유통하면서 삼성전자, LG전자 등 다수의 기업 제품을 취급하는 점포를 활용하는 형태를 말합니다. 이런 경우 우리 기업의 직영점과 같은 판매제품의 전문성은 가질 수 있으나, 우리가 직접 관리하기는 어렵다는 단점이 있습니다.

다음 자료는 다양한 온·오프라인 유통채널을 조사하고 그중에서 우리에게 적합한 유통채널을 선별하여 유통전략을 수립한 사례입니다. 유통채널 종류가 많아서 일일이 나열하면 가독성이 떨어지기 때문에 가급적 매트릭스구조를 이용해 한눈에 파악할 수 있도록 하는 것이 좋습니다.

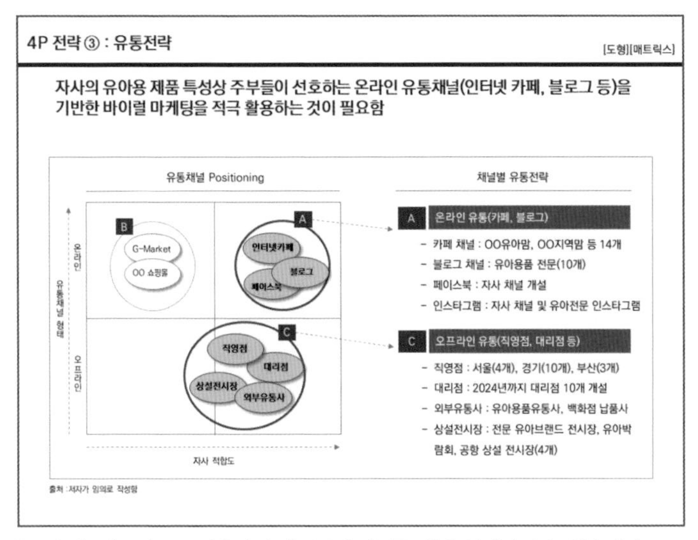

[포인트] 매트릭스를 이용하면 비교분석 결과를 쉽게 인지시킬 수 있습니다.

작성사례 ④ 촉진(Promotion)전략

촉진전략은 어떻게 우리 제품을 고객들에게 알려서 구매하게 할지에 대한 마케팅활동을 정하는 것을 말합니다. 광고, 홍보, 인적 판매 등의 마케팅활동을 어떻게 하느냐에 따라 우리 제품의 판매량이 늘어날 테니까요. 촉진전략은 일반적으로 다음과 같이 광고, 홍보, 판매촉진, 인적 판매 등 4가지 요소로 구성됩니다.

1) 광고

광고는 잠재고객에게 우리 제품을 알리는 대표적인 방법입니다. 방송광고, 카탈로그, 포스터 등이 있습니다.

2) 홍보

홍보는 우리 제품의 특성이나 차별성을 알리는 방법입니다. 광고가 메시지를 전달하는 방법이라면, 홍보는 홍보영상 배포, 세미나, 설명회 등을 통해 우리 제품을 더 자세히 설명하거나 더 구체적인 정보를 제공하는 것을 말합니다.

3) 판매촉진

판매촉진은 우리 제품의 판매를 더욱 촉진하기 위해서 실행하는 마케팅활동을 말합니다. 무료 쿠폰을 나눠 주거나 끼워팔기를 하는 등 매출에 직접적인 영향을 미치는 활동을 말합니다.

4) 인적 판매

인적 판매는 입소문을 통해 마케팅하는 방법입니다. 우리가 어떤 제품을 구매할 때 리뷰나 후기를 살펴보는 것은 바로 이 입소문에 의존하기 때문입니다. 과거에는 주로 방문판매 등의 방법을 이용했지만, 최근에는 블로그, SNS 등 온라인채널을 통한 인적 판매(바이럴 마케팅) 방법의 중요성이 날로 커지고 있습니다.

촉진전략별 특성

구분	내용	예시
광고	• 장기적인 효과가 있음 • 신속, 메시지 통제 가능	방송광고, 카탈로그, 포스터, 온 · 오프라인 광고
홍보	• 신뢰성이 높음	세미나, 온라인 홍보물, 설명회, 홍보 영상 등
판매촉진	• 매출에 직접적인 영향을 미침 • 인지도 향상, 빠른 효과	박람회, 전시회, 쿠폰, 끼워팔기, 추첨, 시연회 등
인적 판매	• 정보의 질이 탁월함 • 즉각적인 피드백 가능	바이럴 마케팅, 방문판매, 전화마케팅 등

다음 자료는 어떻게 인적판매 채널을 결정해서 어떻게 제품을 홍보할지에 대한 촉진전략을 도출한 사례입니다. 사례와 같이 촉진전략의 4가지 구성요소는 별개로 움직이지 않고 혼합하여 움직이게 됩니다.

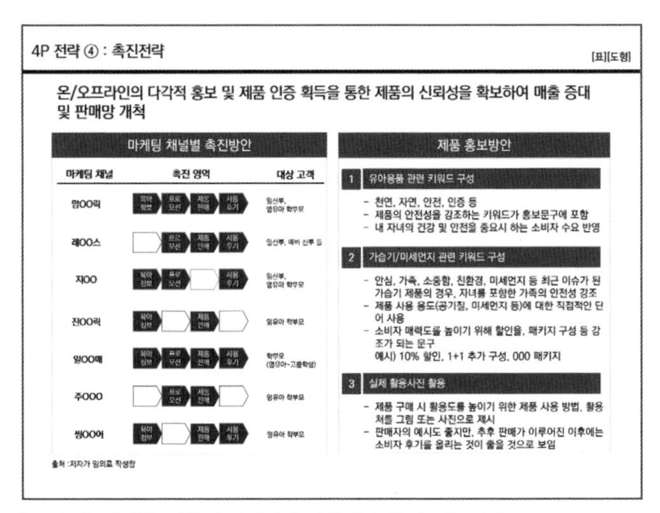

[포인트] 문장은 가급적 간결하게 작성해야 읽기 편합니다.

작성사례 ⑤ 결과종합

지금까지 4P전략 각각의 구성요소에 대해 살펴봤는데, 4P전략은 4가지 구성요소가 각각 별개가 아닌 쳇바퀴 돌듯 유기적으로 움직였을 때 의미가 있습니다. 따라서 다음 사례처럼 앞의 4가지 요소에 대한 분석내용을 1페이지로 종합하는 자료를 만들어야 합니다. 이때는 사례처럼 앞서 도출된 시사점을 가지고 정리하면 됩니다.

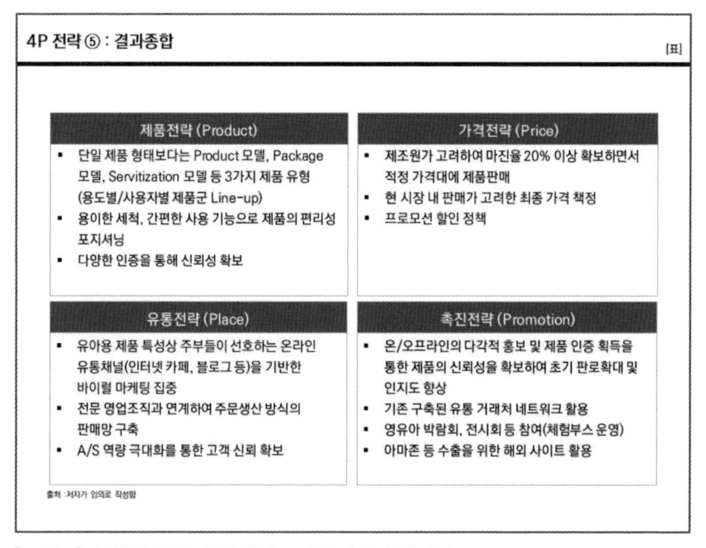

[포인트] 분석은 항상 종합정리로 마무리해야 합니다.

[실전! 기획자료 만들기 3-6]

누구와 함께 추진하겠습니다

아무리 훌륭한 기획서라도 누가 수행하느냐에 따라 결과가 달라집니다. 단순히 생각해 보더라도 연구개발부서에 마케팅업무를 시킨다면 마케팅이 제대로 될까요? 또 유통채널이 없는 기업에게 유통업무를 맡기면 제대로 유통이 될까요? 더 많은 사례를 들지 않더라도 사업수행주체가 왜 중요한지 이해하겠죠. 따라서 우리 팀에서 수행하기 어려운 부분은 적합한 부서를 참여시켜야 하고, 우리 기업이 부족한 부분은 적합한 기업과 협력해야 합니다. 우리의 목표는 우리 팀의 성장이 아니라 기업의 성장이니까요.

이런 측면에서 우리는 사업을 성공적으로 수행할 수 있는 주체가 누구이며, 협력부서가 누구인지 등을 제시해야 합니다. 그래야 이 사업의 성공 가능성을 점쳐 볼 수 있습니다. 이때는 사업수행주체(대상)와 역할을 명확히 제시하면 됩니다. 필요에 따라 외부와의 협업도 포함해서요. 이제 한 기업에서 모든 역할을 하는 시대는 끝났습니다. 외부와의 협력이 중요한 시대입니다.

작성사례 ① 추진조직 구성

다음 쪽 자료는 사업수행주체 설정에 대한 가장 기본적인 사례입니다. 사례에서는 보고체계, 추진책임자, 참여부서, 참여자, 검토자 등 수행주체와 각각의 역할을 도형을 활용해 작성했습니다.

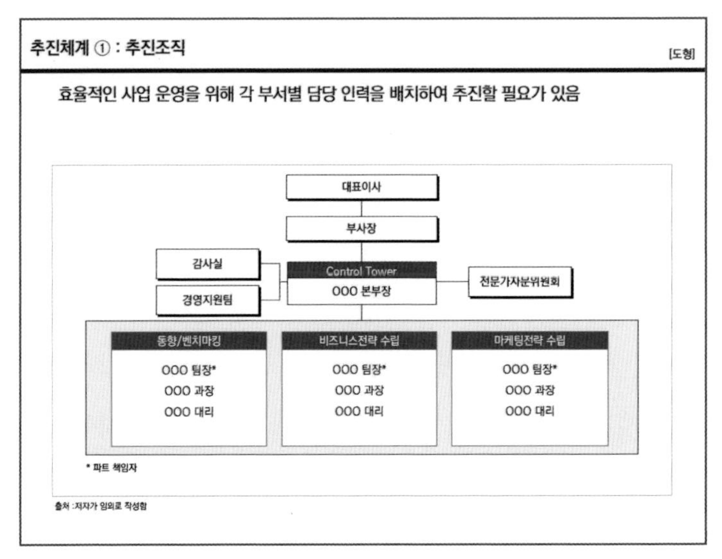

[포인트] 추직조직도를 만들 때는 엑셀보다 파워포인트 도형기능을 이용하는 방식이 편리합니다.

작성사례 ② 추진조직 및 투입인력계획

다음 쪽 자료는 앞의 사례에 인력투입계획까지 포함한 사례입니다. 우리 상사들은 사업을 추진하는 데 얼마나 많은 인원이 소요되는지도 신경 씁니다. 인력투입이 많다는 것은 그만큼 투자비용이 크다는 사실을 의미하기 때문이죠.

이럴 때 사례처럼 사업을 추진하는 팀들과 각 팀별로 투입되는 인원을 표시하면 얼마나 많은 인력이 사업에 투입되는지 한눈에 확인할 수 있습니다.

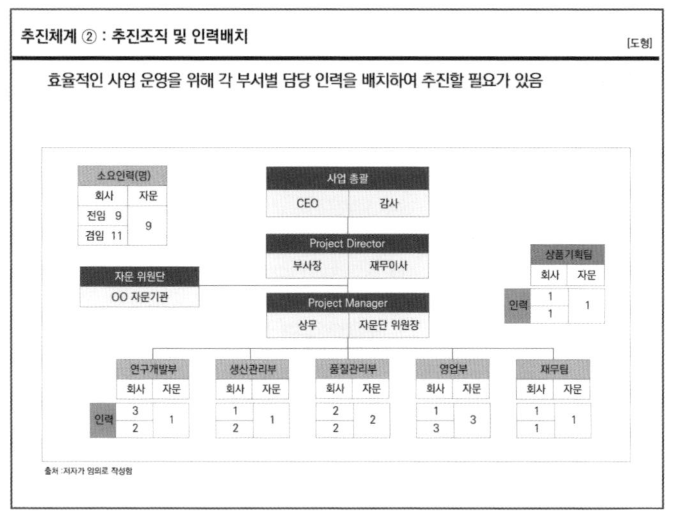

[포인트] 추진조직도에 인력투입계획까지 포함해야 의사결정이 수월해집니다.

작성사례 ③ 외부협력체계

앞의 2가지 자료는 기업 내부에서의 추진체계를 작성한 사례입니다. 그런데 사업목적에 따라서는 내부조직보다 외부협력체계가 중요할 때가 많습니다. 현대의 사업환경은 기업 단독으로 할 수 있는 일이 그리 많지 않습니다. 그만큼 외부협력체계를 명확히 하는 것이 중요합니다.

다음 쪽 자료는 외부협력기업의 참여부문과 역할을 보여주기 위해 작성한 사례입니다. 기술개발부터 제품을 만들어서 고객에게 유통되는 모든 과정을 작성하고, 그 안에서 어떤 부문에 외부협력기업이 참여하는지 일목요연하게 정리하면 됩니다.

사례처럼 도형과 화살표(→)를 적절히 혼합하면 내용을 이해하기가 더 쉬워집니다.

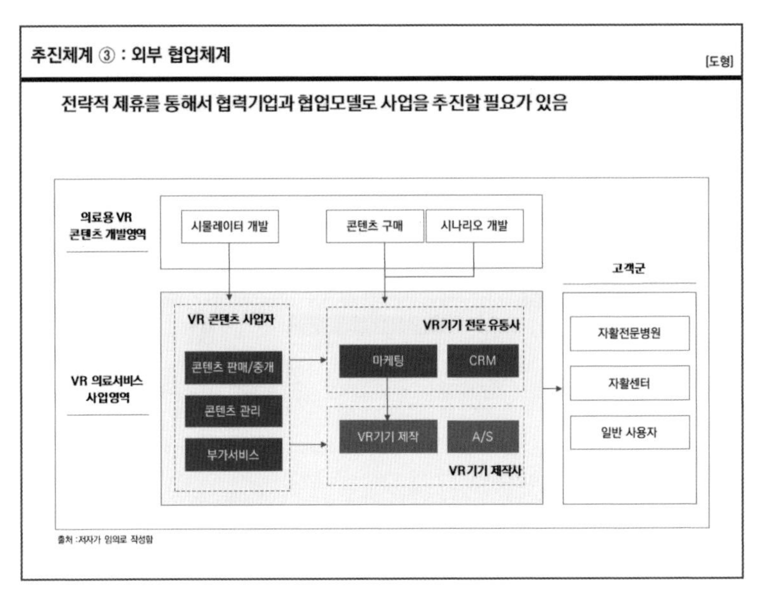

[포인트] 도형과 화살표(→)를 적절히 혼합하면 이해하기 쉽습니다.

[실전! 기획자료 만들기 3-7]

이렇게 사업을 추진하겠습니다

누구와 추진할지를 정했다면 이제 사업을 어떻게 추진할지를 제시해야 합니다. 아무리 훌륭한 기획서라도 '현실성'이 있어야 하기 때문이죠. 현실성이 있으려면 다음과 같이 '어떻게'와 '언제까지'를 명확히 제시해야 합니다.

- 어떻게 → 추진절차 : **어떤 절차로 추진하겠습니다.**
- 언제까지 → 추진일정 : **언제까지 추진하겠습니다.**

작성사례 ① 추진업무절차 수립

성공적인 기획을 위해 구체적으로 수행할 업무절차를 작성하는 단계입니다. 여기서는 기획서의 목표를 달성하기 위해 필요한 구체적인 활동을 정의하고, 업무흐름을 일목요연하게 보여줘야 합니다. 이때 기획 난이도에 따라 간략하게 작성하기도 하고 구체적으로 작성하기도 합니다. 다만 작성형태와 관계없이 반드시 사업목표 달성을 위한 구체적 업무(활동)와 추진절차를 논리적으로 제시해야 합니다. 그래야만 이후에 작성해야 하는 추진일정계획을 명확하게 설정할 수 있습니다.

다음 쪽 자료는 추진활동을 분류하고, 활동별 업무절차를 도식화한 가장 일반적인 사례입니다. 이렇게 하면 활동별 성과관리와 업무분장 등 협업체계를 구축하기가 쉬워집니다.

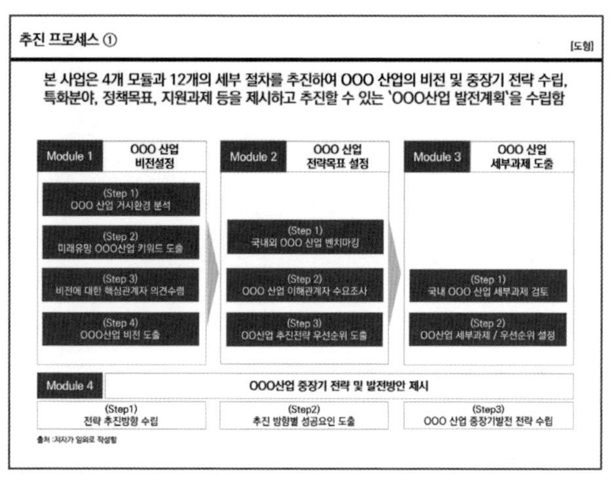

[포인트] 추진업무절차는 선후관계를 확인할 수 있도록 작성해야 합니다.

다음 자료는 위의 사례보다 추진활동을 상세하게 나타낸 사례입니다. 좀 복잡해 보이기는 하지만 세부 활동단위까지 확인이 가능하다는 장점이 있습니다.

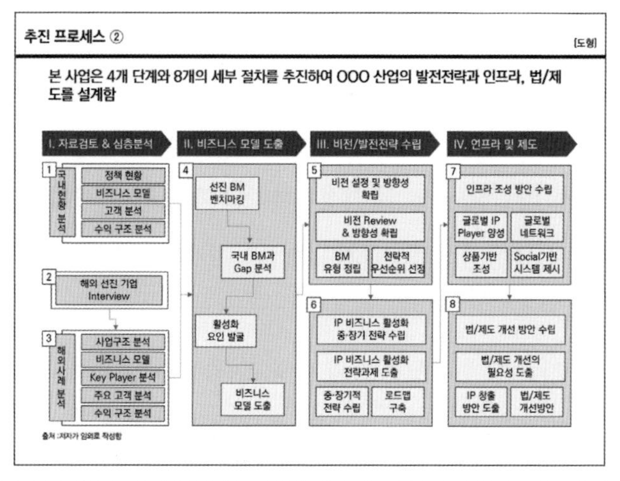

[포인트] 세부 추진활동까지 정리하면 복잡하지만 업무 전체를 파악하는 데 도움이 됩니다.

다음 자료는 큰 활동단위와 세부 활동을 구분하여 작성한 사례입니다. 좌측에서는 전체 프로세스를 간단하게 살펴볼 수 있고, 우측에서는 각 단계별 상세 프로세스를 확인할 수 있습니다. 이렇게 작성하면 앞의 사례에서의 복잡함을 일부 해소할 수 있겠죠.

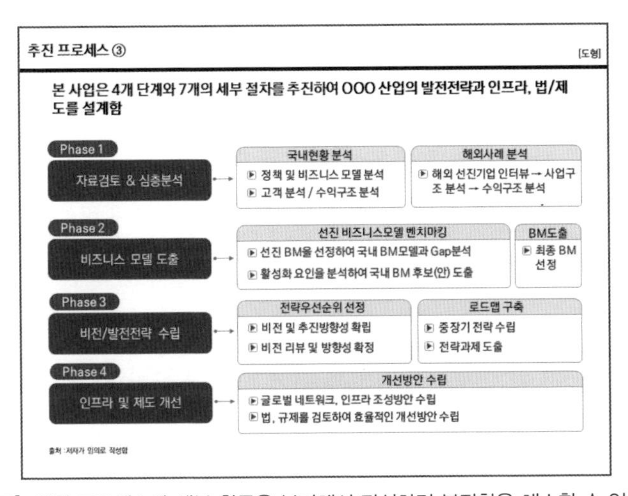

[포인트] 전체 프로세스와 세부 활동을 분리해서 작성하면 복잡함을 해소할 수 있습니다.

작성사례 ② 추진일정계획 수립

업무는 타이밍입니다. 기획도 마찬가지죠. 아무리 좋은 기획이라도 타이밍을 놓치면 안 하느니만 못하니까요. 그래서 반드시 추진일정계획을 수립해야 합니다. 추진일정계획을 세울 때는 진행업무별 일정을 '날짜'로 기재해야 합니다. 날짜로 기재하기 어렵다면 주간 단위로라도 기재해야 합니다. 우리 상사들이 좋아하는 수치에는 매출이나 비용뿐만 아니라 날짜도 포함됩니다.

특히 컨설턴트들은 프로젝트 결과물의 품질 이전에 납기일정을 가장 민감하게 생각합니다. 품질은 보완하면 되지만 일정은 신뢰의 문제이니까요. 우리의 상사들도 마찬가지입니다. 일정계획을 보고 '언제 완성되겠구나', '언제 보고를 받겠구나'라는 나름의 스케줄링을 합니다. 이런 관점에서 일정계획의 일정을 여유 있게 작성하면 좋겠지만 현실적으로 그러기는 어렵습니다. 우리 시간은 우리 것이 아니기 때문이죠. 만일 일정을 여유롭게 잡았다면 보고를 일정보다 앞당겨서 하는 것이 좋습니다. 일정에 맞추거나 못 지켰을 때에 비해 일정을 앞당기면 일단 기획서 검토 분위기를 좋게 시작할 수 있으니까요.

이제 추진일정계획서를 작성해 보겠습니다. 일정계획은 보통 1페이지에 담습니다. 또한 가급적 보기 좋게 작성해야 합니다. 왜냐고요? 박 과장님 책상에 딱 붙어있을 자료니까요. 박 과장님은 가끔 깜빡깜빡하는 것 같지만 보고일정은 기가 막히게 기억합니다.

다음 자료는 추진일정계획을 표 형태로 작성한 일반적인 사례입니

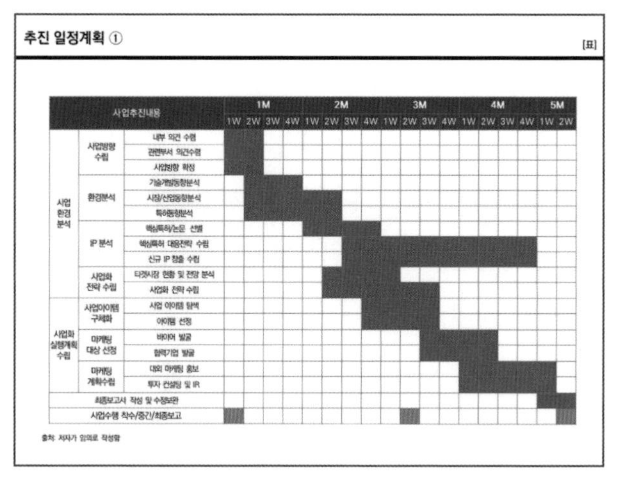

추진 일정계획 ① [표]

사업추진내용			1M				2M				3M				4M				5M	
			1W	2W	3W	4W	1W	2W	3W	4W	1W	2W	3W	4W	1W	2W	3W	4W	1W	2W
사업 환경 분석	사업방향 수립	내부 의견 수렴																		
		관련부서 의견수렴																		
		사업방향 확정																		
	환경분석	기술개발동향분석																		
		시장/산업동향분석																		
		특허동향분석																		
	IP 분석	핵심특허/논문 선별																		
		핵심특허 대응전략 수립																		
		신규 IP 창출 수립																		
	사업화 전략 수립	타겟시장 현황 및 전망 분석																		
		사업화 전략 수립																		
사업화 실행계획 수립	사업아이템 구체화	사업 아이템 탐색																		
		아이템 선정																		
	마케팅 대상 선정	바이어 발굴																		
		협력기업 발굴																		
	마케팅 계획수립	대외 마케팅 홍보																		
		투자 컨설팅 및 IR																		
최종보고서 작성 및 수정보완																				
사업수행 착수/중간/최종보고																				

출처: 저자가 임의로 작성함

[포인트] 추진일정 항목이 많을 때는 수정이 편한 엑셀로 작성하는 방식이 좋습니다.

다. 이런 표를 만들 때는 보통 작성과 수정이 편한 엑셀 프로그램을 사용합니다. 파워포인트로 보고서를 작성할 때도 엑셀로 표를 만들어서 복사해오는 방식이 편리합니다.

앞의 사례는 한눈에 보기는 편한데 뭔가 빠져 있습니다. 무엇일까요? 바로 업무활동별 담당자가 빠져 있습니다. 기획업무는 혼자 하기 어렵습니다. 신제품 기획이라면 기획자, 연구자, 생산담당자, 마케팅담당자 등 전사적인 협조가 필요하기 때문이죠.

따라서 일정계획에 맞게 기획을 추진하려면 반드시 업무활동별 책임자 배정이 필요합니다. 특히 기획 참여자들이 모두 우리보다 상급자일 가능성이 많은 만큼 더더욱 사장님이 보고 받는 기획 초기에 책임을 부여해야 합니다. 다들 알다시피 나중에는 조정하기가 여간 어렵지 않으니까요.

다음 자료에는 앞의 사례에 추진활동별 책임자와 함께 담당자까지

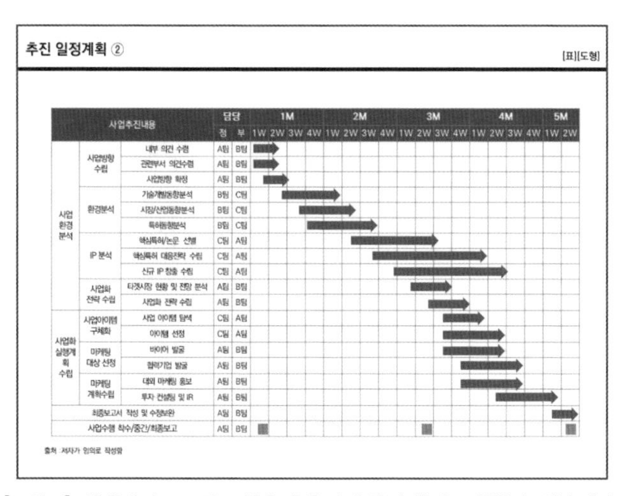

추진 일정계획 ② [표][도형]

사업추진내용			담당		1M				2M				3M				4M				5M	
			정	부	1W	2W	3W	4W	1W	2W	3W	4W	1W	2W	3W	4W	1W	2W	3W	4W	1W	2W
사업 환경 분석	사업방향 수립	내부 의견 수렴	A팀	B팀																		
		관련부서 의견수렴	A팀	B팀																		
		사업방향 확정	A팀	B팀																		
	환경분석	기술개발동향분석	B팀	C팀																		
		시장/산업동향분석	B팀	C팀																		
		특허동향분석	B팀	C팀																		
	IP 분석	핵심특허/논문 선별	C팀	A팀																		
		핵심특허 대응전략 수립	C팀	A팀																		
		신규 IP 창출 수립	C팀	A팀																		
	사업화 전략 수립	타겟시장 현황 및 전망 분석	A팀	B팀																		
		사업화 전략 수립	A팀	B팀																		
사업화 실행계획 수립	사업아이템 구체화	사업 아이템 탐색	C팀	A팀																		
		아이템 선정	C팀	A팀																		
	마케팅 대상 선정	바이어 발굴	A팀	B팀																		
		협력기업 발굴	A팀	B팀																		
	마케팅 계획수립	대외 마케팅 홍보	A팀	B팀																		
		투자 컨설팅 및 IR	A팀	B팀																		
최종보고서 작성 및 수정보완			A팀	B팀																		
사업수행 착수/중간/최종보고			A팀	B팀																		

출처 : 저자가 임의로 작성함

[포인트] 엑셀에서도 표와 도형을 혼용하면 알기 쉽게 표현할 수 있습니다.

당당히 표기했습니다. 이렇게 해야 마음이 편합니다. 우리는 주로 담당자와 일할 테니까요. 여기에 추가로 화살표 도형을 이용해서 활동별 일정의 시작시점과 종료시점까지 알기 쉽게 표현했습니다.

다음 자료는 앞의 사례를 더 심플하고 깔끔하게 디자인한 사례입니다. 앞서 언급했듯이 추진일정계획은 상사의 책상이나 부서 내 게시판에 붙여놓는 경우가 많기 때문에 사례처럼 시각적 디자인을 종종 추가하게 됩니다. 추진활동이나 일정 등이 많은 경우 A3 형태로 만들기도 합니다.

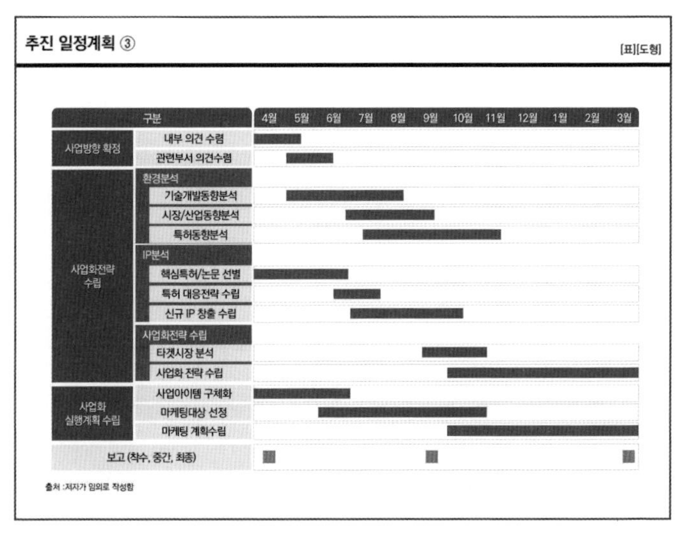

[포인트] 파워포인트로 추진일정계획을 작성하면 시각적 효과를 줄 수 있습니다.

06

얼마나 벌 수 있을 것인가

이제 기획의 궁극적인 목적인 돈에 대해 작성하는 단계입니다. 기획사업을 통해 예상되는 매출이 얼마인지를 추정하고 이를 실현하기 위해 필요한 소요예산과 예산조달방안에 대해 작성하는 것이죠. 아직 본격적으로 사업이 진행되지 않았기 때문에 예상재무제표와 경영성과 등을 제시해야 합니다. 이를 유식한 말로 '재무계획을 수립한다'라고 합니다.

재무계획은 기획서 작성에서 가장 중요하면서도 어려운 부분입니다. 현실적으로 재무계획 수립의 근거가 되는 매출원가 분석작업만 해도 매우 복잡하기 때문이죠.

본격적으로 재무계획 작성에 들어가기에 앞서 최소한의 재무정보부터 이해하고 넘어가겠습니다. 재무계획에 포함되는 대표적인 자료로는 다음과 같은 추정손익계산서, 소요예산계획, 예산확보계획 등이 있습니다.

1) 추정손익계산서

추정손익계산서의 목적은 수익과 비용 측면에서 사업기간 동안의 경영성과를 파악하는 데 있습니다. 가장 먼저 예상매출액을 산출하고 이에 따른 제조 및 운영비용을 기초로 작성합니다. 이때 예상매출액을 추정하는 방법은 다음 2가지입니다.

- **우리의 목표시장규모에 달성 가능한 시장점유율을 곱하여 매출액을 추정**
- **예상매출수량에 매출단가를 곱하여 매출액을 추정**

일반적으로는 2번째 방식을 사용합니다.

2) 소요예산계획

소요예산계획은 사업을 수행하는 데 소요되는 모든 예산을 말합니다. 기술개발비용이나 생산을 위해 투자되는 생산설비도 포함되며, 마케팅활동에 따른 비용이나 지원부서의 관리비용도 고려해야 합니다. 그래야만 사업을 추진하는 데 필요한 전체 예산을 알 수 있습니다.

3) 예산확보계획

예산확보계획은 어떤 방식으로 소요예산을 충당할지 정하는 것을 말합니다. 보통 기업은 평상시에 현금을 쌓아두지 않습니다. 기업은 늘 투자할 곳이 많고 써야 할 돈이 많은 법이죠. 반면 사업을 추진하려면 언제나 예산이 필요합니다. 예산이 필요한 때 자금이 확보되지 않으면 사업이 좌초되어 그간의 투입자금은 아무런 빛을 보지 못하게 됩니다. 그러니 사업을 끝까지 끌고 가려면 필요한 시점에 맞게 자금이 확보되어야 합니다.

[실전! 기획자료 만들기 3-8]
재무계획

작성사례 ① 추정매출액 작성

다음 자료는 추정재무계획을 표 형태로 작성한 사례입니다. 이런 경우 '추정근거'를 명확히 제시해야 한다는 점에 주의해야 합니다. 추정이기 때문에 수치가 틀릴 수는 있지만 추정근거만큼은 논리적이어야 합니다. 즉, 재무계획을 추정할 때는 추정금액이 아니라 추정근거가 얼마나 논리적이냐가 중요합니다.

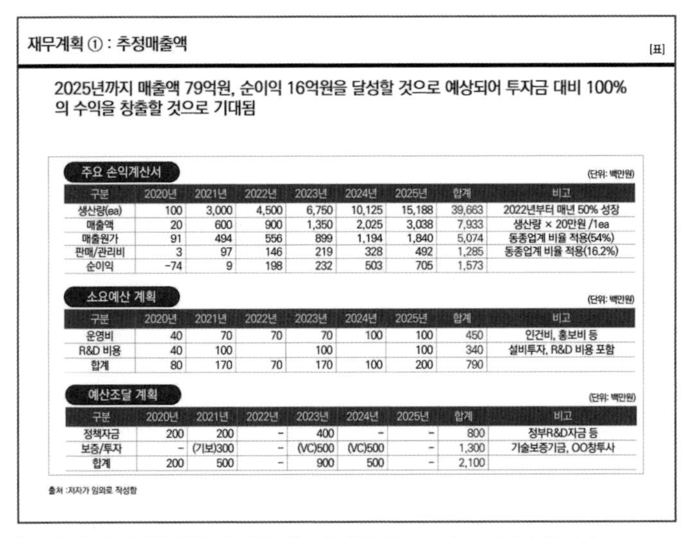
재무계획 ① : 추정매출액 [표]

2025년까지 매출액 79억원, 순이익 16억원을 달성할 것으로 예상되어 투자금 대비 100%의 수익을 창출할 것으로 기대됨

주요 손익계산서 (단위: 백만원)

구분	2020년	2021년	2022년	2023년	2024년	2025년	합계	비고
생산량(ea)	100	3,000	4,500	6,750	10,125	15,188	39,663	2022년부터 매년 50% 성장
매출액	20	600	900	1,350	2,025	3,038	7,933	생산량 × 20만원 /1ea
매출원가	91	494	556	899	1,194	1,840	5,074	동종업계 비율 적용(54%)
판매/관리비	3	97	146	219	328	492	1,285	동종업계 비율 적용(16.2%)
순이익	-74	9	198	232	503	705	1,573	

소요예산 계획 (단위: 백만원)

구분	2020년	2021년	2022년	2023년	2024년	2025년	합계	비고
운영비	40	70	70	70	100	100	450	인건비, 홍보비 등
R&D 비용	40	100		100		100	340	설비투자, R&D 비용 포함
합계	80	170	70	170	100	200	790	

예산조달 계획 (단위: 백만원)

구분	2020년	2021년	2022년	2023년	2024년	2025년	합계	비고
정책자금	200	200	-	400	-	-	800	정부R&D자금 등
보증/투자	-	(기보)300	-	(VC)500	(VC)500	-	1,300	기술보증기금, OO창투사
합계	200	500	-	900	500	-	2,100	

출처 :저자가 임의로 작성함

[포인트] 추정매출액을 작성할 때는 추정근거를 같이 보여줘야 합니다.

작성사례 ② 손익분기점 작성

다음 자료는 위의 사례에 손익분기점(BEP)분석을 추가한 사례입니다. 손익분기점은 기획사업 추진 여부를 결정하는 중요한 의사결정요인이 됩니다. 아무리 훌륭한 사업이라도 손익분기점 달성기간이 너무 길면 우리 경영진은 해당 사업추진을 선택하지 않습니다. 손익분기점을 작성할 때는 다음 사례처럼 그래프를 이용해 직관적으로 파악할 수 있게 하고, 세부 근거는 표로 표현하는 방식이 좋습니다.

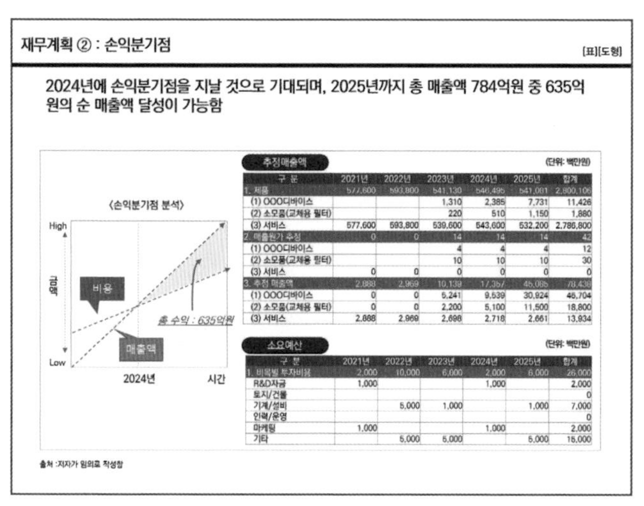

재무계획 ② : 손익분기점 [표][도형]

2024년에 손익분기점을 지날 것으로 기대되며, 2025년까지 총 매출액 784억원 중 635억원의 순 매출액 달성이 가능함

추정매출액 (단위: 백만원)

구 분	2021년	2022년	2023년	2024년	2025년	합계
1. 제품	577,600	593,800	541,130	546,495	541,081	2,800,106
(1) OOO디바이스			1,310	2,385	7,731	11,426
(2) 소모품(교체용 필터)			220	510	1,150	1,880
(3) 서비스	577,600	593,800	539,600	543,600	532,200	2,786,800
2. 매출원가 추정	0	0	14	14	14	42
(1) OOO디바이스			4	4	4	12
(2) 소모품(교체용 필터)			10	10	10	30
(3) 서비스	0	0	0	0	0	0
3. 추정 매출액	2,888	2,969	10,139	17,357	45,085	78,438
(1) OOO디바이스	0	0	5,241	9,539	30,924	46,704
(2) 소모품(교체용 필터)	0	0	2,200	5,100	11,500	18,800
(3) 서비스	2,888	2,969	2,698	2,718	2,661	13,934

소요예산 (단위: 백만원)

구 분	2021년	2022년	2023년	2024년	2025년	합계
1. 비목별 투자비용	2,000	10,000	6,000	2,000	6,000	26,000
R&D자금	1,000			1,000		2,000
토지/건물						0
기계/설비		5,000	1,000		1,000	7,000
인력/운영						0
마케팅	1,000			1,000		2,000
기타		5,000	5,000		5,000	15,000

출처 :저자가 임의로 작성함

[포인트] 손익분기점은 표와 도형형태의 자료를 함께 제시해야 달성시점을 쉽게 인지시킬 수 있습니다.

작성사례 ③ 추정손익계산서 작성

앞의 사례들은 주로 사업단위에서 작성하는 자료들입니다. 그런데 하나의 사업이 기업 생존에 직결되어 있거나 창업, 투자 등의 목적으로 재무계획을 수립해야 한다면 추정손익계산서를 작성해야 합니다. 추정손익계산서는 쉽게 말해 기업 재무제표의 손익계산서와 같은 구조라고 생각하면 됩니다.

추정손익계산서를 작성할 때는 매출액은 사업에 맞게 추정하고, 비용구조는 기존 재무정보를 이용하여 산출합니다. 이때 비용구조를 산출하는 방식으로는 다음과 같이 우리 기업의 재무정보를 활용하는 방식과 동종기업의 재무정보를 활용하는 방식 2가지가 있습니다.

1) 우리 기업의 재무정보를 활용하는 방식

기업의 업력이 5년 이상 되어서 재무구조가 어느 정도 안정화되어 있는 경우에 사용합니다. 신규사업을 추진하더라도 기업의 기존 사업과 유사한 재무구조를 보이는 경우가 많기 때문에, 이런 경우 기존 손익계산서의 재무비율을 사용하는 방식이 가장 간단합니다. 다만 기존 사업과 다른 분야의 사업을 추진하는 경우에는 비용구조가 달라지기 때문에 다음에 설명하는 2번째 방식을 사용해야 합니다.

2) 동종기업의 재무구조를 활용하는 방식

창업기업이나 업력이 5년 미만인 기업의 경우 아직 재무구조가 안정화되어 있지 않기 때문에 동종기업의 재무구조를 활용해서 비용구조를 산출하는 것이 좋습니다. 어찌 보면 가장 보수적인 접근방식에 해당합니다.

필자는 주로 표준산업분류에 속한 국내기업들의 재무비율을 분석해놓은, 한국은행(www.bok.or.kr)의 '기업경영분석' 자료를 활용합니다. 홈페이지 메뉴 중 [경제통계〉통계검색〉기업경영분석]에서 우리가 추진하려는 사업과 관련된 산업분류를 찾아서 해당되는 재무비율을 적용하면 추정손익계산서를 만들 수 있습니다.

다음 자료는 추정손익계산서를 작성한 사례입니다. 추정손익계산서를 작성할 때의 핵심은 '매출액 추정'입니다. 손익계산서의 가장 위에 나오는 항목이 바로 이 매출액입니다. 매출액을 추정하는 가장 일반적인 방식은 전체 시장규모에 목표로 하는 예상 시장점유율을 곱해서 구하거나, 예상 판매단가와 예상 판매수량을 곱하여 구하는 것입니다.

이때 추정매출액은 매년 증가하는 모습이 나오게 해야 합니다. 추정매출액을 산출했으면 위에서 언급한 방식으로 구한 재무비율을 곱하여 매출원가, 매출총이익, 판매비와 관리비, 영업이익 등 손익계산서 항목에 따라 계산해주면 됩니다.

재무계획 ③ : 추정손익계산서 [표]

2025년 추정매출액은 230억원, 당기순이익 38.9억원을 달성할 것으로 예상됨

과 목	2021년	2022년	2023년	2024년	2025년
I. 매출액	1,800	11,010	13,050	17,110	23,010
(1) 제품매출	450	1,010	1,550	2,980	4,020
(2) 상품매출	1,350	10,000	11,500	14,130	18,990
(3) 서비스매출	0	0	0	0	0
II. 매출원가	1,170	6,755	8,182	10,778	14,417
(1) 원재료비	495	3,025	3,586	4,701	6,322
(2) 노무비	0	25	217	342	419
(3) 제조경비	676	3,705	4,379	5,735	7,676
III. 매출총이익	630	4,255	4,868	6,332	8,593
IV. 판매비와 관리비	545	1,805	2,231	2,972	3,756
(1) 인건비	84	146	229	370	321
(2) 감가상각비	120	138	150	187	206
(3) 무형자산상각비	41	87	143	207	297
(4) 지급임차료	10	20	30	30	30
(5) 경상연구개발비	75	92	111	124	138
(6) 기타판관비	216	1,322	1,567	2,055	2,763
V. 영업이익	84	2,451	2,638	3,360	4,837
VI. 영업외 수익	40	50	50	60	70
VII. 영업외 비용	42	61	63	61	68
(1) 이자비용	39	41	39	30	26
(2) 기타영업외비용	3	20	24	31	42
VIII. 경상이익	82	2,440	2,625	3,359	4,839
X. 법인세비용차감전순이익	82	2,440	2,625	3,359	4,839
XI. 법인세비용	20	468	505	652	948
XII. 당기순이익	62	1,972	2,120	2,707	3,891

출처 :저자가 임의로 작성함

[포인트] 추정손익계산서를 작성할 때 핵심은 매출액 추정입니다.

TIP 1_ 픽토그램을 이용한 그래프 만들기 : 256쪽 파워포인트 자료 참조

픽토그램의 사전적 의미는 '사물, 시설, 행위 등을 누가 보더라도 그 의미를 쉽게 알 수 있도록 만들어진 그림문자'입니다. 쉽게 말해 우리가 제시하려는 의미를 그림으로 표현하는 것이죠. 예를 들어 인원수에 대한 데이터를 그냥 막대그래프로 표현하면 제목을 봐야만 의미를 파악할 수 있는데, 사람 모양의 픽토그램으로 표시하면 제목을 보지 않고도 인원수에 대한 의미를 담고 있음을 알 수 있습니다.

픽토그램을 만들기 위해서는 우선 이미지가 필요한데, 픽사베이(pixabay.com)에 접속하여 다운로드받으면 됩니다. 이때 이미지 편집이 가능한 벡터 그래픽을 받아야 한다는 점에 유의해야 합니다(220쪽 TIP 5 참조).

01 ❶ 픽사베이에서 내려받은 사람 모양의 이미지를 파워포인트로 불러와서 1개 더 복사합니다. 이때 수평으로 똑같이 복사해야 한다는 것이 중요합니다. 수평복사는 'Ctrl+Shift' 키를 누른 상태에서 복사할 이미지를 선택해 수평으로 드래그하면 됩니다. 복사한 이미지에 수치나 정도를 표시할

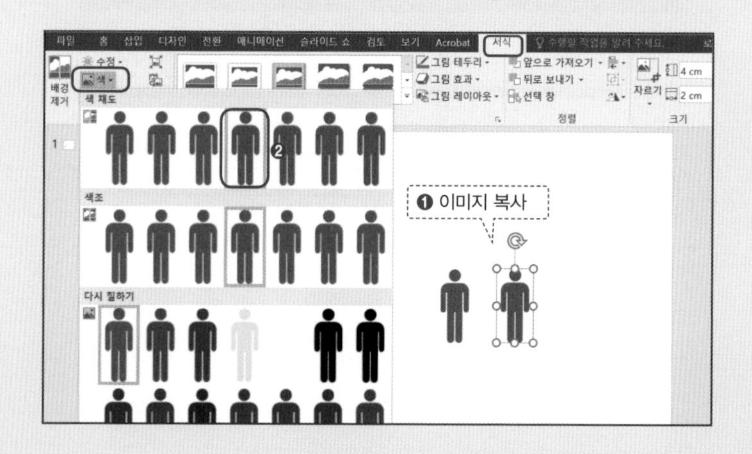

색을 넣어보겠습니다. ❷ 복사한 이미지를 선택하고 메뉴에서 [서식〉색]을 선택해 원하는 색상을 클릭합니다.

02 ❶ [서식〉자르기]를 선택한 다음 ❷ 이미지를 원하는 만큼 잘라냅니다.

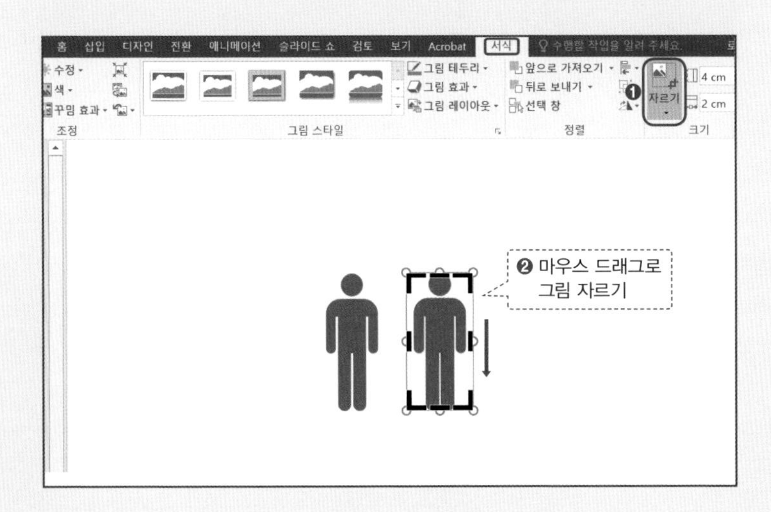

03 이제 원본 이미지와 잘라낸 이미지를 합쳐 보겠습니다. ❶ 이미지를 모두 선택합니다. ❷ 2개의 이미지를 정확히 겹치게 하기 위해서 [서식〉정렬〉맞춤]에서 [가운데 맞춤]을 선택합니다.

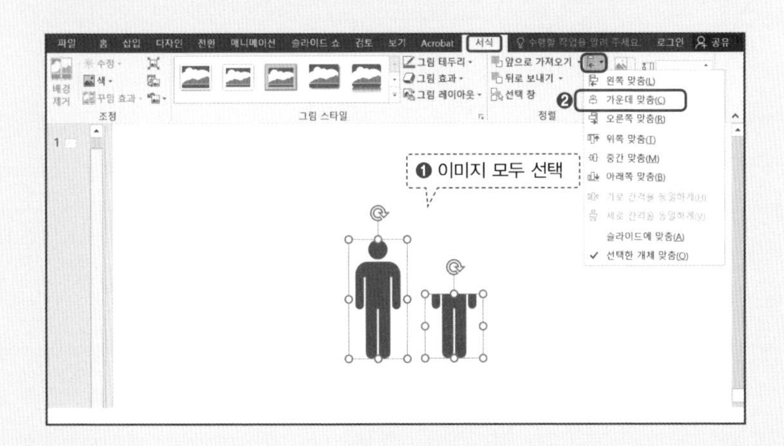

04 이미지 정렬이 끝나면 ❶ 2개의 이미지를 모두 선택한 상태에서 마우스 오른쪽 버튼을 클릭해 ❷ [그룹화〉그룹]을 선택하거나, 해당 기능의 단축 키인 Gtrl+G를 눌러서 이미지를 결합합니다.

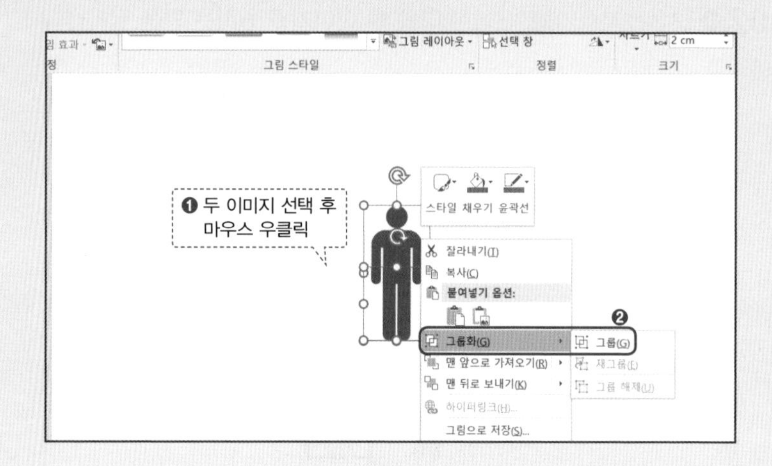